以聖戰為名的權力遊戲，形塑歐洲文明的重要之戰

PETER FRANKOPAN

彼德·梵科潘

胡宗香 譯

獻給我的妻子潔西卡

耶路撒冷傳來令人不安的消息，而君士坦丁堡如今縈繞我們心頭：被上帝拒斥的異族波斯人……入侵了基督徒的土地（並且）透過屠殺、劫掠和縱火消滅他們。

——漢斯的羅伯特（Robert of Rheims）

君士坦丁堡皇帝的使節來到宗教會議，懇求教宗與所有基督徒馳援，對抗已征服了直到君士坦丁堡城下土地的異教徒，捍衛在該地區幾乎被消滅的聖教。教宗閣下號召廣大信徒投入這項服事，發誓承諾奉上帝旨意前往該地，盡他們最大力量忠誠地協助皇帝對抗異教徒。

——康士坦茲的貝爾諾（Bernold of Constance）

凱爾特人從各方齊聚，前仆後繼，帶著武器、馬匹和所有其他戰爭的裝備。滿腔熱忱與激情的他們擠滿了每一條公路，隨著這些戰士而來的還有許多平民，他們帶著棕櫚葉，肩上負著十字架，人數比海岸的沙子和天上的星星還多……像從各方匯入大河的支流，全力朝我們湧來。

——安娜．科穆寧（Anna Komnene）

皇帝的本質就像一隻蠍子；因為雖然牠的正面不足懼，你最好小心從牠尾巴而來的傷害。

——提爾的威廉（William of Tyre）

# 目次

導讀

# 中世紀地中海世界的東西相遇

英國伯明罕大學博士
**林偉勝**

本書譯自牛津大學歷史學家彼德・梵科潘（Peter Frankopan）的第一本研究專書*The First Crusade: The Call from the East*。相較於他日後已於臺灣翻譯發行的《絲綢之路》專書，十字軍首役這個主題的時空範圍都較為限縮，距離臺灣的讀者相當遙遠。但是，正因為這本專書焦點集中，引領讀者觀察中世紀地中海地區東西互動，以及西歐、南歐居民對於「東方」認識、想像的轉變，適合對於十字軍運動有興趣的臺灣讀者。

這個時代人們對「東方」還停留在聖城、其他聖經上提到的蠻族居住之地，至於這個「東方」多大、地勢如何、什麼樣的人住在「東方」的哪裡，卻不是很清楚，十字軍首役可以說是催化這個轉變的象徵性歷史事件。

十字軍首役也是西羅馬帝國於五世紀消失、東羅馬帝國七世紀希臘化之後，君士坦丁堡的羅馬皇帝和西方的貴族戰士面對面、因為彼此之間究竟是什麼關係而不斷談判拉鋸的時代。這樣的拉鋸凸顯了君士坦丁堡不再獨占宗教、道德、甚至區域政治局勢發展的話語權。

雖然自古武裝朝聖不是沒有先例，但是這樣的規模、牽涉的人數、衝突的文化意義，除了旅途上的當事者以外，事後的詩歌傳唱、返鄉者的轉述也讓未參與其中的神職人員以及凡夫俗子如臨其境、如同其情，隨後的幾個世紀，耶路撒冷以及聖地的貴族家事、國事，都是居住西歐、南歐各地居民的天下事。

十字軍首役的歷史意義，除了為後來的十字軍運動提供了一些動員藍圖以外，也將當時轉變中的歐洲政治體系和拜占庭帝國國內政治局勢發展攪和在一起。不管當時的各方主事者是不是有這樣的意思，這次的十字軍運動打開了歐洲對於君士坦丁堡、小亞細亞、敘利亞以及巴勒斯坦的視野。

拜占庭帝國雖然不是沒有招募傭兵的經驗，但是十字軍首役帶來的是有組織的軍事力量、有野心的王公貴族，如何沿途提供軍事補給是一大挑戰，但是影響更深遠的問題是，這些人為誰而戰？就拜占庭的角度來看，這些是來協助帝國收復失地的支援兵力，但是對於不少西方貴族來說，這趟遠征是以上帝之名、各自也都在原領地有了宣示效忠的對象，所以被要求向君士坦丁堡的皇帝宣誓效忠，除了有矛盾的疑慮以外，到時候攻克的城鎮歸誰統治也是個問題。最後，這些西方軍事將領因為需要拜占庭皇帝提供補給和支援而妥協，不過這段談判拉鋸也為後來十字軍王國的統治權最終歸誰的問題埋下了遠因。

探討十字軍運動的專書不少，例如早期德國史家Hans Eberhard Mayer的*The Crusades*❶、英國史家Steven Runciman的*A History of the Crusades*三冊❷、美國史家Kenneth Setton主編的*A History of the Crusades*六冊❸、法國史家Claude Cahen的*La Syrie du Nord à l'époque des Croisades et la principauté franque d'Antioche*❹等，到近年來英美法德義各國相關領域的學者百花齊放，可見「十字軍」這個文化現象、相關的歷史事件深深影響前現代以及現代人們對於這段歷史的想像，更別提從穆斯林或非基督徒的角度來看是完全不一樣的風景；此外，十四世紀之前的幾次十字軍運動時期留下了大量的文獻史料，除了當代歐洲以及拜占庭史家撰寫的編年史之外、十字軍首役近百年後開始流傳的詩歌*Chanson d'Antioche*、還有因為東西地中海地區各政治勢力頻繁互動而留下大量的教宗外交書信集，都為研究者提供了豐富的材料。如果將研究範圍從單純的外交博弈、軍事行動擴大為當時西歐、南歐商人、朝聖者、傭兵到東地中海地區經商、朝聖、討生活的話，更有大量的商業合同、遺囑、商業指南、航海圖等資料流傳下來。在如此繁多的史料中，研究者要如何提問、理出個頭緒，然後解讀相關史料，找出這樣具有劃時代意義的歷史事件的緣由，並非易事。

本書透過教宗以及時任拜占庭皇帝阿列克修斯一世・科穆寧（Alexios I Komnenos）的角度，檢視十字軍首役的緣起、推波助瀾的各方政治勢力，而不僅僅只關注一場東西教會的談判、一場戰爭的勝敗。作者認為，東方的皇帝以及西方的教宗為了自身利益、因應政治情勢的轉變，最後輾轉促成了十字軍首役。為了引入阿列克修斯一世的視角，作者系統性地解讀了皇帝之女安娜・科穆寧（Anna Komnene）撰寫的傳記作品[5]。身為皇帝的女兒，作品也是事發後的幾十年完成的，所以總有些後見之明。雖然她不是完全置身事外的史家，她的作品卻是後代歷史研究者的寶庫，也提供了一個拜占庭帝國的視角、一個女性的視角，打量先後抵達君士坦丁堡的西方軍事領袖以及評論隨後的各項政治軍事關係發展。書中作者用來與安娜・科穆寧觀點相對照的，是一部由隨著軍隊東行的匿名作者寫的《法蘭克人言行錄》[6]。這部言行錄被中世紀以及現代史家認為言語簡單、作者文學造詣不高，和深受良好教育的安

---

❶ 德文版一九六五年出版、英文版由牛津大學於一九七二年出版

❷ 首版於一九五一年至一九五四年相繼由劍橋大學出版社出版。

❸ 於一九六九年至一九八九年相繼由威斯康辛大學出版社出版。

❹ 於一九四〇年由P. Geuthner出版。

❺ *The Alexiad*。

❻ *Gesta Francorum*。

娜・科穆寧相比，頗有下駟對上駟的味道。但是對於歷史研究者來說，作者文學造詣高不高是一回事，作品傳遞的人事時地物訊息、表達出來的觀點對於解讀十字軍首役這樣重大歷史事件相當重要。

最後，阿列克修斯一世為了改革帝國財政以及圍堵諾曼人從南義大利入侵，給予威尼斯的帝國境內貿易特權，為這個城邦奠下了日後在帝國境內、東地中海地區成為商業、軍事霸權的基礎。接下來的一個世紀，威尼斯和這些西方軍事領袖便為了君士坦丁堡城內和帝國其他地區的商業、軍事利益和科穆寧王朝以及十二世紀晚期的安格洛斯王朝時有齟齬，直到第四次十字軍運動於一二〇四年攻陷了君士坦丁堡，才完全改變了整個地中海地區東西方的政治權力關係。科穆寧王朝的一個旁支家族在小亞細亞稱帝、自立正朔，則是另外一個故事了。

兩個看似平行的帝國—教宗歷史發展軌跡，因為十字軍首役而交錯，而在這之後，地中海地區東西的政治、經濟發展便越發緊密相關，但卻不是回到五世紀以前、一個橫跨地中海的政教合一帝國體制，而是多元權力競逐。這本書開了一扇窗，讓臺灣的讀者有機會一窺中世紀地中海世界政治、經濟、文化發展進入一個全新階段的開端。

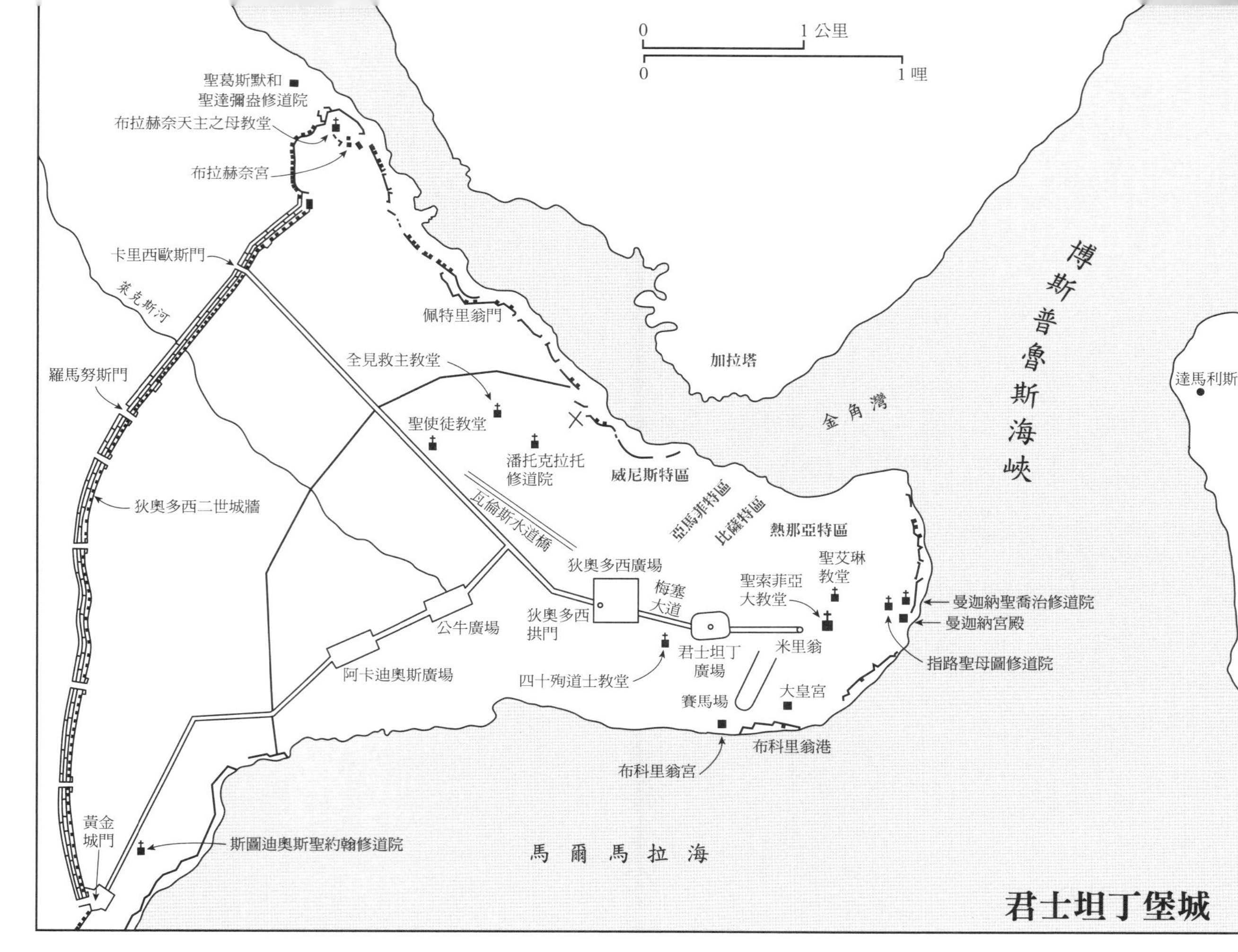
君士坦丁堡城
0
1 公里
0
1 哩
聖葛斯默和
聖達彌盎修道院
布拉赫奈天主之母教堂
布拉赫奈宮
卡里西歐斯門
萊克斯河
羅馬努斯門
狄奧多西二世城牆
佩特里翁門
全見救主教堂
聖使徒教堂
潘托克拉托
修道院
威尼斯特區
亞馬菲特區
比薩特區
熱那亞特區
瓦倫斯水道橋
狄奧多西廣場
梅塞
大道
狄奧多西
拱門
公牛廣場
阿卡迪奧斯廣場
四十殉道士教堂
君士坦丁
廣場
米里翁
聖索菲亞
大教堂
聖艾琳
教堂
曼迦納聖喬治修道院
曼迦納宮殿
指路聖母圖修道院
賽馬場
大皇宮
布科里翁港
布科里翁宮
黃金
城門
斯圖迪奧斯聖約翰修道院
馬爾馬拉海
加拉塔
金角灣
博斯普魯斯海峽
達馬利斯

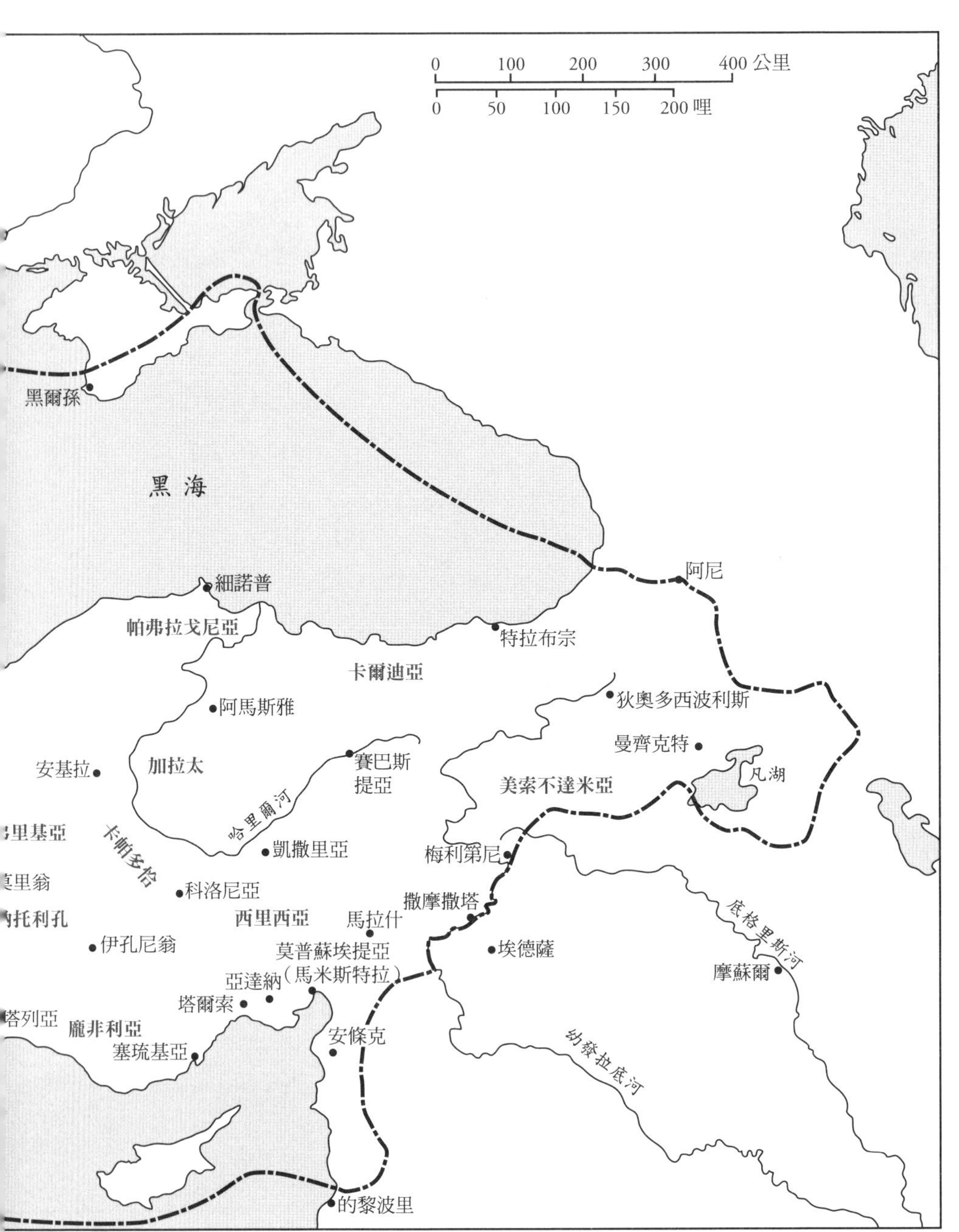

0
100
200
300
400 公里
0
50
100
150
200 哩
黑爾孫
黑 海
細諾普
帕弗拉戈尼亞
阿尼
特拉布宗
卡爾迪亞
狄奧多西波利斯
阿馬斯雅
曼齊克特
賽巴斯
提亞
凡湖
安基拉
加拉太
美索不達米亞
哈里爾河
卡帕多恰
凱撒里亞
梅利第尼
科洛尼亞
撒摩撒塔
西里西亞
馬拉什
伊孔尼翁
莫普蘇埃提亞
（馬米斯特拉）
埃德薩
底格里斯河
摩蘇爾
亞達納
塔爾索
安條克
龐非利亞
塞琉基亞
幼發拉底河
的黎波里

拜占庭帝國（約1050年）
克羅埃西亞
貝爾格勒
德里斯特拉
多瑙河
杜克里亞
奈索斯
拉古沙
瑟爾迪卡
馬里卡河
斯特里蒙河
阿德里安堡
亞得里亞海
色雷斯
尼科米底
迪拉齊翁
馬其頓
君士坦丁堡
沙勒諾
巴利
阿普里亞
布林底希
色薩洛尼基
歐堂托
色薩利
亞陀斯山
基博托
尼西亞
伊匹魯斯
拉立沙
奧普斯齊翁
卡拉布里亞
斯珀爾基歐斯河
愛琴海
利迪亞
愛奧尼亞海
斯麥納
雅典
瑞吉歐
科林斯
以弗所
色拉基席翁
拉克戴蒙尼亞
地中海

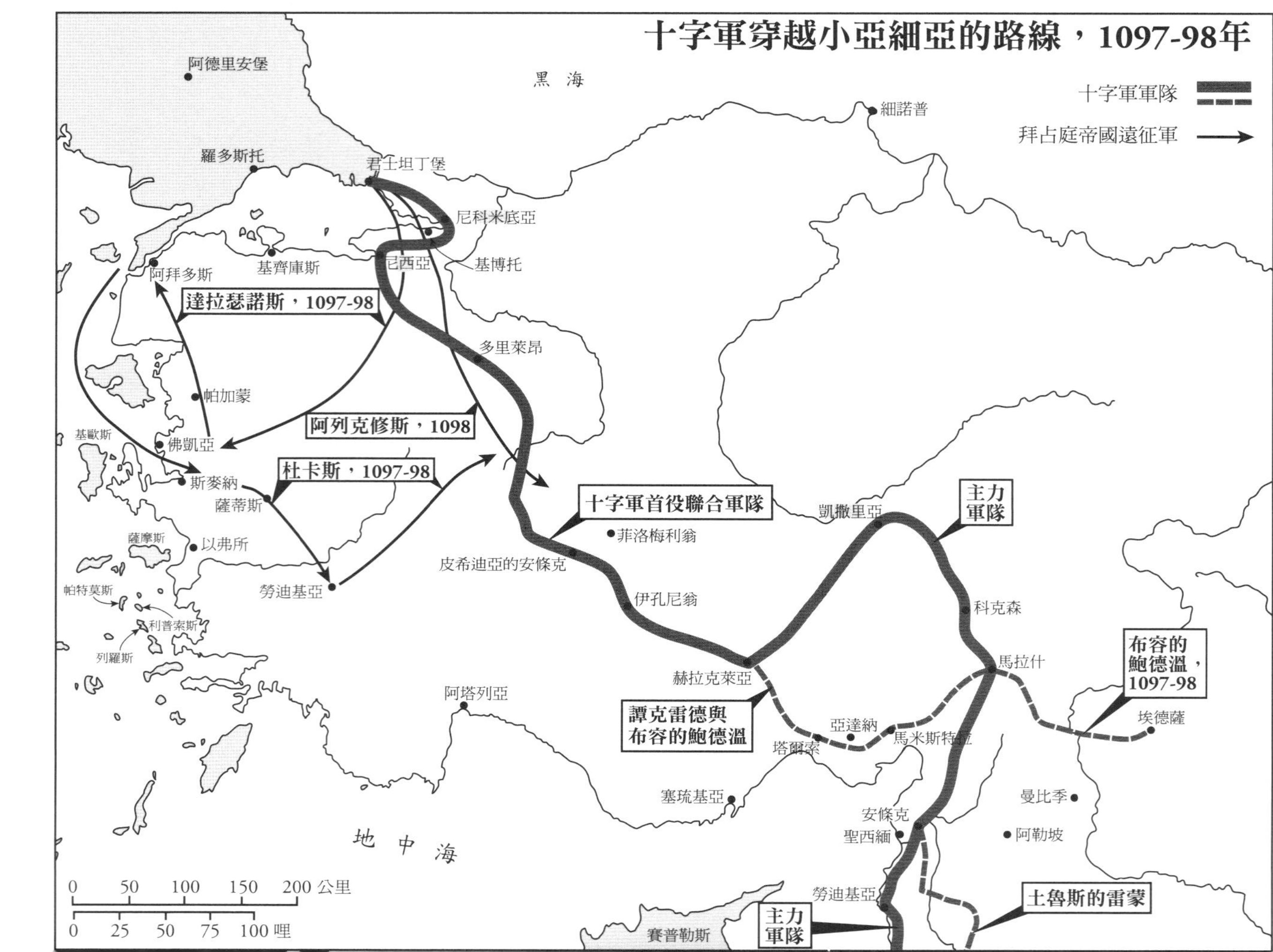

十字軍穿越小亞細亞的路線，1097-98年
十字軍軍隊
拜占庭帝國遠征軍
阿德里安堡
黑海
細諾普
羅多斯托
君士坦丁堡
尼科米底亞
基博托
尼西亞
基齊庫斯
阿拜多斯
達拉瑟諾斯，1097-98
多里萊昂
帕加蒙
阿列克修斯，1098
基歐斯
佛凱亞
斯麥納
杜卡斯，1097-98
薩蒂斯
十字軍首役聯合軍隊
菲洛梅利翁
凱撒里亞
主力軍隊
薩摩斯
以弗所
皮希迪亞的安條克
勞迪基亞
帕特莫斯
利普索斯
列羅斯
伊孔尼翁
科克森
馬拉什
布容的鮑德溫，1097-98
赫拉克萊亞
阿塔列亞
譚克雷德與布容的鮑德溫
亞達納
馬米斯特拉
塔爾索
埃德薩
塞琉基亞
曼比季
安條克
聖西緬
阿勒坡
地中海
勞迪基亞
土魯斯的雷蒙
賽普勒斯
主力軍隊
0 50 100 150 200 公里
0 25 50 75 100 哩

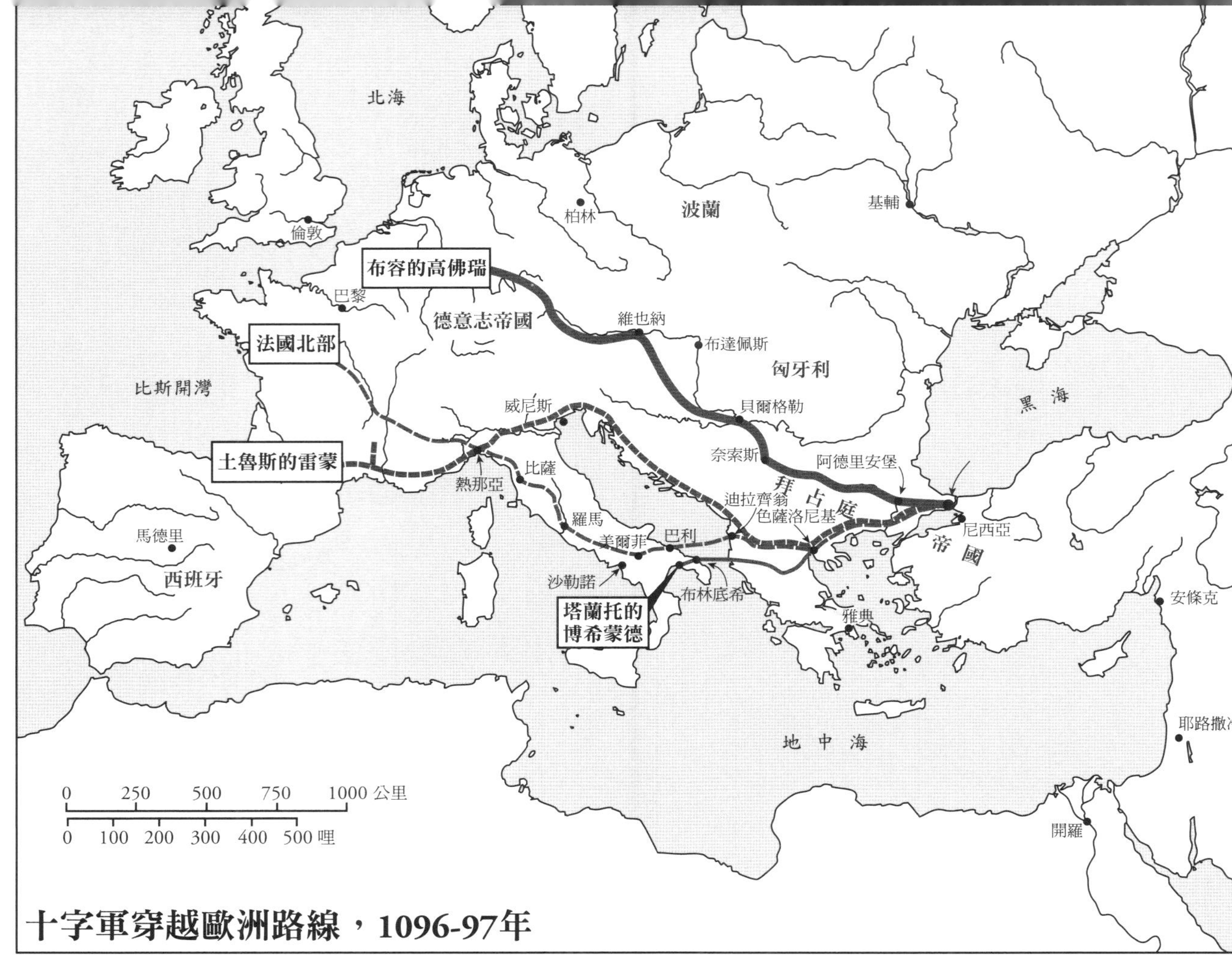

十字軍穿越歐洲路線，1096-97年

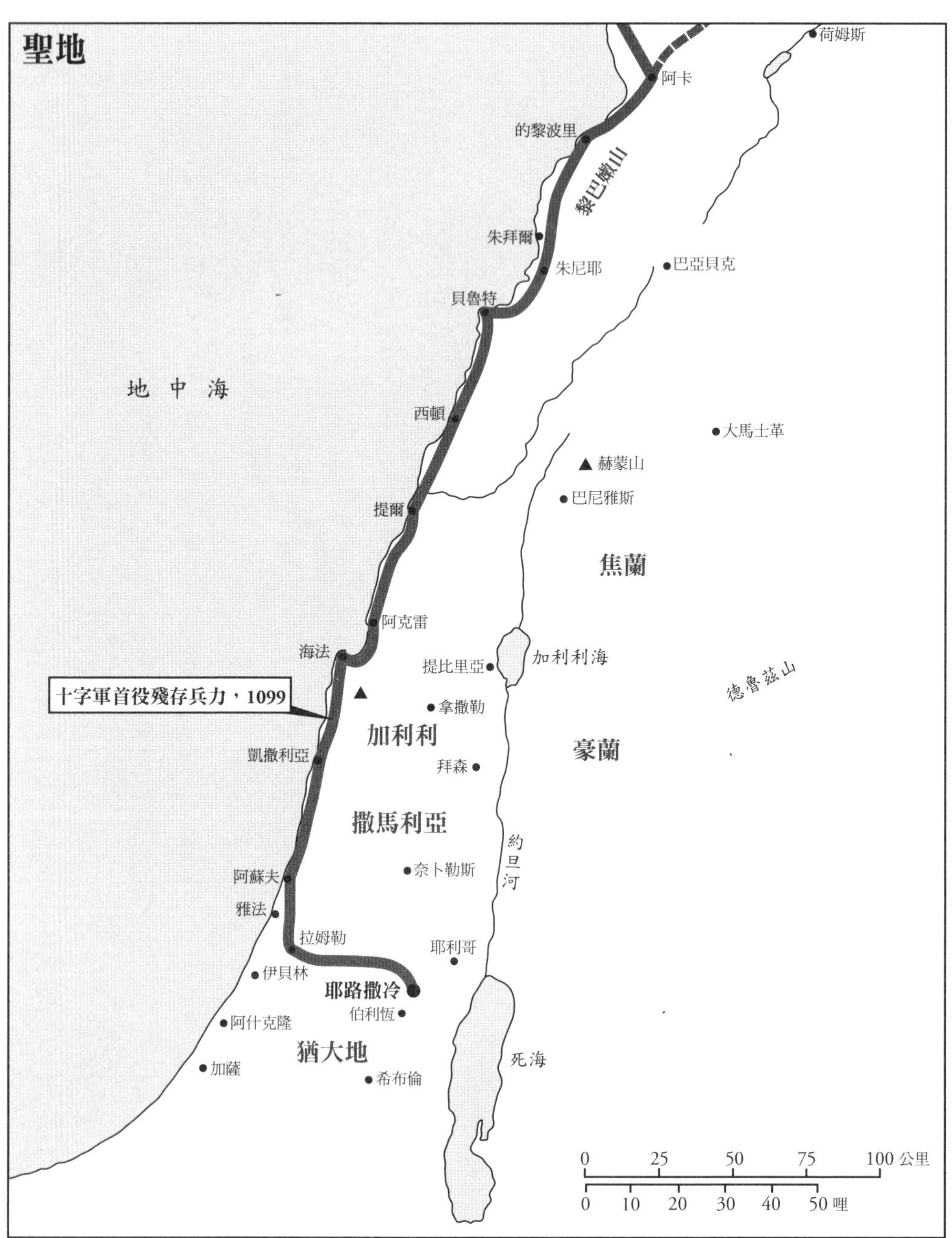

聖地
荷姆斯
阿卡
的黎波里
黎巴嫩山
朱拜爾
朱尼耶
巴亞貝克
貝魯特
地 中 海
西頓
大馬士革
赫蒙山
提爾
巴尼雅斯
焦蘭
阿克雷
海法
加利利海
提比里亞
德魯茲山
十字軍首役殘存兵力，1099
拿撒勒
加利利
凱撒利亞
拜森
豪蘭
撒馬利亞
約旦河
阿蘇夫
奈卜勒斯
雅法
拉姆勒
耶利哥
伊貝林
耶路撒冷
伯利恆
阿什克隆
猶大地
死海
加薩
希布倫
0 25 50 75 100 公里
0 10 20 30 40 50 哩

# 作者序

一如絕大多數大學生讀書時都有過的經驗，早上九點得去趕一堂課的感覺很不公平，幾乎可說殘忍。我記得在一九九二年我疲憊地爬上劍橋歷史學院的樓梯，一邊把自己搖醒，然後才有辦法在課堂裡坐下來，聆聽這學期針對我論文主題的第一次授課，名為「拜占庭與其鄰邦，八〇〇年—一二〇〇年」。五分鐘後，我突然清醒過來而且完全入神，彷彿我剛喝了三份濃縮咖啡。我聽到了佩切涅格（Pecheneg）草原游牧民族的事情，心狠手辣的他們為了換取胡椒、紅色絲綢與中東皮革，什麼事情都做得出來；我納悶著為什麼異教的保加爾人（Bulgar）領袖選擇在九世紀成為基督徒；我得知了有個新羅馬——帝都君士坦丁堡。

那第一堂課帶給我的刺激，引發了我對拜占庭帝國和其鄰居龐大的求知胃口。我很自然的想要在畢業後繼續研究，唯一的困難是挑選一個主題。吸引我目光的是阿列克修斯一世·科穆寧（Alexios I Komnenos）皇帝的統治，有豐富的史料來源和許多未解答的問題。然而，很快我就明白，要想對十一世紀晚期到十二世紀初期的拜占庭帝國獲得任何真正的洞見，我必須了解這段時期的文獻，尤其是《阿列克修斯傳》（*Alexiad*）；接著是南義大利的希臘文與拉丁文史料；然後是草原游牧民族的世界；再來是君士坦丁堡、巴爾幹半島與小亞細亞的考古學與物質文化；還有十字軍運動、中世紀教宗權位，以及在聖地建立拉丁殖民地（Latin colonies）的歷史……從大清早一堂課開始的無害興趣，成了我的熱情追求；偶爾龐大到讓人卻步，有時令人挫折，但永遠充滿刺激。

我該為他們長年的支持與協助而感謝的人很多。伍斯特學院（Worcester College）的院長與研究員從一九九七年以來提供了一個美妙和充滿支持的安身之處，他們無比慷慨，對我的要求卻是那麼微少。我要感謝普林斯頓大學提供我Stanley J. Seeger客座學人身分，使我有機會開拓新的研究途徑。我也要謝謝哈佛的研究學者讓我成為敦巴頓橡樹園（Dumbarton Oaks）暑期研究員，這本書裡的一些想法是多年前在那裡形成的。博德利圖書館（Bodleian Library），尤其是一樓閱覽室（Lower Reading Room）的館員，還有歷史學院圖書館的館員，一直是那麼的有耐心和好脾氣。同樣的話也適用於我在牛津的許多同事，在這裡，我深深有幸與晚古典時期和拜占庭研究領域中最出色的學者共事。

我要感謝的牛津同事很多，但特別要感謝的是馬克·維托（Mark Whittow）、凱薩琳·侯姆斯（Catherine Holmes）、西瑞爾和瑪莉雅·孟戈（Cyril and Marlia Mango）、伊莉莎白與麥可・傑佛瑞斯（Elizabeth and Michael Jeffreys）、馬克・羅茲特曼（Marc Lauxtermann）與詹姆士・霍華—強斯敦（James Howard-Johnston），他們大方分享了他們對十一和十二世紀的觀點。我尤其感激強納森・謝珀德（Jonathan Shepard），劍橋那第一堂課就是由他講授，是他讓我走向拜占庭研究，從那以後也一直對我有著重要的影響。還有其他許多人也是我感激的對象，從我的大學部與研究所學生，到曾經和我在學術會議後徹夜談論君士坦丁堡、阿列克修斯和十字軍運動的同事。如果我未能採納他們和其他人的好建議，我只能表示抱歉。

凱薩琳・克拉克（Catherine Clarke）一直鼎力相助，鼓勵我重新講述十字軍首役的故事。若非她的導引和她在Felicity Bryan文學經紀公司出色團隊的協助，不會有這本書。鮑利海出版社（The Bodley Head）的威爾・索金（Will Sulkin）和哈佛大學出版社的喬伊斯・瑟爾澤（Joyce Seltzer）一路以來一直給予我包容和支持。我要謝謝約格・亨斯根（Jörg Hensgen）提出艱難的問題，讓這本書變得比原來更好。克蘿伊・坎貝爾（Chloe Campbell）是我的守護天使，給我始終一致而無價的耐心與忠言。非常感謝安東尼・希普斯利（Anthony Hippisley），還有繪製地圖的馬丁・盧比考斯基（Martin Lubikowski）。我對我的父母衷心感激，他們從我兒時起就一直啟發著我。

我最要感謝的是我太太潔西卡，她和我在同一天聽說了游牧民族、拜占庭和東地中海的事情，因為我興奮地把那天早上邂逅的新世界講述給她聽。她耐心地聽我說著我找到夢想的主題了，在小丑（Clowns）咖啡館邊喝卡布奇諾一邊鼓勵我追求這個夢想，那是日後無數杯卡布奇諾的第一杯。這本書獻給她。

二〇一一年七月

彼德・梵科潘

# 說明

從希臘文音譯時我並未依循一致的準則，因為眾人皆知的名稱若不使用由來已久的英文拼法，只會顯得頑固不知變通。很自然的，這就導致了一些個人判斷，希望不至於引起不悅。舉例而言，我使用了Constantinople（君士坦丁堡）、Nicaea（尼西亞）與Cappadocia（卡帕多恰），但是也用了Dyrrakhion（迪拉齊翁）、Thessaloniki（色薩洛尼基）與Nikomedia（尼科米底亞）。人名亦然，我使用George（喬治）、Isaac（伊薩克）與Constantine（君士坦丁），但也使用Alexios（阿列克修斯）、Nikephoros（尼基弗魯斯）、Palaiologos（帕萊奧洛格斯）與Komnenos（科穆寧）。西方姓名使用現代形式，因此是William而非Guillermus，Robert而非Robertus。土耳其姓名則依循《伊斯蘭百科全書》（*Encyclopaedia of Islam*）。

碰到重要資料來源，我盡可能使用現有英文翻譯，而不是請讀者去找原始文本。這並不總是最理想的做法，因為在有些例子裡，原始文本有出色的現代評論版本，最終會產出比文中所引用更好也更精緻的譯本。儘管如此，在做法上有些一致性，似乎還是比在某處引用現代翻譯，在其他地方又使用我自己的翻譯要好。和我對名稱的處理一樣，我衷心希望這樣的做法不會減損對本書主題的整體閱讀樂趣。

# 前言

一〇九五年十一月二十七日，在法國中部城鎮克萊蒙（Clermont），教宗烏爾班二世（Urban II）起身發表了史上最激勵人心的演說之一。前一週他主持了一場宗教會議，參與者包括十二位大主教、八十名主教和其他高階神職人員，之後他宣布要對信徒發表一場格外重要的演說。烏爾班沒有從克萊蒙教堂的講壇上發言，而是決定在附近一片田野中發表演說，讓所有懷抱期待齊聚而來的人都能聽見。

場景極為壯觀。這片田野位在一條休眠火山鏈的心臟地帶，最雄偉的熔岩穹丘多姆山（Puy-de-Dôme）在僅僅八公里外清楚可見，教宗挑了個好地方。在那寒冷的冬日，教宗開口了，人群緊挨著彼此好聽清楚：「最親愛的教友們，」他說，「我，烏爾班，身為教宗與上帝許可的世界教長，在此需求危急的時刻以神之勸言的使者身分，來到此地你們這些上帝的僕人面前。」[1]

教宗即將以戲劇化的方式發出戰爭的動員，敦促有軍事經驗的男性長征至數千公里外的聖城耶路撒冷。這場演說的目的是要告知與刺激、勸勉與激怒，要引發規模空前的反應。它也確實奏效。不到四年後，西方的騎士已經紮營在耶穌基督被釘上十字架的城下，即將以上帝之名奪下耶路撒冷。數萬將士受到烏爾班在克萊蒙的話語激發，離開家鄉，穿越歐洲，決心解放聖城。

「我們要你們知道，」教宗在他於克萊蒙的演說中說明，「是什麼悲傷的原因將我們帶來你們的土地，是你們與所有信徒的何等緊急情況，帶我們來到這裡。」他說他收到來自耶路撒冷與君士坦丁堡令人不安的消息：穆斯林，「一個受到上帝拒斥的異族，入侵了屬於基督徒的土地，摧毀這些地方並劫掠當地居民」。許多人遭殘酷殺害，其他人遭俘為囚。[2]

教宗歷歷如繪地描述了「波斯人」（指的是突厥人）在東方犯下的暴行。「他們以自己的穢物玷汙聖壇後將之推倒，對基督徒行割禮後將流出的血倒在聖壇和洗禮容器中。當他們想讓人經歷真正痛苦的死亡，就穿刺他們的肚臍，將腸子從一端扯出後綁在桿子上，用鞭子驅使他們繞柱而跑，直到他們的腸子全部扯出來倒地而死。他們用箭射穿綁在樁上的人；還把人的脖子拉長後再拔出劍來，看是否能一擊就讓他們人頭落地。至於女性受到的駭人待遇我還能說什麼？與其細數不如沉默以對。」[3]

烏爾班的目的不是要讓聚集的群眾知道這些，而是要鼓動他們：「不是我，而是上帝敦促你們這些基督的信使去反覆催促所有男性，不問階級、不分騎士或步兵、富貴或貧窮，一律加緊腳步來把這卑劣的種族從我們的土地上消滅，並及時對那裡的基督徒居民伸出援手。」[4]

歐洲的騎士應該奮起，以基督戰士的身分大膽前行，速速馳援東方教會。基督教騎士應形成戰線遠征耶路撒冷，沿途驅逐突厥人。「願你們將在耶穌為我們而死的城市為他而死視為美事。」[5]上帝已經賜福給歐洲的騎士，使他們擁有卓越的戰鬥能力和強大的勇氣與力量。時間到了，他說，他們要用自己的力量為東方受苦受難的基督徒復仇，將聖墓交還至信徒手中。[6]

從烏爾班在克萊蒙發言的各方敘述可以確知，那是一次傑出的演說，他的訓勉經過仔細衡量，關於突厥人暴行的例子更是精心挑選。[7]他接著描述是什麼樣的獎賞等待著響應武裝號召者：踏上東方征途的每個人都將獲得永恆賜福。他敦促所有人接受這個交換。騙子與盜賊被鼓勵成為「基督的士兵」，曾經與兄弟和族人鬩牆者則被告知現在要團結起來，參與對抗蠻族的正義之戰。每個為了虔誠信仰而非因為熱愛金錢或榮耀而踏上征途的人，他們的所有罪愆都會獲得寬恕。用當時一名旁觀者的話來說，那是「新的救贖之道」。[8]

烏爾班的演說獲得狂熱的反應。呼聲響起：「Deus vult! Deus vult! Deus vult!」——「上帝

的旨意！上帝的旨意！上帝的旨意！」群眾專注聆聽教宗接下來要說什麼。「以此作為你們的戰呼，因為它來自上帝。你們集結起來攻擊敵人時，這個來自上帝的呼喊將成為所有人的呼喊——『上帝的旨意！上帝的旨意！』」[9]

許多人被教宗的演說引發強烈熱情，急忙回家收拾行裝。神職人員分散至各地傳布消息，烏爾班則展開了緊湊的行程，穿梭法國各地宣傳遠征，同時寫下激昂人心的信給他無暇造訪的地區。很快的，法國全境都燃起了十字軍運動熱。重要的貴族與騎士很快加入遠征。歐洲最有錢有勢的人物如土魯斯的雷蒙（Raymond of Toulouse）同意加入，還有洛林公爵戈弗瑞（Godfrey, Duke of Lorraine），他熱衷投入，在出發前還為此鑄了錢幣，上面刻的字樣是「GODEFRIDUS IEROSOLIMITANUS」——「耶路撒冷朝聖者戈弗瑞」。[10] 耶路撒冷遠征的消息迅速而狂熱地傳播。[11] 十字軍首役業已展開。

四年後的一〇九九年七月初，一支兵疲馬乏、衣衫襤褸但鬥志高昂的騎士戰隊在耶路撒冷城下就戰鬥位置。他們即將進攻基督教世界中最神聖的地方，從穆斯林手中奪回它。圍城機具已經建造完成，隨時待命。他們完成了莊嚴的祈禱。眾騎士即將完成史上驚人的偉業。

十字軍首役野心驚人，規模龐大。過去也曾有軍隊長途跋涉，在機會渺茫下完成征服霸業。古典時期偉大將領如亞歷山大大帝、凱撒大帝和貝利撒留（Belisarius）的戰役顯示，領導有方而紀律嚴明的士兵可以勢如破竹地征服大片土地。十字軍運動的不同之處在於，來自西方的軍隊並非以征服為目的，而是以解放為目的。在克萊蒙，烏爾班並未鼓勵歐洲騎士在前往東方途中攻城掠地，透過新征服的城鎮與地區資源獲益；相反的，目標是從所謂異教徒的壓迫下解放耶路撒冷——以及東方教會。[12]

然而，事實證明沒有這麼容易。穿越數千公里的旅程帶來慘痛的苦難艱辛、無數死傷和龐大犧牲。回應教宗召喚的七萬至八萬名基督的戰士中，最多只有三分之一抵達耶路撒冷。烏爾班的使者隨十字軍主要領袖同行，他在一〇九九年秋天寫信回羅馬時，提到倖存者相對於因為戰鬥和疾病而死亡者的比例還要更低，意味著見到聖城城牆的人數不到出征時的十分之一。[13]

比如「最高貴的王子」龐修斯．雷諾（Pontius Rainaud）和他弟弟彼德，在從普羅旺斯穿過北義大利再沿著達爾馬提亞海岸而下時，遭到盜匪殺害；他們連前往耶路撒冷的一半路途都沒走完。韋爾瓦的沃特（Walter of Verva）走的遠得多，有一天他與一群騎士在西頓（Sidon，現代黎巴嫩境內）附近出外採集食物，就此一去不返。也許他遭伏擊殺害；也許他遭俘後被送到穆斯林世界深處，從此渺無音訊；也或許他的死其實很平庸：滿載重物的馬匹若在山路上失足，很容易就會造成致命的後果。[14]

還有選擇伴隨夫婿布容公爵鮑德溫（Count Baldwin of Bouillon）前往東方的貴族女性高德薇爾（Godevere），她在馬拉什（Marash，現代土耳其境內）附近染病後迅速衰弱，情況每天惡化，直到死去。這名英格蘭貴族葬在異域小亞細亞不知名的一角，遠離家鄉，在一個她祖先和族人都未曾知曉的地方。[15]

還有其他人，如來自夏特（Chartres）的年輕騎士雷姆勃・克萊頓（Raimbold Cretons），他抵達了耶路撒冷並參與進攻。梯子架上城牆後，他是第一個爬上去的騎士，無疑想爭取首位攻入聖城者必然獲得的讚賞。但是雷姆勃往上攀登時，被一個同樣亟欲表現的防禦者看在眼裡，他發動一擊，砍掉了雷姆勃的一隻手臂，另一隻也幾乎斬斷。雷姆勃至少活著看到耶路撒冷的陷落。[16]

最後，還有那些光榮完成任務的男子。十字軍首役的偉大領袖——博希蒙德（Bohemond）、土魯斯的雷蒙、布容的高佛瑞與鮑德溫（Godfrey and Baldwin of Bouillon）、譚克雷德（Tancred）和其他人——因為收復了聖城而成為全歐洲家喻戶曉的名字。他們的成就透過無數史書與詩歌傳頌，還有一種新形式的文學：中世紀羅曼史（medieval romance）。他們的功業成為後來所有十字軍運動的基準。這不是容易仿效的事蹟。

十字軍首役是最著名且相關著述最多的歷史事件之一。騎士起兵並穿越歐洲以解放耶路撒冷的故事讓當時的作者深深著迷，此後的歷史學者和讀者也為之醉心。驚人的英勇事蹟、與穆斯林突厥人的首次遭遇、武裝朝聖者東向旅程中的種種艱辛，最後以一〇九九年對耶路撒冷血腥屠城為終局的故事，在西方文化中已迴盪近一千年。源自十字軍運動的意象和主題在歐洲音樂、文學與藝術中大量出現。連十字軍運動（Crusade，字面意思為「十字架之路」）這一詞語本身都被賦予了更廣泛的意思：良善勢力對抗邪惡勢力，危險但最終成功的追尋。

十字軍首役因為其戲劇性和暴力而捕捉了大眾的想像。但抓住大眾的不只是其戲劇性；這場遠征一直吸引西方，是因為它形塑了後來的許多事物：教宗權力的興起、基督信仰和伊斯蘭教之間的對立、聖戰概念的演化、騎士的忠誠和對宗教的虔誠、義大利海洋國家的興起和中東殖民地的建立。這一切都根源自十字軍首役。[17]

不意外的，以此為主題的文學持續繁盛發展。雖然一代代歷史學者都寫過這次遠征，但過去幾十年來，現代學者中有一個出色的流派產出了傑出而富原創性的作品。十字軍行軍速度、軍需供應和使用的錢幣等主題，都已受到詳細研究。[18] 主流敘事採用的西方材料之間相互關係也受到檢視，近年更是有些發人深省的研究。[19] 過去幾年來，學界亦開始關注如何理解耶路撒冷遠征、乃至更普遍而言早期中世紀世界的末日論背景。[20]

對十字軍運動的研究也出現創新途徑：心理分析學者提出，前赴耶路撒冷的騎士是要為壓抑的性緊張尋求出口，經濟學家則檢視了十一世紀晚期的供需失衡，並以中世紀早期歐洲與地中海地區的資源分配角度來探索這場遠征。[21] 遺傳學家檢視了來自南安納托利亞（Anatolia）的粒線體證據，試圖了解十一世紀晚期的人口移動。[22] 其他人則指出十字軍運動時期前後，是二十世紀末以前，國內生產毛額增長超過人口成長的唯一時期，意思是在人口統計與經濟榮景方面，中世紀和現代有相似之處。[23]

然而，儘管我們一直著迷於十字軍首役，對其真正源頭的關注卻出奇的少。將近十個世紀以來，作家與學者的關注焦點都是烏爾班二世、他激昂人心的克萊蒙演說，以及歐洲騎士受到的鼓舞動員。然而，耶路撒冷遠征的催化劑不是教宗，而是另一個人：烏爾班的起義召喚，源自君士坦丁堡皇帝阿列克修斯一世．科穆寧來自東方的直接籲求。

「新羅馬」在第四世紀建立，作為羅馬帝國的第二首都，從這裡治理東地中海地區的廣大行省，並且很快就以其創立者君士坦丁皇帝之城為人所知。位於博斯普魯斯海峽（Bosphorus）西岸的君士坦丁堡成為歐洲最大的城市，點綴著凱旋拱門、宮殿、皇帝雕像和君士坦丁改宗基督信仰後數世紀間建起的無數教堂與修道院。

東羅馬帝國在西方行省趨於衰弱而「舊羅馬」在五世紀陷落後仍蓬勃發展。到了一〇二五年，東羅馬帝國控制了巴爾幹半島多數地區、南義大利、小亞細亞，以及高加索許多地區和北敘利亞，並有擴張到西西里的野心。七十年後，局面已經大為不同。突厥入侵者大舉湧入安納托利亞，攻陷了幾座重要城市，並嚴重破壞行省社會安寧。巴爾幹半島歷經數十年幾乎不曾中斷的攻擊，後果也大同小異。另一方面，帝國在阿普里亞（Apulia）和卡拉布里亞（Calabria）的領土則被不到二十年間就征服了南義大利的探險民族諾曼人（Normans）所取得。

站在帝國崩潰與其救贖之間的男子正是阿列克修斯．科穆寧。這名傑出的年輕將領並未承襲王位，而是在他大約二十五歲時，於一〇八一年的一場軍事政變中篡奪而來。他上位後的前幾年並不好過，必須對抗拜占庭面對的外部威脅，同時在帝國實行自己的統治權。身為篡位者，阿列克修斯的權力缺乏透過繼位而來的正當性，因此他以務實的方法鞏固地位，採取中央集權，將親近的盟友和家族成員晉升至拜占庭帝國最重要的位置。但是到了一〇九〇年代中期，他已逐漸喪失政治權威，而拜占庭帝國在來自各方的暴力入侵下搖搖欲墜。

一〇九五年，阿列克修斯派遣使節帶著緊急信息前往謁見烏爾班二世。他們在皮亞辰札

（Piacenza）找到教宗後，「懇求教皇與所有基督徒馳援，對抗已征服了直到君士坦丁堡城下土地的異教徒，捍衛在該地區幾乎被消滅的聖教」。[24]烏爾班立即回應，宣稱他將前往北方的法國，在那裡聚集兵力以援助皇帝。是阿列克修斯的求助引發了十字軍首役。

雖然拜占庭使節的到訪在十字軍首役的現代史書中經常被提及，但是皇帝的要求與其背後原因經常被略過不提。這導致十字軍運動經常被視為教宗所號召的起義，是基督徒士兵以上帝之名一路征戰至耶路撒冷。這當然是故事後來的模樣，幾乎從騎士在一〇九九年站上耶路撒冷城牆後即是如此，後來的作者、藝術家、製片者和其他人也幾乎一致採用。但是十字軍首役真正的起源，是十一世紀末在君士坦丁堡城內與周圍發生的事情。這本書將帶讀者看到，這場遠征根植於東方而非西方。

阿列克修斯為何在一〇九五年請求援助？為什麼他要向教宗這個並無重大軍事資源的宗教領袖提出籲求？在天主教與東正教已於一〇五四年轟轟烈烈的分裂後，為什麼烏爾班仍願對皇帝伸出援手？為什麼阿列克修斯要等到一〇九五年才尋求幫助？畢竟，突厥人早在拜占庭軍隊於一〇七一年的曼齊克特戰役慘敗後就已稱霸小亞細亞。簡言之，為什麼會有十字軍首役？

十字軍運動的歷史受到如此扭曲有兩個原因。首先，奪下耶路撒冷之後，一個幾乎全由修士與神職人員掌握的強大西歐歷史流派，極力強調教宗對催生遠征所扮演的中心角色。這個印象繼而為在黎凡特[1]所建立的一連串十字軍國家（Crusader states）所強化，包括在耶路撒冷、埃德薩（Edessa）、的黎波里（Tripoli）和最重要的安條克所建立者。這些新國家需要能夠說明它們為何落入西方騎士控制的故事。不論在十字軍運動的起源或其餘緒中，拜占庭帝國和阿列克修斯一世・科穆寧的角色都極為礙事——尤其因為十字軍的許多功績都是拜東羅馬帝國所賜。對西方史學家而言，從教宗權位和基督教騎士的角度解釋這場遠征，把東方的皇帝擱置不論，是順理成章的做法。

焦點集中在西方的第二個原因，根源自歷史材料的問題。十字軍首役的拉丁文史料廣為人知——而且聳動刺激。敘事性的紀錄，如作者匿名的《法蘭克人言行錄》（*Gesta Francorum*），以片面方式一方面描述個人英勇事蹟，比如勇敢出眾的博希蒙德，另一方面則描述「卑劣的」阿列克修斯皇帝的陰謀詭計，說他如何算計著要以狡詐手法壓倒十字軍。阿吉

[1] 譯注：黎凡特（Levant），地中海東岸地區，大致涵蓋今日的以色列、約旦、黎巴嫩、敘利亞和某些鄰近地區。

列的雷蒙（Raymond of Aguilers）、亞琛的艾伯特（Albert of Aachen）和夏特的弗爾切（Fulcher of Chartres）等作者以同樣生動而偏見十足的筆法，引導讀者看見一場誰也不服誰的領袖之間衝突不斷、兩面手法和背叛不忠經常上演的一次遠征。他們記錄了經常險些以慘敗收場的勝利；描述了十字軍圍城時，遭俘的騎士頭顱被投石器拋入軍營時造成士氣大落；描寫他們看到敵方為了激怒西方人而將神父倒吊在城牆外毒打時的驚駭；也述說貴族男子在果園中與女性嬉遊時，如何遭到突厥探子伏擊並以殘酷手法處決。

相對的，來自東方的原始材料則比較複雜多面。問題不在於材料的多寡，因為用希臘文、亞美尼亞文、敘利亞文、希伯來文與阿拉伯文寫作的記述、信件、演說、報告與其他文件為數繁多，提供珍貴的史料，讓人得以窺見十字軍運動的前奏曲。問題在於，相較於拉丁文史料，這些材料受到的利用少得多。

這些東方文獻中最重要也最艱深的是《阿列克修斯傳》（*Alexiad*）。這部著作在十二世紀中期由阿列克修斯的長女安娜・科穆寧（Anna Komnene）寫成，記載阿列克修斯的統治，一直以來既遭誤用也被誤解。這個文本以詞藻華麗的希臘文寫成，充滿微妙轉折、典故和隱藏意義，很容易被忽略。作者提供的事件時序尤其不可靠：事件往往時間錯置、一分為二或是重複發生。

安娜・科穆寧寫作的時候，距離她所描述的事件已經過了近五十年，可以理解她偶爾會把事件發生的順序弄錯——作者自己都在文本中坦言這一點：「在我寫下這些文字時，幾乎是要點燈的時候了；我的筆在紙張上緩慢移動，我感覺到字句遠離了我，我睏倦到幾乎無法再寫。我必須寫下蠻族的名稱，也必須詳細描寫迅速接踵而來的許多事件。結果是這段歷史的主文與連續的敘事必然在各種干擾下變得斷裂而不連貫。但願正在閱讀者不要因此而對我心生不滿。」[25]

一名史家伏案寫作、挑燈夜戰，是個動人而迷人的意象；但在此它是個文學手法，與作者關於文中錯誤的精心道歉一樣，都是古典時期作者的標準免責聲明，他們的作品也為《阿列克修斯傳》提供了範本。事實上，安娜・科穆寧的作品經過極為詳盡的研究，以大量的檔案書信、官方文件、軍事行動手記、家族史和其他書面材料為來源。[26]

《阿列克修斯傳》的紀年問題有些已為學者指出，但仍有許多尚未找到。這繼而導致普遍接受的阿列克修斯一世・科穆寧統治期間事件順序出現重大錯誤。最重大的一個牽涉到十字軍運動前夕小亞細亞的處境。安娜・科穆寧所呈現的局面具有誤導性；事實上，仔細重新評估《阿列克修斯傳》，並與其他原始資料結合來看，揭露了驚人的結論，與長久以來既有的觀點截然不同。過去的想法是，拜占庭皇帝尋求西方軍事援助，是因為他野心勃勃且投機取巧，欲強勢展開對小亞細亞的重新征服。事實迥然相異。他請求援助的呼籲，是一名政權與帝國都在崩潰邊緣的統治者，出於絕望的孤注一擲。

對小亞細亞在十字軍首役前夕的局勢，過去的了解並不正確，這一點非常重要。眾騎士前往東方迎戰的突厥人是可畏的敵人，已經重挫了拜占庭帝國。突厥人原本屬於烏古斯（Oguzz）部落聯盟，阿拉伯史學家認為其活動範圍在裏海以東，這個草原民族驍勇善戰，在巴格達的哈里發國於十世紀晚期分裂之際勢力日大。從他們改信伊斯蘭教後不久的一〇三〇年代起，突厥人便橫掃該地區，並在一個世代內就在其領袖圖赫里勒・貝（Tughril Beg）由哈里發任命為全權執政的蘇丹之後，入主巴格達。

他們的西進勢如破竹，很快便開始在高加索地區和小亞細亞突擊劫掠，破壞了當地居民生活並引發恐慌。突厥人以矮壯的中亞馬匹為坐騎，這種馬的力量與耐力很適合這片區域的多山地勢和陡峭溝谷，使得突厥人移動迅速而似乎無影無蹤；有一個資料來源說這種馬「迅捷如鷹，馬蹄穩如磐石」。據說，突厥人遇上對手時的攻擊就像大啖獵物的狼群。[27]

到了烏爾班在克萊蒙發表演說時，突厥人已經夷平數百年來固若金湯的安納托利亞行省與軍事行政區，攻下了早期基督信仰的重要城鎮，包括傳道者聖約翰（St John the Evangelist）的家鄉以弗所（Ephesus），著名的早期大公會議地點尼西亞，還有聖彼得最初的教座安條克，這些全都在十字軍運動前的數年間落入突厥人手中。這也就難怪教宗會在一〇九〇年代中期的演說與信件中呼籲拯救東方教會。

要尋找十字軍首役的背景脈絡，該看的不是克萊蒙的山麓或梵蒂岡，而是小亞細亞和君士坦丁堡。太久以來，關於十字軍運動的敘事都由西方的聲音主導。但是一〇九六年懷抱遠大目標出發的騎士，回應的是地中海另一側正在上演的危機。軍事崩潰、內戰和政變未遂，使拜占庭帝國瀕臨毀滅邊緣。阿列克修斯一世·科穆寧被迫向西方求援，而他對教宗烏爾班二世的懇求，催化了後來的一切。

# 第一章
Chapter 1

# 歐洲陷入危機
Europe in Crisis

十字軍首役決定了中世紀的特質。它為歐洲騎士階層建立起牢牢依附於基督信仰的共同身分。它影響了行為，使虔誠與服務成為備受推崇的個人特質，受到韻文、散文、歌曲和藝術所稱頌。它將為上帝而戰的虔誠騎士概念理想化。它使教宗成為不僅具有精神意義的領袖，在政治上也舉足輕重。它給了西方公國共同目標，創立的框架使得捍衛教會不僅是讓人嚮往的事，也是義務。源自十字軍首役的想法與結構形塑了歐洲，一直到宗教改革（Reformation）為止。

反諷的是，十字軍運動本身是紛爭與分裂的產品，因為十一世紀下半葉的歐洲在動盪與危機下四分五裂。這是整片大陸陷入征服與巨變的時代。英格蘭為諾曼人所占領，在此之前則在來自斯堪地那維亞的持續攻擊下勉強抵抗。阿普里亞、卡拉布里亞和西西里也正在來自諾曼第的移民下改頭換面，來的先是傭兵，然後是投機分子，在豐厚報酬的吸引下先後南來。西班牙處於過渡期，穆斯林占領者在控制半島超過三個世紀之後，正被逐出一座座城鎮。德意志也動盪不安，經常爆發對王室的大規模叛亂。同時間，拜占庭帝國處於長期壓力下，北部、東部與西部邊疆被行為日益挑釁的鄰人所威脅、攻擊和占領。

十一世紀也是教宗權與歐洲最有權勢者之間衝突激烈的時期，統治者被大動作的逐出教會，有時被重新接納，但是又再度被開除教籍。這時期幾乎所有重要人物——德王亨利四世、法王腓力一世、英格蘭哈洛德國王、拜占庭皇帝阿列克修斯一世．科穆寧和諾曼人公爵羅勃．吉斯卡（Robert Guiscard）——都曾因為教宗企圖對世俗世界伸張權力，而被驅逐出教至少一次。

連教會內部的分歧都深刻到十一世紀晚期有兩個教宗，各自宣稱為聖彼得聖座的正統繼承人，並由各自宣稱為正統選舉人團的教士所支持。另有拜占庭教會，當地教會的習俗與教義和西方教會差異很深，而且與羅馬教廷處於分裂狀態。然而這段時期歐洲所陷入最有害而持續的爭論，威脅到教會的整體存續：一次嚴重爭論摧毀了教宗額我略七世（Gregory VII）和歐洲最有權勢者德王亨利四世之間的關係。亨利的前任國王建立了對北義大利的控制權，並在九六〇年代自立為羅馬皇帝；因而他們密切注意教宗權位，也保留參與教宗選舉的權利。額我略七世和亨利四世的關係一開始頗為令人期待。一〇七三年四月當選教宗的額我略是「虔誠的人，通曉知識的兩個分支〔神聖與世俗〕，是平等和正義最尊貴的愛好者，在逆境中仍堅強……可敬、謙卑、清醒、貞潔、好客」。[1] 亨利四世在教宗當選後送來的訊息讓教宗深感安慰。他在給一名支持者的信中寫道，亨利「寄來的話語充滿和善與順從，在我們記憶中，他與他的前任不曾寄過這樣的信給羅馬教宗」。[2]

然而，不用多久，他們的關係就惡化了。還沒成為教宗以前，額我略就是個務實的人，對於改革教會並將權力更有效率的集中於羅馬抱持強烈看法。他特別關注教會內部高階職位的敘任權，當時許多職位都待價而沽，堪稱體制化的貪汙腐敗。某些高階職位附帶豐厚津貼以及影響力和權威，成為引人垂涎的閒差——正是權大勢大的統治者最好發配的酬庸職務。[3]

為圖改革，額我略禁止出售宗教職位，並主張敘任權為他所獨有，這讓他注定與深恨教宗干預德意志教會事務的亨利產生衝突。到了一〇七六年，雙方關係已經破裂，教宗將亨利逐出教會，宣告「以全能的上帝，聖父、聖子與聖靈之名，透過祢的力量與權威，對以前所未聞之傲慢反對祢教會的亨利皇帝之子亨利國王，罷黜其對德意志人王國與義大利的治理權力，並免除所有基督徒對他立下或將要立下的誓言之束縛；我也禁止任何人以他為國王服務他」。[4]

不意外的，這等於對緊張情勢火上澆油，亨利的支持者宣告教宗為罪犯，而效忠德王的主教則決議通過對教宗本人處以破門律。[5] 雖然這兩人在一〇七〇年代晚期短暫和解，但是後來教宗被人說動，支持在德意志想要罷黜亨利的強大敵人，導致兩人徹底決裂，無可挽回。額我略為其中一個對手登上王座背書，讚美他的謙卑、順從和對真理之愛，並以亨利的驕傲、反叛和欺騙為對比之後，德王採取了激烈的手段。[6]

德意志和北義大利的主教在一〇八〇年六月被召集至布里克森（Brixen）舉行的宗教會

議。會中提議以武力將額我略逐出羅馬，以「正統」教宗取而代之。拉芬納（Ravenna）大主教威伯特（Wibert）經推舉為教宗當選人，並預定在次年春天於羅馬舉行加冕禮。[7] 因為德意志境內的叛亂而遭耽擱後，亨利四世終於長驅直入義大利，並於一〇八四年攻下羅馬。威伯特立刻在聖彼得大教堂經加冕成為教宗克勉三世（Clement III）。一週後，亨利被加冕為羅馬皇帝。「朕經教宗克勉所任命，」他寫道，「並且在復活節聖日當天，在所有羅馬人同意下經祝聖為皇帝，所有羅馬人民歡欣鼓舞。」[8]

克勉三世被扶植成為對立教宗，宣稱他是聖彼得寶座真正的繼承人，並且受到許多高階神職人員支持，這危及了羅馬教會，使其幾乎分裂為二。額我略在拉特朗宮（Lateran）內獲得庇護，後來從羅馬逃到沙勒諾（Salerno），並在一〇八五年於流亡中死於當地，但是教宗權位仍持續為不確定與混亂所籠罩。額我略七世的繼任者在將近一年後才出爐，而即使獲選，教宗維篤三世（Victor III）仍多少透過武力才得以繼位。他就任後不到十八個月即溘然辭世，因而又舉行新選舉，導致更多動盪不安。一〇八八年三月，奧斯提亞（Ostia）樞機主教奧圖（Odo）被任命為教宗，成為烏爾班二世（Urban II），然而他在亨利四世於德意志和北義大利控制的領土並不被承認。教會陷入失序。

此後多年，西方教會的分裂沒有彌合的跡象。一〇九五年克萊蒙會議召開前的十年間，占優勢的是克勉三世，不是烏爾班二世。畢竟，後者任教宗的頭幾年間光是要進入羅馬都很難：連獲選為教宗也是在泰拉契納（Terracina），遠離仍由效忠皇帝的勢力牢牢掌控的永恆之城。雖然他在一〇八九年設法進入羅馬短暫停留，以一場遊行和加冕彌撒慶祝，並發出一道通諭，但是他很快就再次離開，不敢冒險在羅馬城停留太久。[9] 當他在一〇九一和一〇九二年耶誕節返回時，被迫在城外紮營，無法完成教宗最基本的職責，包括在聖彼得大教堂主持彌撒。[10]

烏爾班二世當選教宗時，要想像他能夠感動並激勵歐洲的基督教騎士挺身而出，拿起武器長征耶路撒冷，只會顯得荒謬可笑。雖然教宗密切關注西班牙的情勢，知道基督徒對抗那裡的穆斯林有所斬獲，但是除了寄發熱情支持與鼓勵的信件，他能做的不多。[11] 烏爾班在自己的家鄉面臨困境，連在羅馬、遑論歐洲其他地方都很難找到支持者，因而，他對東方信徒命運的關心，儘管可能真誠，影響力卻微乎其微。

相對的，克勉三世正大力鞏固自己為天主教會真正領導者的地位。一〇八〇年代晚期，他寄了一連串信件給坎特伯里大主教蘭法朗（Lanfranc），邀請他到羅馬，要求將彼得獻金（Peter's pence）❶寄來，並表示願意介入英格蘭正在上演的紛爭。他也敦促英格蘭國王與各主教為母親教會（mother church）提供援助。[12] 克勉三世亦與塞爾維亞人有所聯繫，除了確立神職人員的任命，還送了一條批帶（pallium，一種特別的聖衣配飾）給安提伐利（Antivari）的大主教。[13]他與中世紀俄羅斯國家首都基輔（Kiev）的教會領袖取得聯繫，寄送友好的訊息給他。[14]他的行為完全符合教宗所應為：以權威的態度與基督教世界的領袖人物取得聯繫，為他們提供建議與支持。在一〇九〇年代中，看起來比較有可能發表鼓動人心的演說、激發的反應足以統一教會的人，不是烏爾班，而是克勉三世。

烏爾班二世比對手占優勢的地方是他與東方教會的關係——雖然這也不是一派祥和。一開始，羅馬與君士坦丁堡和安條克、亞歷山卓（Alexandria）、耶路撒冷同為基督教世界的五大教區。後三者在七世紀陷落於伊斯蘭征服者手下，提升了剩餘兩座城市的地位，也造成彼此無所不在的競爭關係。關於兩者誰比較重要以及教義和實踐方面的爭議經常爆發，而教宗尼閣一世（Nicholas I）和君士坦丁堡牧首佛提烏（Photios）之間激烈的言詞交鋒，則使雙方關係在九世紀來到新低。

然而，正常情況下，時間會撫平緊張對立，而這些爭吵之間穿插著長時期的相互合作。十世紀的一本拜占庭手冊載明了君士坦丁堡皇帝寫信給教宗時應該如何稱呼、署名，必

❶ 譯注：中世紀英格蘭的地主每年繳交給羅馬教廷的一便士稅金。

須依循一定的格式：「以聖父、聖子與聖靈，我們唯一真神之名。〔姓名留白〕與〔姓名留白〕，羅馬人的皇帝、信奉上帝的人，致〔姓名留白〕至聖的羅馬教宗與我們的屬靈父親。」同樣的，來自羅馬的使者也有稱呼皇帝時規定使用的敬語。[15] 這些格式顯示東西方之間的合作應是常規而非例外。

然而在十一世紀中期，羅馬與君士坦丁堡的關係徹底瓦解。教宗良九世（Leo IX）在一〇五四年派遣使節團前往君士坦丁堡，探討拜占庭控制的阿普里亞和卡拉布里亞地區的義大利，雙方的共同利益。但是這趟任務大大出了錯。協商從一開始就不順利，討論方向從雙方可能的結盟，轉向拉丁教會與希臘教會間聖餐禮儀式的差異。從語氣激動的原始文本可看出，究竟要用發酵餅或無酵餅來象徵聖體，是個亟待解決的重大問題。然而，最重要的爭議是在信經（the Creed）中加入的所謂「和子」（filioque）條款，宣告聖靈不僅由聖父所出，也由聖子而出。這個條款最初在六世紀於西班牙的一場宗教會議提出，很重要的是，這次會議有許多教會領袖並未出席，而一開始連教宗都譴責這個條款。然而，在規範宗教實踐並不總是容易的世界裡，備受爭議的和子條款變得愈來愈普遍。到了十一世紀初，這個條款已經廣泛使用，被正式納入信經的標準內容。羅馬教會增加此條款之舉在地中海東岸地區受到猛烈抨擊，尤其在君士坦丁堡。

使節團抵達這座拜占庭首都後，衝突很快爆發。一〇五四年七月十六日，教宗使節樞機主教希瓦康第達的洪伯特（Humbert of Silva Candida）與來自羅馬的其他使者，在君士坦丁堡的聖索菲亞大教堂內正行聖餐禮時，逕自走了進去。在極為戲劇化的一幕中，他們直接走向教堂前端，沒有先停下祈禱。他們取出一紙文件，在神職人員與會眾面前，大剌剌地將之放在主祭壇上。文件中寫道，君士坦丁堡牧首濫用職權，並且在他的信念與訓誨中犯下許多錯誤。文件將他立即逐出教會，指他將與文中詳細列出、最惡劣的異端者同在地獄受苦。牧首與他的支持者將永世在地獄受罰，「與惡魔和他的天使一同受苦，除非他們悔改。阿門，阿門，阿門」。然後，洪伯特轉身走出聖索菲亞大教堂，在抵達門口時停下步伐，拍掉涼鞋上的塵土，接著轉身面對會眾，嚴肅地宣告：「願主臨鑑審判。」[16]

這是羅馬與君士坦丁堡雙方關係的最低點，至今仍以大分裂（Great Schism）為人所知。這麼一來，東西方之間的敵意幾乎體制化了。比如，一〇七八年，額我略七世公告將尼基弗魯斯三世．伯塔內亞提斯（Nikephoros III Botaneiates）逐出教會，但是這位新任皇帝根本還未與羅馬有任何接觸；三年後，在阿列克修斯一世．科穆寧廢黜尼基弗魯斯之後，教宗對他也祭出同樣待遇。[17]大約同時，教宗不僅同意對拜占庭展開攻擊，還給了這次的行動領袖一幅旗幟，在對抗帝國軍隊時帶上戰場。他甚至為這次攻擊的策劃者羅勃．吉斯卡背書，稱他才是君士坦丁堡的正統皇位繼承人，雖然這位諾曼人既非真的有權作此主張，也不是真的有可能取得皇位。[18]

這與烏爾班在克萊蒙號召起義形成強烈對比。一〇九五年末和一〇九六年初的當代紀錄清楚顯示，教宗刻意聚焦在小亞細亞基督徒所受的苦，以及東方教會——意思是遵循希臘禮儀的教會——所受的迫害。[19]羅馬和君士坦丁堡的關係為何出現這樣驚人的轉變？這個巨大的變動，源自十一世紀後期對教會整體控制權的爭奪，尤其源自烏爾班在西方的弱勢處境。

烏爾班成為教宗後，深知自己在克勉三世和他的保護者亨利四世的手段下節節敗退；他只能盡可能在別處建立關係。他首先做的一件事情，就是與君士坦丁堡和解。一〇八八年當選教宗後不久，他就派了一個小代表團前往帝國首都，討論三十年前導致分裂的敏感議題。獲得皇帝接見後，用當代一名評論者的用語說，代表團以「溫和而慈父般的方式」把議題攤開來談，討論的主題包括希臘禮儀中使用的發酵餅，以及君士坦丁堡的神聖雙聯記事本（holy diptychs）移除教宗之名一事；記事本記載了被視為與教會共融❷的歷任主教名單。[20]

皇帝阿列克修斯一世曾是軍事將領，品味極為簡樸，對自己的信仰認真以對——根據他的長女所述，他會與妻子一起沉浸於研讀聖經，直到深夜仍不睡。[21]他聽完教宗使節的話之後，下令召開教會會議以討論他們認為不公的事情，包括在首都行拉丁禮儀的教會遭關閉，導致住在城裡的西方人無法禮拜。皇帝也親自主持了一場會議，出席者有君士坦丁堡與安條克的牧首、兩名大主教和十八名主教，並要求檢視決定將教宗從雙聯記事本除名的相關文件。當他得知這些文件並不存在，而排除教宗之名並無任何聖典基礎之後，他下令依照慣例將教宗的名字重新加回去。[22]

阿列克修斯並未就此打住。他透過使節團力邀教宗前來君士坦丁堡，為過去對教會造成莫大損害的紛爭畫下句點。在蓋有皇家金印的一份文件上，他提議召開特別會議，由高階的希臘與拉丁神職人員參與，討論有重大歧異的領域。皇帝承諾遵守會議達成的結論，以求取對上帝的教會的統一定義。[23]

君士坦丁堡牧首尼古拉斯三世・格拉馬提科斯（Nicholas III Grammatikos）隨後在一〇八九年十月另行寫信給教宗，對烏爾班願意促成教會終止紛爭表示欣喜。尼古拉斯有禮的寫道，教宗若認為他個人對拉丁基督徒懷抱敵意就錯了。若他認為在首都使用西方禮儀的教會遭到關閉，那也錯了；事實上，住在君士坦丁堡的西方人可以使用拉丁禮儀敬拜上帝。「教會的團結是我們衷心所盼，超越一切事情。」尼古拉斯寫道。[24]

❷譯注：共融（in communion with），指接受教會的體制和教義並保有密切聯繫。

這些做法重啟了與羅馬的對話，並且在十字軍首役前夕，為拜占庭帝國的重大立場調整鋪路。資深的拜占庭教士西奧菲拉克特．赫法斯托斯（Theophylact Hephaistos）受託準備一份文件，刻意淡化希臘與拉丁慣例之間的差異重大性，以安撫東方教會的疑慮。這些差異許多都很瑣碎，他寫道。拉丁神父在禮拜六而非禮拜天禁食；他們在四旬期（Lent）的禁食方式錯誤；與東正教神父不同，他們不認為戴戒指有何不可，也會剪頭髮剃鬍鬚；他們在舉行禮儀時不著黑衣，而是穿著彩色的絲質祭衣；他們的單膝跪禮做得不正確；此外，拉丁修士不像希臘修士嚴守吃素，而是樂於吃豬油和各種肉類。赫法斯托斯主張，這些問題都很好解決，聖餐禮中使用發酵餅的問題也是。[25] 在信經加上「和子」條款的問題嚴肅多了，他坦言，接受這個條款的信徒將墜入地獄的火焰中。[26] 儘管如此，他依然認為這個條款可望移除。[27]

這個小心翼翼的重新定位，意在將君士坦丁堡與羅馬之間的鴻溝縮小，不僅在宗教事務上，也要為政治甚至軍事同盟鋪路。這是十字軍首役的起源中關鍵的準備階段，也是教宗能在短短數年後呼籲歐洲騎士踏上征途、捍衛拜占庭的先決條件。

烏爾班迅速回應來自君士坦丁堡的正面跡象。他前往南方，與他少數支持者中的西西里伯爵羅杰爾（Count Roger of Sicily）會面，希望他贊同與拜占庭改善關係。羅杰爾一直都對亨利四世在義大利的強力干預感到憂心。一〇八〇年代中期，亨利的支持者中有些人呼籲他進攻君士坦丁堡，而後是耶路撒冷，在那裡舉行榮耀的加冕典禮；沿途，他還應該奪取阿普里亞和卡拉布里亞的控制權，以建立自己對諾曼人的權威，這就影響到羅杰爾的利益了。[28]聽到阿列克修斯召集會議以修補關係的邀請時，羅杰爾的回答毫不含糊：教宗應該參加，讓教會擺脫大分裂。[29]

這正是烏爾班要聽的：這給了他機會扮演教會統一者的角色。以他和克勉三世之間的鬥爭而言，烏爾班的這次突破極為珍貴——克勉三世也深知這點。他會得知對手與君士坦丁堡往來的消息，是透過卡拉布里亞的巴塞爾（Basil of Calabria），巴塞爾是強硬派的拜占庭教士，在烏爾班阻礙下無法在南義大利的教區任職，因而心生不滿。巴塞爾參與了一〇八九年秋天的美爾菲會議（Council of Melfi），當時他被明白告知，如果他承認教宗的權威，就可以成為瑞吉歐（Reggio）主教。看到他的兩名同儕答應這種交換條件，巴塞爾深感駭異，大發雷霆。[30]在他眼中，烏爾班不配擔任教宗，正如他「三受詛咒」的前任額我略七世。他寫信給君士坦丁堡牧首，形容教宗是一頭懦弱的狼，面對關於基督教教義最根本的問題時只會逃避。他是異端者，販賣神職給出價最高的人。[31]

巴塞爾的個人不滿掩蓋了一個事實，即美爾菲會議對於重建羅馬與君士坦丁堡的關係而言，是重大的一刻。巴塞爾眼中，同儕為了在羅沙諾（Rossano）與聖塞維里納（Santa

Severina）擔任主教而不可原諒的屈從，事實上更可能是教宗與拜占庭在南義大利展開新合作的重要例證。[32]

儘管如此，巴塞爾還是逕自採取行動。聽說了君士坦丁堡方面尋求和解的動作後，他旋即聯繫克勉三世。對立教宗立刻回覆。「請速速將你所提到、我們聖弟兄君士坦丁堡牧首的那封信寄來」，這是指巴塞爾所收到的信，內有為了與羅馬和解的各項指示。「我們也應針對這個攸關重大的主題回覆他；他應該知道我們已經妥善準備好一切——因為我們也期盼並樂見和平與團結。」[33]針對巴塞爾的個人憂慮，克勉三世請他安心，承諾這些都會以對他有利的方式解決。[34]然而，如果克勉三世確曾嘗試開啟與君士坦丁堡的對話，成效也不彰。雖然他表達有興趣與希臘教會建立關係——他寫信給拜占庭出生的基輔大主教若望，提出與希臘教會建立更緊密關係的可能——但是他的嘗試一無所獲。對阿列克修斯而言，相較於受到德皇支持的克勉三世，烏爾班是更有吸引力的盟友。[35]

有一個原因是，烏爾班在南義大利仍保有影響力。數世紀以來，拜占庭原本統治了這個地區，直到一〇五〇和一〇六〇年代在諾曼征服者手下受到一連串慘重挫敗。在安娜・科穆寧筆下，諾曼人的勢力擴張就像壞疽一樣——「因為壞疽一旦進入身體就不會停止，直到入侵並腐化整個身體為止」。[36]雖然拜占庭帝國對阿普里亞和卡拉布里亞的統治在巴利（Bari）

於一〇七一年遭諾曼人攻陷後，就畫下了不光采的句點，各省分居民仍主要說希臘語，自然以君士坦丁堡馬首是瞻。如今，這個連結在羅馬與君士坦丁堡交好之後重新啟動。自從諾曼人征服以來，遺囑、銷售特許和其他正式文件的日期標注都帶有諾曼公爵的名字。但是一〇九〇年代剛開始，阿列克修斯的名字和帝王紀年就開始日益頻繁地出現，明顯表示當地人再次期盼皇帝的領導。[37]拜占庭恢復地位，在烏爾班取消了一〇八一年對阿列克修斯的絕罰（即逐出教會）之後，又更進一步。[38]

東西方利益的重新整合還有其他跡象。一〇九〇年代早期，希臘正教修院聖菲利波迪法爾加拉（San Filippo di Fragalà）就受惠於激增的各種好處。西西里伯爵羅杰爾將好幾座教堂歸由這座修院管轄，並賜給修士團更多土地，他還發布命令，明言修院將不受拉丁教會，以及那些「男爵、將軍、子爵和其他所有人」干預。[39]其他領域也有重大合作的例子，尤其在軍事方面。一〇九〇年代早期，面對巴爾幹半島各地受到的大舉入侵，阿列克修斯一世對各地發出支援他部隊的籲求。他也派遣使者到坎佩尼亞（Campania）面見烏爾班，烏爾班立刻在一〇九一年春天派遣人員幫助阿列克修斯對抗草原游牧民族佩切涅格人（Pecheneg），他們從多瑙河大舉進攻，已長驅直入色雷斯（Thrace）。後續的勒布尼翁（Lebounion）戰役消滅了這支讓人聞風喪膽的游牧部族，是拜占庭帝國史上最重要的戰役之一。[40]

因此，到了一〇九五年，已有許多為彌合羅馬與君士坦丁堡之間的長期嫌隙而做的努力。雖然阿列克修斯早幾年所提議的會議尚未召開，但皇帝與教宗已經建立了良好的合作關係。事實上，如果某份十二世紀文獻後來加上的內容可信，他們已經共同擬定了一個計畫。據稱，由烏爾班與阿列克修斯共同派遣的使節，在一〇九〇年初抵達克羅埃西亞國王茲沃尼米爾（Zvonimir）的宮廷，請求騎士為處境艱難的拜占庭教會提供援助，並解救穆斯林壓迫下的耶路撒冷。若果真如此，這相當於預演了教宗在克萊蒙的呼籲：這是來自舊羅馬與新羅馬的求助，誘因是耶路撒冷，而從軍是為宗教奉獻的行為。然而在茲沃尼米爾的情況中，這個請求並未獲得預期的效果：根據那份文件後來的添寫，茲沃尼米爾的騎士對國王居然願意為別人去打仗而深感驚駭，乾脆把他殺了（雖然其他資料來源指稱國王是在年老時平靜地死去）。[41]

藉由尋求與君士坦丁堡和解，烏爾班刻意將自己塑造成多年來為激烈競爭、鬥爭與衝突所苦的基督教世界的領袖。正如一名當代的記錄者所言，十一世紀末的教會陷入混亂。「在歐洲各地，」夏特的弗爾切寫道，「和平、美德與信心被強人與弱者殘酷踐踏，在教會內外皆然。這一切邪惡必須終結。」[42]然而烏爾班需要一個更全面的計畫，才能建立自己在基督教世界的中心地位。以他和羅馬的克勉三世的競爭而言，他與希臘教會交涉所獲得的進展本身並不足以產生任何更大的意義，遑論鞏固他在歐洲其他地方的地位。

然而，情勢在一〇九〇年代中期開始改變。首先，德意志突如其來而出人意料的事態發展提供了千載難逢的機會，讓他得以壓倒對立教宗和其首要支持者——德王亨利四世。亨利陣營有些人因不滿皇帝的高壓手段而選擇投奔敵營，這些備受矚目的投敵行為提振了烏爾班的氣勢。投奔者中有一位是亨利年輕美麗的妻子，她來找教宗並向他抱怨，她被迫做出許多「異常而汙穢的姦淫之事，而且是與那麼多名男子，即使是她的仇敵都會諒解她逃離（皇帝）。所有天主教徒都該因為她的遭遇而心生不忍」。[43]在極為緊繃的氣氛下，教宗的支持者急於抓住任何可用來破壞皇帝名聲的事情，見獵心喜的論爭者於是散播著低俗汙穢的謠言。[44]更重要的叛離者是亨利四世的兒子與繼承人康拉德（Conrad），這名嚴肅的年輕人決定背棄父親，與父親的諸侯一起支持烏爾班，因為他厭倦了教會內部永無休止的爭執，也因為父親在北義大利的軍事挫敗讓他對自己的前途疑慮不安。

這些發展立即而明確地提振了教宗的聲勢。烏爾班宣布他將在一〇九五年三月於皮亞辰札召開會議，這裡是原本效忠亨利四世的領域中心，也是克勉三世原本在拉芬納的大主教教區中心。已經離開亨利的妻子出現在會議中譴責她的丈夫，對立教宗受到嚴詞抨擊，接著，所有先前與皇帝站在同一邊的神職人員獲得特赦。會議後，康拉德旋即在克雷莫納

（Cremona）與教宗會面，他以馬夫的角色迎接教宗，為他拉住轡頭，透過此儀式公開表達尊崇與謙卑。[45]幾天後第二度會面時，康拉德立誓保護教宗和其職權與財產。烏爾班則承諾認可康拉德對皇位的繼承權。[46]他也提出讓他的新盟友與他在義大利的首要支持者西西里伯爵羅杰爾之女聯姻的提議。教宗在給伯爵的信中寫道，如果這場婚事能成，那將是羅杰爾的光榮，對他的未來也大有好處。婚禮果然在比薩盛大舉行，康拉德靠著富有的岳父奢華的贈禮安頓下來。[47]這大幅改善了烏爾班的地位，使他從被迫在羅馬城牆外紮營的孤立角色，成為歐洲政治角力中具核心地位的重要人物。

然而，在皮亞辰札還發生另一件事，永遠改變了教宗權。當宗教會議在討論教會事務——異端的定義、法國國王因通姦罪名逐出教會一事、神職人員相關事務——來自君士坦丁堡的使者也抵達了。[48]他們帶來很壞的消息：拜占庭帝國即將崩潰，急需援助。烏爾班馬上抓到其中含意。這是一舉統一教會的大好機會。他宣布將往北方動身——前往克萊蒙。

十字軍運動的歷史學者——中世紀和現代的皆然——也跟著烏爾班到了那裡。但是，東方到底發生了什麼慘事？為什麼突然急需援助？拜占庭帝國出了什麼差錯？要了解十字軍運動的起源，我們應該望向的不是法國中部的山麓，而是帝都君士坦丁堡。

# 第二章
Chapter 2

# 君士坦丁堡復興
The Recovery of Constantinople

君士坦丁堡是為了引發敬畏而設計的。和舊羅馬一樣，這是一座占地遼闊而氣勢懾人的首都。走陸路而來的訪客會先看到龐大的城牆與為城市供水的巨大輸水道。防禦工事直達十二公尺高的陸牆（Land Walls）從金角灣（Golden Horn）綿延至馬爾馬拉海（Sea of Marmara）。城牆在五世紀時由皇帝狄奧多西（Theodosios）重建，要讓最野心勃勃的敵人都在它面前止步。厚五公尺的城牆由九十六座城樓保護，從上面可以看到從西方和北方而來的途徑。進出由重重守衛的九道城門控管，但是過了城門還只是穿過外牆。訪客接著必須渡過深邃的護城河，再穿越又一圈城牆，才能通往主要道路，前往首都中心。

若走海路而來，映入眼簾的景象只有更壯觀。君士坦丁堡位於馬爾馬拉海北岸、歐洲與小亞細亞間距離最窄的一點。從甲板上看見城裡的紀念建築、教堂和宮殿時，會給人深受震撼的第一印象。首都綿延到舉目可及之處，涵蓋三萬公頃土地。城內人口數十萬人，大約是歐洲最大城市的十倍之多。

君士坦丁堡的主要建築也十足驚人。最驚人的是宏偉的聖索菲亞大教堂，由皇帝查士丁尼（Justinian）在六世紀所建。教堂的巨大圓頂寬度超過三十公尺，高五十五公尺，似乎懸空漂浮著，有如「穹蒼的一頂帳篷」。圓頂是個工程奇蹟，而教堂更是美得壯觀。黃金馬賽克在透過窗戶灑入的光線下閃爍。[1]然而君士坦丁堡處處是非凡的地標：數百座教堂與修院、用來賽戰車和賽馬的巨大競技場、浴場、大皇宮（Great Palace），甚至有一座動物園。謳歌君士坦丁堡的一首詩中寫道，從前有世界七大奇蹟，現在有君士坦丁堡七大奇蹟。[2]

這樣一座繁忙的城市自然需要物資供給。市場由君士坦丁堡的城市行政官監控與規範，這個單位的人員負責確認市場使用的是標準砝碼，也要控制出售的生鮮食品品質一致。品質也透過公會系統確保：生鮮食品商、魚販、屠夫、蠟燭商、做繩子的和做馬鞍的，都有清楚的行規與行為準則，規範他們能賣什麼、在哪裡賣。連定價都有清楚的準則，至少對民生用品如此，以控制通貨膨脹。這造就了穩定供應的蔬果、乳製品、肉品和魚類，以及較為珍稀的物品如香料、蠟、銀製品，還有拜占庭最出名的商品——絲綢。[3]

十一世紀有位遊客為城裡來自各地的人口和宏偉的建築而讚嘆，也以驚奇的語氣記錄了在首都各處舉行的宗教遊行。他有幸在布拉赫奈天主之母教堂（Theotokos of Blakhernai）目睹奇蹟，看到聖母像的面紗緩緩升起，露出她的面容，隨後又垂掛回原位。[4]另一名十一世紀晚期的訪客也難掩他的震撼：「噢，看那高貴美麗之城君士坦丁堡！有多少用傑出技巧建造的修院與宮殿！在主要大道甚至次要街道可以看到多少驚人事物！要細數那裡的各種財富會極為繁瑣，有黃金的、白銀的，各種袍子，還有神聖遺物。商人透過頻繁的旅程持續帶來人類各種所需。就我所見，這裡常年有大約二萬名閹人居住。」[5]

這座城市一直像磁鐵般吸引商人與冒險家前來，追求名聲與財富。許多人為了親眼看見並體驗這座皇都而來，比如一〇二〇年代從冰島來到君士坦丁堡的博利・博拉森（Bolli Bollason）。「我一直希望有天能旅行到南方的土地，」他告訴他的同儕，「因為一名男子若從未到過自己出生地以外的地方，將會變得無知。」[6]他去了數千公里之外的君士坦丁堡。抵達之後，博利加入了瓦蘭吉衛隊（Varangian guard），這支軍團由斯堪地那維亞和俄羅斯的傭兵組成，到了十一世紀也有來自不列顛群島的成員，負責護衛皇帝。「他們戰鬥時狀似瘋人，彷彿被怒火熊熊燃燒，」十一世紀有位作家這樣描寫，「他們從不畏戰，也不在意身上的傷。」[7]博利最後一派堂皇地回到冰島：「他穿著加斯國王〔拜占庭皇帝〕賜予他的毛皮衣裳，外罩紅色披風；他還佩著〔一把利劍〕，黃金的劍柄光芒閃耀，握柄亦以黃金編織；他頭戴鍍金頭盔，側掛紅色盾牌，上面繪有一名金色騎士。他依照外國的風俗手握匕首。所到之處，女性無不痴迷，怔怔地望著堂皇氣派的博利。」[8]

博利只是受君士坦丁堡吸引的許多人之一。後來的挪威國王哈拉爾・哈德拉達（Harald Hardrada）也來到這裡，在槳帆船上工作，負責守望愛琴海上是否有海盜出沒，也在一〇四〇年代早期參與對西西里的攻擊，而這些事蹟都記載在關於挪威統治者的系列傳奇《挪威列王傳》（*Heimskringla*）。在帝國軍隊服役時，他發明了一種精巧的飛行炸彈，在幼鳥身上塗覆混合了蠟與硫黃的松香後將牠們點燃，再讓牠們飛回他參與圍攻的城內的鳥巢。為君士坦丁堡，或古諾斯語稱之為米克加斯（Miklegarth）城的偉大皇帝服務是充滿異國情調、刺激又厲害的事情。對許多斯堪地那維亞人而言既是一種榮耀，也是過渡儀式。[9]

還有像斯提根的歐多（Odo of Stigand）這樣的男子。這名年輕的諾曼人在一〇五〇年代於君士坦丁堡接受醫生與獸醫的訓練，順便學了幾種外國語言的皮毛。他的兄弟羅伯也在首都待過，最後返鄉回到諾曼第的時候，帶著黃金、寶石和聖芭芭拉的聖髑。[10] 有軍事經驗的騎士在君士坦丁堡受到歡迎，數名騎士在帝國軍隊中晉升高職。一〇六六年黑斯廷（Hastings）戰役後逃離英格蘭的盎格魯－薩克遜人領袖有一些也來到這裡，在威廉征服英格蘭後尋找新開始。[11]

到了十一世紀末期，在君士坦丁堡和帝國其他地方，已經有許多不同民族存在。亞美尼亞人、敘利亞人、倫巴底人、英格蘭人、匈牙利人、法蘭克人、猶太人、阿拉伯人與突厥人都在首都生活、作客與貿易。[12] 阿瑪菲商人甚至在君士坦丁堡內建立了自己的生活區；[13] 有一人深受皇帝喜愛，獲賜少見的特權，得以在皇家鑄造廠鑄造銅門後再送回阿瑪菲（Amalfi），到今天仍展示在聖安德魯大教堂的入口處。[14] 君士坦丁堡多元、國際化，而且四通八達：貿易網路、外交聯繫，以及移民人口與母國的連結都表示，帝國就算在歐洲最偏遠的角落都聲名赫赫。

造訪首都並且在這裡安頓下來的外國人數量激增，有部分是因為十世紀那些偉大皇帝將領的一連串重大軍事勝利，帶來迅速增長的經濟繁榮。帝國終於出手對付數世紀以來侵擾愛琴海與東地中海海上交通的阿拉伯海盜，有系統地摧毀其進攻據點。巴爾幹半島和東方的邊疆先經平定後，在前後幾名有能力亦有野心的軍事將領手中又往外拓展，開啟了帝國的黃金年代。

重大的新計畫在君士坦丁堡展開建造，如曼加納區（Mangana）宏偉的聖喬治建築群，包括一座醫院、年老者與貧困者之家、一座奢華的宮殿，和一座修院教堂，下令建造這一切的君士坦丁九世後來就葬在這裡。法律和哲學學校陸續開設，以滿足日益具有社會流動性的人口。貿易者與商人富裕起來，因而發現元老院的大門為他們而開。開始有私人利用可支配所得投資土地與珍貴物品。在帝國的穩定和繁榮激勵下，像卡帕多恰地主尤斯塔狄奧斯・博伊拉斯（Eustathios Boilas）這樣的人，開始開發「骯髒而難以處理……被蛇、蠍子與野獸盤據」的荒蕪土地，悉心照料，將之改變為由水車和輸水道灌溉的葡萄園與花園。[15]

然而，大約在十一世紀中期，君士坦丁堡的進步開始遲滯。原本由義大利中部各城邦招募的諾曼傭兵發現，他們可以利用阿瑪菲、沙勒諾、卡普亞（Capua）、貝內芬托

（Benevento）和那不勒斯之間紛爭常起的競爭情勢。短短數十年間，他們已經有效利用這些對立關係建立起自己的權力基礎，到了一〇五〇年代中期，諾曼人甚至開始挑戰拜占庭對行省阿普里亞和卡拉布里亞的控制。帝國在其他地方也面臨壓力。長久以來，君士坦丁堡一直得密切留意黑海以北的草原地區。數世紀來居住在這些土地上的游牧民族善變而危險，必須小心處理。其中最野心勃勃的部族是佩切涅格人，特別擅長突襲防禦不善的目標。如今，以多瑙河北岸為根據地的佩切涅格人將眼光轉向拜占庭，從一〇四〇年代起加強攻勢，危害巴爾幹半島。

在東方，帝國受到突厥人強力崛起的威脅。十一世紀初，他們在以巴格達為首都的哈里發國的地位還很邊緣，但是他們的軍事力量受到穆斯林世界中各個對立派系的重視，很快就涉入了巴格達複雜的政治版圖。一〇五五年，部落領袖圖赫里勒・貝格成為蘇丹——實質而言就是中東遜尼派伊斯蘭教的世俗領袖。但是突厥人的野心不僅於此。還未入主巴格達之前，就有一些突厥部族西徙至小亞細亞邊緣，開始對這片次大陸的拜占庭帝國腹地發動小規模攻擊。

帝國不是勉力回應這些威脅，而是根本沒有處理。帝國不聞不問的南義大利很快落入諾曼人手中，一〇七一年拿下南義城市巴利之後，諾曼人轉而攻擊穆斯林控制的西西里。拜占庭對於反制佩切涅格人也無所作為，只是一再訴諸賄賂，靠納貢換取和平。在東方至少有統籌一致的防禦，但也只是在主要城鎮如特拉布宗（Trebizond）、科洛尼亞（Koloneia）和梅利第尼（Melitene）遭到襲擊之後。一〇六七年，一支突厥人抵達並攻陷凱撒里亞（Kaisereia），褻瀆聖巴塞爾之墓，還把鑲滿了黃金、珍珠和寶石的教堂大門帶走之後，要求採取果決行動的強烈呼聲再也難以抵擋。所有目光都投向了羅曼努斯四世．狄奧吉尼斯（Romanos IV Diogenes），這位軍事將領在娶了先皇遺孀後登上寶座。

羅曼努斯在幾次花費高昂的軍事行動中御駕親征，但成效不彰。接著，在一〇七一年夏天，皇帝被突厥軍隊捲入了在要塞曼齊克特附近的戰役，他以為對方人數不多，應該可輕易打敗他們。事實上，他們屬於突厥主力軍隊，由蘇丹阿爾普．阿爾斯蘭親自指揮。情報有誤、決策不當，加上領導無方造成的挫敗，以軍事角度而言不算重大，但以威望而言卻是極為難堪。羅曼努斯四世遭俘，衣冠不整而渾身塵土地被帶到蘇丹面前，一開始蘇丹還不相信這個男子真的是皇帝。阿爾普．阿爾斯蘭以明顯的仁善與尊重對待狄奧吉尼斯，並且釋放了他，這次邂逅很快受到作家與詩人稱頌，也迅速成為突厥人歷史和身分認同中決定性的事件。[16]

以一〇七一年曼齊克特戰役收場的軍事活動，本意是鞏固拜占庭東部邊疆，並保護小亞細亞內陸不受嚴重影響生活與士氣的外族侵擾。這次軍事行動的失敗，以及其後未採取補救行動，引發了日益強烈的恐慌。許多拜占庭人害怕突厥人再度侵襲，離開該地區逃往君士坦丁堡。其中一人是未來的牧首尼古拉斯・格拉馬提科斯，他離開皮希迪亞的安條克（Antioch-in-Pisidia），到首都建立新的修道院；凱撒里亞的一名總執事也下了同樣決定，聚集起他在卡帕多恰教會的財寶，前往首都尋找安全的庇護。[17]

難民的湧入使君士坦丁堡資源吃緊。各行省受到的壓力已經使帝國財政紊亂，稅賦收入大幅減少。此外，不論是曼齊克特戰役等軍事行動，或對抗佩切涅格人的較小規模活動，均所費不貲。愈來愈多的軍事參與表示農業生產下降，因為農耕人力被徵召進入軍隊，而這也使得本已因為逃往城市避難而外移的農村人口更為減少。

財政危機日益嚴重，但是應對的方式並不成功。政府嘗試以降低鑄幣成色矯正財政失衡，亦即降低貨幣中的黃金比例但維持同樣的名目價值。若審慎管理，這個措施可能有幫助，但是到了一〇七〇年代，鑄幣成色不足已經失控，幾乎每一次發行貨幣的貴金屬成分都減少更多。[18] 收稅成了橫徵暴斂，而長期通膨進駐，小麥價格在一〇七〇年代中上升了十八倍。[19]

經濟崩潰伴隨著政治混亂，貴族紛紛起兵，抗議政府對他們愈來愈多的索求以及帝國內部每下愈況的情勢。一〇七〇年代晚期，諸巨頭相繼反叛，拜占庭陷入內戰。雖然許多最嚴重的反叛最後都弭平了，但是它們造成的破壞影響深遠。而帝國鄰族亦趁隙而入。已經在南義大利稱王的諾曼人準備進攻帝國西方行省門戶伊匹魯斯（Epirus）。克羅埃西亞和杜克里亞（Duklja）的統治王朝想要修好的對象不是君士坦丁堡而是舊羅馬，他們聯繫教宗，要求承認他們的領袖為最高統治者——這是對拜占庭於該區權力主張的明確挑戰。[20]

在小亞細亞，帝國的危機提供了千載難逢的良機。一支支突厥掠劫者持續深入進襲該地區，且鮮少遭到反抗。比如在一〇八〇年，有些突厥人西進到遠至基齊庫斯（Kyzikos），洗劫了該城，讓皇帝陷入深深絕望。[21] 劫掠品只是吸引突厥人入侵拜占庭領土的原因之一，另一個是反叛貴族對軍事支援貪得無厭的胃口。這段時期的反叛貴族幾乎都使用了突厥輔助軍，往往是對立派系在拍賣中競相出價而雇得的傭兵。[22] 拜占庭人似乎毫不介意為了彼此間的紛爭而與突厥人沆瀣一氣。[23]

到了一〇八一年，情勢已經糟糕透頂。巴爾幹半島遍地烽火，既受到佩切涅格人侵擾，又有拒絕帝國控制該地區重要城鎮的當地領袖起義。諾曼人從南義大利發動的大規模攻擊也已展開，由中世紀早期最無情也最成功的軍事將領之一羅勃·吉斯卡率領。另一方面，突厥人已經抵達博斯普魯斯海峽之濱，鄰近區域全都暴露於其侵襲範圍下。「拜占庭人看到他們毫無畏懼也不受干擾的生活在海岸的小村中和神聖的建築裡，」安娜・科穆寧寫道，「這景象讓他們深感駭異。他們完全不知所措。」[24]羅馬帝國曾經統治西起直布羅陀海峽東至印度、北起不列顛南至非洲深處的領土。如今，除了首都以外，帝國領土幾乎無一留存。[25]安娜・科穆寧敘述，突厥人肆虐小亞細亞，摧毀城鎮，用基督徒的血染滿了土地。沒有遭殘酷手段殺死或俘虜的人「為了避開迫在眉睫的災難，倉促躲藏到洞穴、森林、山裡和丘陵中」。[26]

東方行省看似已落入突厥人手中，帝國匍匐在地，早在皇帝使節抵達皮亞辰札向教宗烏爾班請求協助對抗突厥人威脅之前，拜占庭已經陷入危機。那麼，既然小亞細亞已在將近十五年前陷落，為什麼君士坦丁堡要在一〇九五年突然大動作的派出使節求援？這個熱切的求助與教宗華麗的回應都是政治算計。拜占庭的求助是戰略性的，烏爾班的回應則受個人利益和想要在西方教會壓倒對手的欲望所驅動。因此，十字軍首役的核心，是一個源自小亞細亞、關於危機與現實政治的曲折故事。而在引爆遠征的火花背後有一名年輕男子：在曼齊克特的滑鐵盧之後十年成為拜占庭皇帝的阿列克修斯・科穆寧。

一〇八〇年代早期，君士坦丁堡迫切需要一名有魄力的統治者來扭轉帝國的衰落之勢。有幾位自我宣告可以拯救新羅馬的角逐者：尼基弗魯斯・布萊尼奧斯（Nikephoros Bryennios）、尼基弗魯斯・巴斯拉基奧斯（Nikephoros Basilakios）、尼基弗魯斯・伯塔內亞提斯（Nikephoros Botaneiates）和尼基弗魯斯·梅利賽諾斯（Nikephoros Melissenos）——他們的名字意指「凱旋者」，源自帝國還能期待持續成功與繁榮的另一個時代。然而這些男子都不是拜占庭諸多問題的解答。帶來希望的是阿列克修斯·科穆寧。

阿列克修斯·科穆寧來自君士坦丁堡一個受人敬重而人脈廣闊的家族。這個家族還有一點皇室血統，因為阿列克修斯的伯父伊薩克·科穆寧（Issac Komnenos）曾於一〇五七至一〇五九年為皇，後來被一群個人野心未被妥善照顧的高階官員所罷黜。雖然這樣的背景給了科穆寧家族皇家血統，但少有人能想到，根據某個記述顯示，這個在嘴上無毛的年紀時就懇求讓他去跟突厥人打仗的少年，最後會統治帝國三十七年，為掌權將超過一世紀的王朝奠下基石。[27]

不過，有一個人確實想像過這件事，那就是阿列克修斯的母親。強悍而意志堅定的安娜·達拉瑟納（Anna Dalassene）來自帝國最顯貴的家族之一，家族成員中許多都曾在君士坦丁堡擔任文官或軍事要職。安娜對她的五個兒子都有遠大期望。最年長的曼努埃爾（Manuel）在軍隊中快速晉升，在羅曼努斯四世·狄奧吉尼斯短命的統治期間成為高階將領，但是戰死沙場。安娜另外兩個兒子伊薩克與阿列克修斯的崛起，更是耀眼如星而幾乎勢不可擋。

拜占庭帝國分崩離析的同時，權力真空隨之出現，讓野心遠大、有能力又忠誠的年輕男性有了機會。科穆寧兄弟是最大的受益者，哥哥伊薩克先後獲任為東方行省的軍事指揮官和安條克城市長官，而阿列克修斯則因為一〇七〇年代在小亞細亞中部和巴爾幹半島西部打擊反叛勢力的傑出成果而一再獲得晉升。

到了一〇七〇年代尾聲，對兄弟倆野心為何的臆測在君士坦丁堡甚囂塵上，因為他們與皇帝尼基弗魯斯三世與皇后瑪利亞都建立了良好關係。首都裡流傳著阿列克修斯與皇后關係匪淺的小道消息，根據敘述，皇后容貌出色，「非常高䠷，像一棵柏木；膚白如雪，臉如鵝蛋，臉色有如春花或玫瑰」。[28] 皇帝則已老邁，喜歡時尚，對伊薩克．科穆寧從敘利亞為他帶回來的精緻布料做成的衣裳深深著迷。[29]

事實證明，對科穆寧兄弟懷抱野心的臆測是正確的。大約在一〇八〇年底，他們認為自己奪取寶座的時機到了，因為他們在宮廷裡的對手開始公開向皇帝呈報對他們不利的消息。刺激他們行動的還有其他顯赫貴族如尼基弗魯斯．梅利賽諾斯的動作，他不僅鑄造以自己為統治者圖像的錢幣，還製作了一個印信，上面的文字不容置疑：「尼基弗魯斯．梅利賽諾斯，羅馬人的皇帝。」[30] 梅利賽諾斯問鼎皇位已經很有進展，皇帝為了安撫他，考慮正式任命他為繼承人。[31]

伊薩克與阿列克修斯知道他們必須趕快行動了。阿列克修斯雖然是弟弟，但是兩人商議後決定如果政變成功由他登基，他的妻子是權大勢大的杜卡斯（Doukas）家族成員，這成為他贏得君士坦丁堡強大家族支持的關鍵原因。諾曼人在帝國西側的伊匹魯斯展開大規模攻擊的消息傳來時，也帶來了決定性的一刻。皇帝這一次難得反應明快，將一支大軍交給他最出色的指揮官，阿列克修斯．科穆寧。然而，帶著軍隊抵達色雷斯之後，年輕的將軍做了所有羅馬君王最害怕的事情：他回頭向首都進軍。[32]

首都的防禦工事固若金湯，科穆寧能強行攻下首都的機會微乎其微。因此他聯絡了守衛城市西邊主要入口卡里西歐斯門（Kharisios）的德意志傭兵隊。與傭兵指揮官談妥條件後，巨大的木門開啟，科穆寧和其支持者湧進城來。[33]阿列克修斯和他的屬下在城內迅速挺進，支持皇帝的勢力隨之瓦解。他們遭遇的抵抗非常有限，於是瘋狂劫掠。連安娜．科穆寧都無法隱藏她對父親的支持者進城後發生之事的駭異：「無論多勤勉的作者，都無法詳實描述那些日子籠罩城市的恐怖。教堂、聖所、公家與私人財產一律受到洗劫，各方傳來的哭喊聲震耳欲聾。一名旁觀者大有可能以為是地震了。」[34]

暴力尤其以首都菁英為對象。元老被拉下馬，有些全身衣服遭扒光後被難堪地留在街頭。[35]皇帝軟弱的遜位，從皇宮潛逃而出，廷臣偷了他的皇服後穿上身嘲弄他。[36]尼基弗魯斯遭擒後被交給科穆寧兄弟，而後被安置在一所修道院中，據稱他潛心於祈禱和沉思的生活，不過對於那裡提供的嚴格素食餐點不甚滿意。[37]

奪下首都後不久，阿列克修斯一世·科穆寧就在聖索菲亞大教堂加冕成為羅馬人的皇帝。盛大的加冕典禮應是遵循一份十世紀文本中詳述的儀式，阿列克修斯抵達後換上皇袍，與牧首一起進入教堂。他接受祝禱和吟誦宣告：「噢，偉大的皇帝與君王！願您統治千秋萬歲！」之後，阿列克修斯便會加冕為帝，隨後由顯貴一一趨前親吻新王的膝蓋。[38]

為了鞏固地位，新皇很快指派盟友擔任帝國要職。他為西方軍隊指派新指揮官，也為諾曼人持續攻擊的焦點迪拉齊翁鎮指派新首長。[39]他以外交手腕贏取尼基弗魯斯·梅利賽諾斯的支持，指派他擔任重要角色，也將帝國境內最大城鎮之一色薩洛尼基的稅收贈與他。新皇的許多直系家屬也獲得晉升、地位與賞賜，以標誌他們為新體制的成員。[40]建立由效忠者組成的新階層後，阿列克修斯獲得他所需要的穩固權力基礎，可以處理外部威脅和帝國的經濟崩解。

從一開始，阿列克修斯就親自掌理軍務，而非如他的諸多前任一樣交給下屬。登基後的幾個月他就御駕親征伊匹魯斯對抗諾曼人，但是卻於一〇八一年十月在迪拉齊翁被諾曼人擊潰。其後兩年，隨著諾曼人深入馬其頓和色薩利（Thessaly），皇帝親自指揮軍隊進行一連串大規模掃蕩，終於讓入侵的軍隊撤退回義大利。一〇八四年，諾曼人對帝國西側發動第二次攻擊時，阿列克修斯再次從君士坦丁堡親自領軍對抗——這次頗有斬獲。在供給與通訊遭截斷後，諾曼人因飢餓與疾病而傷亡慘重，在緩慢的扼殺下終於屈服。「擺脫敵人後的希臘獲得解放，大肆歡欣慶祝」，當時一名諾曼人坦言。[41]

軍事上的成功有力地證明了這個年輕僭主的資格。奪取皇位時他許諾帝國一個新未來，而雖然他對抗諾曼人的努力時有挫敗，但是他做到了西西里的穆斯林和英格蘭的哈洛德國王都未能做到的事：成功抵禦諾曼人的大舉入侵。

新皇如今將注意力轉向佩切涅格人。儘管阿列克修斯新任用的指揮官在一〇八三年一再獲得重大斬獲，佩切涅格人的襲擊卻未曾稍緩。「我深信，」這名指揮官在某次勝利後寫道，「即使在我死後多年，全能上帝的奇蹟之舉也不會被遺忘。」[42]他錯了：佩切涅格人在一〇八〇年代依然讓人頭痛，經常侵襲肆虐拜占庭領土。「他們的攻擊彷彿閃電，」一名當代人寫道，「他們的撤退既緩慢又快速——緩慢是因為他們沉甸甸的戰利品，快速是因為他們逃離的速度……他們不會留下任何蹤跡給追擊者。即使在多瑙河上建一座橋，還是捉不到他們。」[43]

阿列克修斯數度領軍迎戰一波波入侵，但不見成效。一〇九〇年冬天，事態已經到了緊要關頭，一大群佩切涅格游牧者入侵帝國，抵達了色雷斯南部，打算定居在愛奴斯（Ainos）河口周圍豐美的牧草地——距離君士坦丁堡近得危險。皇帝從各地召集軍隊，在勒布尼翁山丘腳下紮營，準備開戰。

接下來在一〇九一年四月底的交戰，成為拜占庭歷史上最驚人的一次軍事勝利：「那是個駭人的奇觀，」安娜．科穆寧描述，「一整個民族，人數不是以萬計，而是數也數不清，包含婦孺在內，在那一天被徹底掃除。那天是四月二十九日星期二，因此拜占庭人有一首小曲是這樣唱的：『全是因為那一天，〔佩切涅格人〕再也沒有看到五月。』」[44]佩切涅格人可說被消滅了。那場戰役的許多倖存者很快遭處決，剩下的人被分發到巴爾幹半島各處。他們將再也無法威脅帝國。[45]

如此看來，阿列克修斯掌權的前十年顯然出奇成功。兩個野心勃勃而危險的鄰近民族被擊退了，佩切涅格人更是永久如此。皇帝坐穩了皇位，身邊都是利益和自己一致的可靠家族成員。此外，沒有證據顯示他的統治受到內部勢力反對——不論是一〇八一年失勢者或是競逐寶座的對手，沒有人挑戰他。這無疑可歸因於阿列克修斯為控制貴族所採取的各項措施。皇帝出征時帶著主要的對手一起去，讓他們待在身邊，同時遠離君士坦丁堡。[46]阿列克修斯離開時，由伊薩克留守首都，若有人批評新的統治家族時該如何處置也有明確指令。[47]然而，儘管阿列克修斯顯然對於反對勢力頗為緊張，他似乎是個廣受歡迎的新皇，以他的領導為陳腐的帝國帶來新鮮氣息。

皇帝的統治風格沒有絲毫縱情享樂，迥然相異於他某些更關心自己穿什麼或吃什麼的前任皇帝，比如君士坦丁八世（一〇二五—一〇二八），他大多時間不在處理國務，而是在御廚裡待著，實驗各種風味和顏色。[48]相對之下，阿列克修斯的個性截然不同，有著軍人的習慣，品味簡單並棄絕奢侈的生活。苛刻而嚴肅的他沒有時間閒談，高深莫測。[49]據他的女婿尼基弗魯斯·布萊尼奧斯描述，他討厭鏡子，因為他認為「對一名男子和戰士而言，武器以及簡樸純潔的生活方式就是裝飾」。[50]論及歷史記述，他也抱持相似的儉樸嚴肅觀點。阿列克修斯對自己的長女想要書寫他統治期間的歷史並不認同，反而鼓勵她寫作哀詩與輓歌。得知妻子想委託人寫作他生平敘事供後代流傳之後，他的反應更為直接：「還不如為他哀悼並惋惜他的不幸，他說。」[51]

阿列克修斯是個虔誠的男子，主要的放鬆方式便是研讀聖經。他經常與秉性相近的妻子一起在靜默中研讀聖經，直到夜深。[52]家族中其他成員也同樣虔誠；他的哥哥伊薩克因為宗教狂熱而深受神職人員欣賞。[53]他的母親也極為虔誠。她在首都創建了一座俯瞰金角灣的華美教堂和修道院，堅定支持帝國各地的修士與神職人員，經常為他們爭取免稅。她的印信顯示她不僅是皇帝之母，也是修女。在安娜．科穆寧筆下，是安娜．達拉瑟納在兒子還小時在他心靈中「深深種下了對天主的畏懼」。[54]

在阿列克修斯統治下，拜占庭進入了一段嚴肅的禁欲主義時期。一〇八一年掌政後不久，皇帝就決定穿褐衣，睡在石板地上，為他的部隊在政變中的行為贖罪。次年，他為取走教會未使用的珍寶以資助對抗諾曼人的戰爭向神職人員道歉，並誓言永不再犯。在皇宮內，先前世代的「墮落無度」被聖詩的嚴肅吟唱和嚴格的飲食規範所取代。[55]

此外，阿列克修斯也致力於推行他的正統宗教觀。從他的統治一開始，持有觀點或信仰被視為異端的人士就受到嚴厲對待，皇帝本人經常主持審判，對被定罪的人施加懲罰。當然，支持教會利益絕對是合理的政策，尤其對以武力奪取皇位的僭主更是如此。但阿列克修斯這樣做是由衷的。

然而，皇帝對付起高階神職人員也毫不手軟：登基後的前三年，在他主導下君士坦丁堡牧首二度換人，直到願意與他合作的尼古拉斯三世．格拉馬提科斯上任。他也以強勢手段對付其他高階神職人員，例如伽西敦（Chalcedon）主教就在批評皇帝和其政策後遭審判放逐。不僅如此，如前文所見，阿列克修斯是一〇八〇年代末與羅馬修好的幕後驅動者，主持了在首都舉行的一次宗教會議，並且幾乎是堅持要與教宗和解。

阿列克修斯的人格力量塑造了帝國。在他領導下，帝國回歸到十世紀的軍事價值本色，那時的皇帝身兼將領，軍隊是拜占庭的基石。阿列克修斯穿軍服比穿皇帝的華服更自在，並且與君士坦丁堡慣有的盛大典禮相比，更偏好一小群親近者的聚會。[56]

阿列克修斯揚棄了在宮殿用餐時規定誰該坐在哪裡的複雜階級制度，另建了一套樸素簡單的規範。皇帝經常邀請社會最不幸的人坐上他的餐桌，與癲癇患者共餐，據說因為亟欲幫忙他們而自己忘了用膳。[57]連一名幾乎在所有方面都對阿列克修斯抱持敵意的當代人都說，他對窮人的態度既不尋常，也值得讚美。此外，他「從不飲酒，也沒人能指責他貪食」。[58]他不會把事務委任官僚處理，而是撥出時間與子民、甚至是外國人，討論他們關心的事務；他與任何想面見他的人會面，為此經常到深夜仍未睡。[59]

阿列克修斯對君士坦丁堡的嚴密控制讓人佩服，卻也令人窒息。他的領導風格在十字軍運動前夕引發暴力反對，而我們將在後文看到，這在他對教宗的籲求中扮演了中心角色。高度著重於軍事事務使得氣氛壓抑，也耗盡帝國的資源；在阿列克修斯統治期間，藝術、建築與文學發展停滯。視覺文化的少量產出也是簡樸肅穆的：布拉赫奈大皇宮的一幅壁畫描繪皇帝在最後的審判擔任基督的代表。[60]這樣的表現清楚揭露了阿列克修斯對自己的定位：黑暗的時代裡上帝忠實的僕人。

除了他在硬幣上的肖像，現存的皇帝像只有兩幅，但是透過安娜・科穆寧在《阿列克修斯傳》中對他理想化的描述，我們還是能大致想像他給人的印象。儘管說話有些大舌頭，他仍然氣勢懾人：「他在皇帝寶座坐下時眼中露出的嚴厲閃光，讓人想到烈焰般的旋風，從他的舉止與存在本身所散發出的光輝就是如此強烈。他濃黑的眉毛彎曲，底下雙眼的凝視既可怕又仁慈。快速的一瞥……就能引發觀者的畏懼與信心。他寬闊的肩膀、精壯的手臂和厚實的胸膛都壯闊如英雄，總能激發人民的驚奇與欣喜。他煥發美麗、優雅、尊嚴與一種無可接近的王者之風。」[19]

就是這名男子促發了十字軍首役，那牽動中世紀歷史和發展的重大時刻。然而，在逼退了諾曼人和全面擊潰佩切涅格人之後，拜占庭帝國的命運看似在好轉當中。既然如此，為什麼到了一〇九五年，拜占庭卻需要外援才能應付突厥人？

# 第三章
Chapter 3

# 東方回穩
Stability in the East

阿列克修斯登基時，拜占庭帝國內憂外患——野心勃勃的鄰人一再侵襲，經濟崩潰削弱國力，政治內鬥撕裂了國家。透過十字軍首役變形的稜鏡回顧，似乎很自然會以為最大的威脅來自突厥人在東方的擴張。安娜·科穆寧創造的印象確實如此；她的證言甚至暗指小亞細亞在阿列克修斯掌權前基本上已落入突厥人手中。實情是，小亞細亞在一〇八〇年代相對穩定；事實上，在阿列克修斯統治期前半，君士坦丁堡與突厥人的關係大致而言堪稱良好，務實而正面。要到十字軍運動前那幾年的一〇九〇年代初，拜占庭在東邊的處境才急遽惡化。換句話說，與穆斯林世界的衝突絕非無可避免；十一世紀末基督徒與穆斯林之間的關係破裂，顯然是政治與軍事過程發展失控所致，不是兩個對立文化間在所難免的衝突。然而，創造相反的印象才符合安娜·科穆寧的利益，而這個印象持續了數百年而不衰。

在他統治初期，新皇的注意力完全集中在諾曼人與佩切涅格人身上。另一方面，拜占庭在小亞細亞的陣地相當穩固：曼齊克特戰役後的十年間，許多地方都堅決抵抗突厥人，並且在阿列克修斯登基後持續堅守陣地。在許多地方，對突厥人的抵抗是有效的地方領導所致，不是因為君士坦丁堡的作為。以小亞細亞北岸的特拉布宗地區為例，這裡能守住，要感謝該鎮望族後裔提奧多羅·加布拉斯（Theodore Gabras）。加布拉斯強悍地守衛周圍區域，到了一百多年後，他的英勇事蹟仍在關於突厥人征服小亞細亞的一首抒情詩中為他們所稱頌。[1]另一方面，阿馬斯雅（Amaseia）附近的大片地區在一〇七〇年代由盧瑟·巴利歐（Roussel Balliol）有效防守，他是諾曼人，本為帝國軍隊服務，後因政府未能給予支持，而當地居民又因為他提供保護而將他奉若英雄，最後他宣告不再聽命於君士坦丁堡。[2]

在遙遠東邊的安納托利亞，甚至遠至高加索地區，都有指揮官堅守陣地。一〇八〇至八一年在凱撒里亞地區，曼答雷（Mandales）的三名子弟（據一名高加索人記述是「羅馬巨頭」）固守幾大據點，據說是為了帝國而非趁機圖謀自己的利益。[3]從以他之名發行的鉛印判斷，巴塞爾·阿坡卡佩斯（Basil Apokapes）在阿列克修斯篡位前後始終堅守重要城鎮埃德薩。[4]阿列克修斯的前任皇帝在一〇七八年為美索不達米亞指派了新的總督，這同樣顯示在君士坦丁堡以東數百公里處仍有值得維護的重大拜占庭利益。[5]

事實上，有些拜占庭指揮官在東方行省發展順遂——最突出的例子是菲拉瑞托斯·布拉卡米歐斯（Philaretos Braakhamios），他是位出色的將領，在羅曼努斯四世·狄奧吉尼斯的繼任者米海爾七世·杜卡斯（Michael VII Doukas）於一〇七一年成為皇帝之後拒絕支持他，軍旅生涯因而嚴重受挫。帝國在一〇七〇年代因為接踵而來的叛亂而內爆後，菲拉瑞托斯奪取了許多城鎮、要塞與領地的控制權，在過程中建立了堅實的權力基礎。阿列克修斯登基為王後他依然一帆風順，到一〇八〇年代初已握有重要城市馬拉什與梅利第尼，也控制西里西亞

（Cilicia）泰半地區，更於一〇八三年入主埃德薩。6

《阿列克修斯傳》大筆一揮將東方情勢描述得黯淡不堪，形塑了關於阿列克修斯奪權時小亞細亞形勢的現代觀點。常見的共識是突厥人在一〇八〇年代初橫掃東方行省。同樣根據安娜．科穆寧的敘述而來的廣泛共識是，在十字軍首役前夕，拜占庭的國力大幅恢復，這一點再加上一〇九二年的巴格達蘇丹之死，為帝國進攻小亞細亞提供了誘人的機會。7然而《阿列克修斯傳》中的評論必須謹慎看待，因為作者強調帝國在一〇八一年的危險處境是為了凸顯阿列克修斯的功績，強調他如何把拜占庭從災難邊緣救回。還有一個較為陰暗的動機：讓皇帝免於一連串重大災難的罪責，這些災難不是發生在他登基前，而是在他登基後——不過在安娜的歷史中，這一點被巧妙的掩蓋了。

然而即使是《阿列克修斯傳》，也無意間透露了帝國在一〇八一年的處境堅實。新皇準備對付入侵伊匹魯斯的諾曼人時，為了盡可能組成最大的軍隊，召集帝國各地的男子前往君士坦丁堡。這包括召回駐紮在小亞細亞的人員：「阿列克修斯了解到他必須快速召回東方所有的toparkhes〔高階軍官〕，這些擔任要塞或城鎮首長的男子正英勇地對抗突厥人。」皇帝下令給這些在帕弗拉戈尼亞（Paphlagonia）與卡帕多恰等行省的指揮官，要他們穩住各自的地區，「留下足夠維持穩定的士兵，然後與其餘士兵一起前往君士坦丁堡，召集愈多身強體壯的人馬愈好」。[8] 小亞細亞其他地區也有軍官在對抗突厥人，他們同樣接獲命令，要將士兵派給一心召集大軍對抗諾曼人進攻的新皇帝。[9] 從小亞細亞騰出人力的這一點顯示，拜占庭對該地區的控制相當牢固。

事實上，沒有什麼證據能夠顯示突厥人在這段時期造成重大困擾。有一群群突襲者危害該區，攻擊像基齊庫斯這樣防衛不善又鮮少抵抗、好下手的目標。[10] 但即使是這種趁隙發動攻擊的群體，也不全然是招人討厭的存在：一名貴族在前往加入阿列克修斯與伊薩克·科穆寧叛變的途中，曾遇上一群突厥人，他並未與他們作戰，而是說服他們以傭兵身分加入他的行列。[11]

其他證據所勾勒出的情形，與拜占庭東疆在阿列克修斯篡位之時已經分崩離析的想法也大相逕庭。舉例而言，小亞細亞南岸的重要貿易地和海軍基地阿塔列亞（Attaleia），在一〇八〇年代初被提升至總主教區的地位，顯示這座城鎮不僅仍由拜占庭控制，且日益重要。[12] 考古發現揭露，在阿列克修斯登基前後，小亞細亞有許多主教、法官與官員在為數眾多的行省與城鎮任職，顯示突厥人在這段時期對行省行政體系造成的破壞稱不上有多大規模。[13]

事實上，東疆的情勢在阿列克修斯掌權後大幅改善，一〇八〇年代前半葉，小亞細亞許多地區回歸穩定。這是重大成果，尤其有鑑於阿列克修斯政權一開始如此風雨飄搖：一〇八一年進入君士坦丁堡時，連他自己的部隊是否忠誠都很難說，而他最顯要的一些支持者很快就考慮背棄他。他未能讓出身顯赫的妻子艾琳（Eirene）和他一起加冕為皇后，引發了她家族的強烈反應，對阿列克修斯企圖表現獨立深感不悅。他們語帶威脅的警告奏效了：艾琳在一週後加冕為后。[14] 此外，君士坦丁堡的高階教士也要求阿列克修斯為手下在政變時肆虐首都的行為公開道歉和贖罪。[15] 另外，如前文所見，拜占庭帝國的西側在一〇八〇年代初處於混亂，一方面諾曼人正對伊匹魯斯大規模入侵，北邊則有佩切涅格人侵掠肆虐巴爾幹半島。

對於小亞細亞，皇帝最擔心的不是突厥人，而是這個區域在此前十年造成的重大問題：拜占庭貴族起兵造反。東方行省是拜占庭多數大地主的家鄉，而且自曼齊克特戰役以來就是叛亂的溫床。新皇帝希望他遠離君士坦丁堡對抗諾曼人與佩切涅格人的時候，不會出現又一次叛亂。因此，登基後的頭幾個星期，阿列克修斯就把目光轉向東方。根據《阿列克修斯傳》，他派遣一支遠征隊進入俾斯尼亞（Bithynia）以擊退突厥人，並且親自下達詳細指令，包括如何無聲地在水中划槳以攻其不備，如何判斷敵人可能埋伏在哪個多岩石的小灣裡，等著發動突襲。[16]

為確保這個地區的穩定，阿列克修斯找上他打過交道的一名男子。因為不想將太多軍事權力交到一名拜占庭貴族手裡——他還記得自己被交付相似的任務時帶著帝國軍隊掉頭攻回了首都——阿列克修斯嘗試與一個背景迥異的盟友達成協議。突厥部落首領蘇萊曼（Sulayman）在一〇七〇年代來到小亞細亞，尋找機會與財富。他很快就兩者兼得，受雇於君士坦丁堡政府數度對抗反叛貴族，過程中獲得豐富獎賞。[17] 阿列克修斯首度與這位突厥軍閥合作是在他自己叛變成功前不久，由蘇萊曼派遣士兵幫助他鎮壓巴爾幹半島西部的一次失敗政變。突厥輔助軍忠心、勇敢且攻無不克，在鎮壓反抗皇帝的叛變中扮演決定性的角色，甚至擒獲叛變的領導者。[18]

以阿列克修斯這樣一個地位尚未鞏固的新君而言，仰賴一名突厥人絕對是優勢。選擇讓並非拜占庭菁英出身的蘇萊曼成為小亞細亞的關鍵軍事人物並非毫無道理——雖然不太尋常。不過，阿列克修斯對外來者的態度向來比他的同儕開放。拜占庭人通常對外國人評價不高，不論他們來自何方，總視他們為好用的傭兵，但也粗魯無文，受到低俗的熱情驅動，以金錢為動機。但是阿列克修斯．科穆寧並不這樣看事情。他在統治期間無數次證明，他樂於將敏感任務交給住在拜占庭的外國人。誠然，一名作者曾評論，皇帝最喜歡的莫過於被「蠻族俘虜」所環繞。[19] 這樣的名聲傳遍歐洲，遠在諾曼第都被人記錄下來。[20] 像阿列克斯修一樣出身軍旅，來到君士坦丁堡尋找工作的人讓他感到自在。族裔與宗教對他而言並不重要，這也許是因為他跟被他父親俘虜的突厥人之子塔提基歐斯（Tatikios）一起長大，塔提基歐斯後來成為他最信任的心腹。[21]

因此，經過在俾斯尼亞有限的軍事行動後，阿列克修斯在一〇八一年夏天找上蘇萊曼，與他達成協議。皇帝送給他奢華的禮物，換來的是在德瑞肯河（Drakon）設下界線，突厥人不得越雷池一步。蘇萊曼實質上是被指派為皇帝在西小亞細亞的代表，不僅負責防止他自己的屬下入侵，而是防止整個地區的所有突厥人入侵。[22]此外，阿列克修斯也獲得他提供軍事援助的承諾，不論何時何地。一〇八三年，皇帝在拉立沙（Larissa）附近試圖解救被諾曼人包圍的這座城鎮，但是兵力不足，此時「他要求〔蘇萊曼〕提供兵力，領軍者必須是沙場老將。這個要求立即獲得回應：七千名士兵隨戰技高超的軍官一起被派遣前來」。[23]一〇八〇年代初在其他場合與阿列克修斯並肩對抗諾曼人的突厥輔助軍，可能也是由蘇萊曼所提供。[24]

阿列克修斯透過這個協議獲得很多好處。他得以空出手來處理諾曼人與佩切涅格人對西方行省的侵擾。他也可以安心，知道自己沒有無意間為某個野心勃勃的拜占庭貴族提供了平臺，據以挑戰他的統治。不過，最大的好處是，蘇萊曼是個傑出的盟友。

其一，一〇八一年的停戰協議極為有效。蘇萊曼認真落實和平協議，突厥人對拜占庭領土的侵擾立刻結束。巴格達蘇丹給皇帝的一封訊息顯示，阿列克修斯與蘇萊曼達成的協議一直維持有效到至少一〇八五年中，可能更晚。[25]在帝國於其他地方搖搖欲墜的這段時期，和平協議為小亞細亞提供了穩定的基礎。誠然，協議顯然還為皇帝帶來其他好處，不限於西小亞細亞。高加索地區的一名記述者指出，達成協議後不久，「整個西里西亞國境」都落入了「一名埃米爾❶，庫特魯姆什（Kutlumush）之子蘇萊曼」的控制之下。[26] 從另一名以敘利亞文（Syriac）寫作者的評論判斷，蘇萊曼的權力擴張對拜占庭帝國有利。「在四七五年〔公元一〇八二年〕，」他寫道，「蘇萊曼從羅馬耶〔Romaye，拜占庭〕的領土出發，奪下了海岸城市安塔拉多斯（Antarados）與塔爾索（Tarsos）。」[27] 這裡的微妙涵義不容易看出：蘇萊曼不是在攻擊拜占庭人控制的城市，而是在收復遭突厥人攻陷的城鎮。換句話說，透過一〇八一年締結的條約，蘇萊曼實質上成為阿列克修斯的代理人，代表皇帝取得了小亞細亞具戰略意義的地點。

雖然阿列克修斯仰賴突厥人是神來之筆，但是從拜占庭外交政策的廣泛觀點來看，並非完全沒有先例。十世紀一份關於外交手段的手稿說得很清楚，挑撥鄰人之間的紛爭，並雇用軍閥攻擊不受管束的敵人，是與帝國以外的民族建立並保持有利平衡的既有方式。[28] 阿列克修斯進用蘇萊曼是大膽之舉，但並不是革命性的做法。

---

❶譯注：埃米爾為emir之音譯，源自阿拉伯文，可指君主、貴族、統帥。

然而，這樣的做法有其代價：尼西亞。它是小亞細亞最重要的城鎮之一，條件得天獨厚，除了為高大的城牆與防禦工事所守衛，西邊的湖泊亦提供額外保護，還有獨立的供水。它的位置使它成為通往呂基亞（Lycia）與弗里基亞（Phrygia）肥沃河谷以及蒼翠西岸和南岸的門戶，也通往安納托利亞高原。它是一個重要的節點，君士坦丁堡與帝國東疆所有通訊都經此流通。

尼西亞遭突厥人占領的前因後果混濁不明。一般認為這座城鎮的陷落，發生在尼基弗魯斯·梅利賽諾斯發動的失敗叛變期間，與阿列克修斯在一〇八一年推翻了前任皇帝的政變同時。梅利賽諾斯是小亞細亞望族成員，在他朝君士坦丁堡進軍途中贏得壓倒性支持：「城鎮居民視他為羅馬人的皇帝，降服於他，」一名作者在數十年後這麼寫道，「他則將他們交付給突厥人管轄，結果是亞細亞、弗里基亞與加拉太（Galatia）的所有城鎮迅速由突厥人所控制；〔梅利賽諾斯〕接著以大軍奪下位於俾斯尼亞的尼西亞，再從這裡試圖奪取羅馬人的帝國。」[29] 如此看來，梅利賽諾斯將尼西亞——以及小亞細亞許多其他城鎮——交到了突厥人手中。然而，梅利賽諾斯只是個現成的代罪羔羊，尤其因為他在阿列克修斯統治後期造成重大問題，後來被放逐，餘生都在修道院中度過。[30] 歸咎於他並沒有什麼說服力：這罪責太乾淨俐落地由阿列克修斯的女婿尼基弗魯斯·布萊尼奧斯怪在他頭上，而委託為布萊尼奧斯寫史的正是皇后。[31]

事實上，尼西亞被交給突厥人更自然和合理的解釋，來自蘇萊曼與阿列克修斯在一〇八一年達成的協議。正如阿列克修斯掌權後派了新總督前往迪拉齊翁，委任皇帝可信任的人在尼西亞代表他——而且不會爭奪皇位——是很重要的一步。阿列克修斯篡位後沒有立即派遣拜占庭人前往尼西亞，這一點顯示，他可能已有確保尼西亞維持穩定的其他安排——也就是將其交託給蘇萊曼。這名突厥人在一些記述中被稱為尼西亞總督並不讓人意外。[32]

將尼西亞交託給蘇萊曼的決定成了敏感議題，但不是因為這個政策在短期內產生了反效果。問題出在到了一〇九〇年代初，蘇萊曼已經身故，而他的繼任者阿布·卡西姆（Abu'l-Kasim）的盤算完全不同。結果是，將尼西亞因何又在何時被突厥人占領講得隱晦不明，成為保護皇帝名譽的重要一環。然而，尼西亞的陷落可以回溯到皇帝阿列克修斯一世·科穆寧的這一事實，完全削弱了《阿列克修斯傳》中精心建構而一再重複的主張，即小亞細亞全境在阿列克修斯掌權以前就已失落。

有一點讓掩蓋事實變得比較容易：雖然在十一、十二世紀的拜占庭有許多歷史著述，但是多數結束於阿列克修斯奪權，或是從他的嫡子與繼承人約翰二世繼位開始，只有兩部著作例外。[33] 即使在阿列克修斯死後，要針對他寫作也很困難，而多數史家並沒有嘗試這麼做。這主要根源自科穆寧家族的刻意作為，以維護皇帝身為王朝奠基者的形象與名聲。[34]

儘管如此，至少對於消息靈通的西方人而言，阿列克修斯的角色還是無法完全被掩蓋。編年史家亞琛的艾伯特知道尼西亞是在阿列克修斯手中失去的，但是不清楚詳情；有人告訴他尼西亞淪陷是因為皇帝被突厥人騙了。[35]奧拉的艾克哈德（Ekkehard of Aura）得知是皇帝將尼西亞交到突厥人手中之後，深感駭異，指控阿列克修斯將這個基督教珍寶拱手送人，是令人厭惡至極的罪行。然而，是艾克哈德誤解了情況：他以為阿列克修斯是在一〇九七年之後將尼西亞交出去，但事實上皇帝早在一〇八一年就將這座城鎮交到了突厥人手中。[36]

然而，情勢開始惡化並不是在尼西亞或小亞細亞西部，而是在更遠的東方——安條克。後果很慘重。安條克與尼西亞一樣，是拜占庭帝國東半部的重要城鎮，具有重大經濟意義、戰略價值和地位聲望，它的教會由一名牧首主持，而總督是帝國內最高階的官員之一。[37]與尼西亞一樣，安條克必須由一名忠心耿耿的軍事長官控制，這個人不會利用阿列克修斯別有關注而密謀反叛。指揮官菲拉瑞托斯．布拉卡米歐斯已經在東部邊疆一再證明自己的實力，似乎符合這個要求。不過，認識他的一名拜占庭史學家寫道，他雖然是個卓絕的將領，但也極難相處，不受任何人指揮。[38]

阿列克修斯在統治初期努力贏得菲拉瑞托斯支持，賞賜他多項頭銜與職務。[39]但皇帝不是唯一想爭取他支持的人：一〇八〇年代初，菲拉瑞托斯開始收到穆斯林世界的試探。他在亞細亞東方的重要封邑引來了突厥人的關注，最後，菲拉瑞托斯在一〇八四年前後被說動，背棄了君士坦丁堡與基督信仰，「決定加入他們並依照他們的風俗接受割禮。他的兒子強烈反對這個荒謬的打算，但是他的忠言被當成耳邊風」。[40]有位作者用更強烈的語氣表達了他的義憤：「這不敬神而邪惡的首領菲拉瑞托斯是撒旦後裔……是可鄙的敵基督者的前身，性格如惡魔般窮凶極惡……開始對虔誠的基督徒發動戰爭，因為他只是表面上的基督徒。」[41]

這對阿列克修斯而言是天大的壞消息。菲拉瑞托斯可能承認哈里發與蘇丹的權威已經夠令人憂心了，而由於梅利第尼、埃德薩和安條克都在他掌控下，他將重要城鎮與省分交到突厥人手中的可能更是構成了重大危機。阿列克修斯立即回應，採取反制措施以取得這個叛變將領控制的城鎮與地區，將它們轉移到忠誠支持者的手中。掌管埃德薩的人叫托洛斯（T'oros）、又名狄奧多（Theodore），從他的宮廷頭銜kouropalates判斷，應是皇帝親近的隨從。[42]他的岳父加百列（Gabriel）接掌了梅利第尼，獲派為該鎮首長。[43]這個地區的城堡、堡壘和其他據點也由效忠皇帝的指揮官占領。[44]

然而阿列克修斯找上蘇萊曼協助取得安條克。根據一則史料來源，蘇萊曼在一〇八五年迅速進攻該城，取道一條「祕密路徑」以免洩露行蹤，而為他指路的應該是拜占庭嚮導。

抵達後他輕易進入了城市並取得控制，沒有傷害任何人，對待居民好得出奇：「和平重新建立，每個返回崗位的人都毫髮未傷。」[45] 阿拉伯文來源同樣提到了蘇萊曼對安條克居民所展現的仁善。[46]

安條克的和平占領與西方騎士在短短幾年後嘗試攻城時的經驗形成強烈對比。安條克有天險與人造工事防禦，可說固若金湯。但是蘇萊曼無須動用武力就控制了這座城市：他代表皇帝行事，因此城內居民——多數為說希臘語的拜占庭子民——願意讓他進城。阿列克修斯似乎並未派遣自己的軍隊以反制菲拉瑞托斯叛變的威脅，或是阻止蘇萊曼進軍安條克，這一點透露了真相。這是突厥人與拜占庭人合作有成的又一個例子。

後來的阿拉伯文寫作者將蘇萊曼的占領寫得光輝無比。借用一名詩人的話：「你征服了讓亞歷山大陷入苦戰的拜占庭的安條克／你的駿馬踐踏了她的側腹，而變得卑微的／白臉人的女兒，失去了未誕生的孩子。」[47] 然而，這只是詩人在恣意揮灑想像，為的是凸顯安條克有個穆斯林領主。事實上，取得安條克之後，蘇萊曼便展現出他的意圖和效忠對象，立即中斷了菲拉瑞托斯原本對一名當地突厥軍閥的進貢。有人警告他違反蘇丹的權威行事會招致危險時，蘇萊曼憤怒的回應他依然順服巴格達的統治者。在蘇丹控制的領土上，他回答，他無疑忠於蘇丹；這話因此隱指，他在拜占庭管轄的尼西亞與安條克的作為，不牽涉到他對蘇丹的義務。[48]蘇萊曼依循同樣的道理，在一〇八五年夏天從安條克出發前往阿勒坡，要求其突厥總督交出這座一百年前被拜占庭人夷平的城市。這也是阿列克修斯亟欲收復的城鎮。[49]

然而，皇帝對自己的盟友寄望太深了。當地突厥軍閥很快就看出蘇萊曼兵力分散，有限的資源不足以固守新取得的據點，遑論再征服其他地方。一〇八五年中，就在蘇萊曼取得安條克之後不久，蘇丹好戰的同父異母兄弟突突什（Tutush）進軍該城，將蘇萊曼引出作戰。當代人對於蘇萊曼的死因莫衷一是，無法確定他是在眼看軍隊已遭擊潰後自殺而死，還是因臉部中箭身亡。無論事實為何，安條克總之是落入了突厥人手中。[50]

這是拜占庭的重大挫敗。對阿列克修斯也是災難。一〇八〇年代初，皇帝關注的都是西方行省受到的威脅，連一次都未曾親征小亞細亞，將希望全放在當地兩個主要人物蘇萊曼與菲拉瑞托斯身上。然而這個政策在數週內迅速瓦解，後果慘重。

當消息傳到君士坦丁堡，指出蘇萊曼交代留守尼西亞的阿布・卡西姆，對俾斯尼亞的城鎮與村落發動了一波侵掠後，情勢更形嚴峻。其他趁隙而起的突厥人也利用這個局面在小亞細亞建立勢力，奪取先前由蘇萊曼控制的城鎮與堡壘。[51]拜占庭在東方的權威已幾乎蕩然無存。

為安條克與尼西亞的驟變憂心的不只是皇帝。巴格達蘇丹馬立克沙（Malik-Shah）也因這樣的局勢而日益緊張：地方軍閥勢力如阿布．卡西姆與突突什的崛起，對突厥世界與拜占庭世界的穩定同樣造成威脅。[52]馬立克沙與他的父親阿爾普．阿爾斯蘭一樣，小心地維持對西方邊疆的控制，經常領軍親征犯上作亂的地區以樹立權威，因為這些地方對巴格達雖無立即戰略重要性，仍攸關蘇丹個人權力。突厥人深知必須持續關注這些邊區的發展；不過幾十年前他們自己才在哈里發國的東部邊疆出沒，直到終於占據了整個哈里發國。

因此，馬立克沙在一〇八六年中左右，派遣使節帶了一封信給阿列克修斯，裡面詳述西小亞細亞面臨的問題。阿布．卡西姆未能遵守蘇丹與蘇萊曼所訂定且維持了數年的協議：「我聽說了皇帝你遇上的麻煩。我知道從你統治之初就遭逢許多困難，而最近在你平定了拉丁事務〔一〇八一—八五年間的諾曼人攻擊〕之後，〔佩切涅格人〕又準備對你發動戰爭。埃米爾阿布．卡西姆破壞了蘇萊曼與你訂定的協約後，正在亞細亞肆虐，遠至達馬利斯（Damalis）……如果你希望阿布．卡西姆被逐出這些〔他所攻擊的〕地區，而亞細亞連同安條克能夠臣屬於你，請將你的女兒送來給我的長子為妻。此後你不會碰到任何阻礙；在我的幫助下你達成一切將易如反掌，不只在東方，而是遠至伊里瑞岡（Illyrikon）和整個西方。在我將派遣給你的兵力之下，從此沒有人能抵抗你。」[53]馬立克沙還承諾將迫使突厥人退出海岸地帶，並全力支持皇帝收復帝國的所有失土。[54]據安娜．科穆寧描述，婚約的提議讓皇帝頗為困惑：他先是大笑出來，繼而喃喃自語地說一定是惡魔將這個主意放到了馬立克沙的腦中。儘管如此，阿列克修斯並未直接拒絕，而是派遣使節團到巴格達，針對聯姻一事給了「空泛的希望」。[55]

《阿列克修斯傳》給人的印象是這些協商一無所獲。然而，這些討論其實在一〇八〇年代中帶來了具體協議，安娜・科穆寧在文本稍後也透露了此事。記錄皇帝為了與佩切涅格人的重大戰役進行準備時，安娜提到援軍中包括從東方而來的突厥人，那是蘇丹依照先前訂定的協議依約派來的。[56]

這個協約可以從《阿列克修斯傳》的其他段落爬梳出來。安娜敘述父親有幸贏取了一名突厥使節的支持，這位使節投誠到君士坦丁堡，在一〇八〇年代中將小亞細亞的許多城鎮交還給皇帝。然而這個故事太美好了，不是真的。實際發生的事情是馬立克沙同意將突厥人逐出他們奪取的小亞細亞海岸城鎮，並下令將這些地方歸還給君士坦丁堡政府，比如突厥人退出了黑海海岸的細諾普（Sinope），甚至連該鎮的財庫都分文未動。[57]最後，該區域各地的城鎮都交還給了君士坦丁堡；這是高層次外交的結果，並非如安娜・科穆寧所說是因為皇帝的巧妙手法和機關算盡。

馬立克沙在關鍵時出手相助，也因而獲得了豐厚報償：一〇八〇年代中期，希臘使節為蘇丹帶來了華麗輝煌的禮物。[58]「君士坦丁堡的統治者為他送來貢品，」以阿拉伯文寫作的一名作者在蘇丹死後寫道，並指出馬立克沙的名字享譽世界，「從中國的邊界到敘利亞的盡頭，從北邊伊斯蘭世界最偏遠的角落到葉門的國境」。[59]這隱含了一個清楚的利益劃分：小亞細亞屬於拜占庭勢力範圍，但更往東的地區則臣屬於突厥蘇丹。

蘇丹對安納托利亞當地的諸埃米爾發出警告後，繼之採取積極行動，要將他的權威直接施加於突厥世界邊陲的軍閥。一支大型遠征軍深入小亞細亞，進攻尼西亞，並對付侵擾拜占庭領土、讓阿列克修斯頭痛的該城總督阿布・卡西姆。[60]馬立克沙也御駕親征高加索地區，然後南下進入敘利亞，奪下阿勒坡。安條克也降服於他之後，蘇丹來到地中海濱，下馬走進海中，將佩劍三度浸入水裡，同時說道：「看哪，上帝准許我統治從波斯海到這片海之間的所有土地。」[61]

蘇丹取得安條克，很可能是拜占庭為換取他合作對抗阿布・卡西姆與收復小亞細亞城鎮的代價。值得注意的是，這段期間馬立克沙在許多行經之處都受到基督徒人口歡迎，他們認為他涉入這個區域並約束當地突厥領袖，是這裡得以維持穩定的前提。舉例而言，蘇丹在高加索地區沒有遭遇任何抵抗，他溫雅而「如父親般慈藹」地對待當地基督徒，大大緩解了他們對於直接受巴格達統治會是什麼情況的擔憂。[62]同樣有幫助的是馬立克沙向來有包容基督信仰的名聲：比如，他在繼承父親成為蘇丹後不久的一〇七四年初左右，便派遣使節團到君士坦丁堡，詳細詢問基督教教義、信仰與儀俗。[63] 此外，一〇八六至八七年的軍事行動期間，在一名觀察者眼中，他來此施行權威的對象似乎是自己的子民，不是基督徒；[64] 雖然他進入埃德薩與梅利第尼，但是他既未指派自己的總督，也沒有移除代表皇帝掌管這些地方的人。[65]

皇帝也在一〇八六至八七年採取軍事行動，在未奉蘇丹指令降服的地區重建自己的權威。對阿布・卡西姆採取行動後，來自尼西亞的攻擊隨之停止。「侵擾受到抑止，」安娜・科穆寧敘述，「〔阿布・卡西姆〕被迫談和。」[66] 帝國軍隊出動，收復了基齊庫斯和阿波羅尼亞斯（Apollonias），以及小亞細亞西部其他被當地突厥人首領攻擊的目標。[67] 在阿列克修斯政變前夕淪陷的基齊庫斯約在一〇八六年中回歸帝國控制，由皇帝親近的支持者康斯坦丁・亨博托普洛斯（Constantine Humbertopoulos）統領，直到他被召回對抗佩切涅格人的又一波攻擊。[68]

豐厚報償的承諾說動了某些突厥將領同意為皇帝服務，改宗基督教，如此又收復了一些地方。[69] 君士坦丁堡的神職人員樂見他們皈依，讚美阿列克修斯傳播福音，推動真正的信仰。[70] 皇帝也樂於居功，不過，他的行動並非受宗教熱誠所驅動，而是依循經典的外交手段：提供帝國頭銜與財物獎賞給突厥首領，有效的展現了與拜占庭合作的諸多好處。為了收復陷落的城鎮與地區，這樣的代價不高。

因此，在一〇八八年一月六日的主顯節盛宴上，一名高階教士在皇帝與其親信面前的演說中，幾未提及東方的事情。相對於持續為佩切涅格人侵擾所苦的西方行省，東方已不再是主要需關注的區域。談到草原游牧民族造成的威脅，並稱讚阿列克修斯在不久前與這些游牧民族達成的和平協議之後，奧赫里德的西奧菲拉克特（Theophylact of Ohrid）對於小亞細亞沒有什麼值得一提的評論。這位教士宣告，阿列克修斯有幸與突厥人保持良好關係，尤其是與蘇丹之間。馬立克沙非常欽敬皇帝，每當有人提及他的名字便會舉杯致敬。西奧菲拉克特讚許的指出，皇帝的勇氣和榮光的名聲已響徹整個世界。[71]

西奧菲拉克特對一〇八八年情勢的樂觀評估，與安娜·科穆寧對帝國一〇八一年困境的黯淡描述形成了再強烈不過的對比，而現代評論者一直以來接受的是後者的說法。即使偶有需要果斷回應的挑戰，但東方行省這時的局勢不是四分五裂，而是穩定。拜占庭人已經將情勢控制住——無須向教宗籲請來自國外的援助。在一〇八〇年代晚期，沒有發動十字軍運動的必要。

# 第四章

Chapter 4

# 小亞細亞分崩離析

The Collapse of Asia Minor

除了仍由阿布・卡西姆掌權的尼西亞，拜占庭在一〇八〇年代末已經重新控制東方行省的許多精華地區，尤其是重要的海岸區域、肥沃河谷以及愛琴海諸島——這些地點具戰略敏感性，對帝國的貿易和通訊網路至為關鍵。這些地方許多都在拜占庭控制下繁榮發展的證據，可以從列羅斯（Leros）與帕特莫斯（Patmos）等島嶼的修士在一〇八八與一〇八九年對皇太后的強烈遊說中看到。他們打算展開可觀的建設計畫，希望取得珍貴的免稅權。[1]

但是情勢很快就大為改觀。如前文所見，佩切涅格人對西方行省的威脅在一〇九〇年急遽上升，整個部落的遷徙移居取代了前些年的隨機攻擊，並深入至色雷斯。這造成的壓力為東方的突厥軍閥提供了攻打拜占庭的良機。阿布・卡西姆正是其一。大約在一〇九〇年中，他為攻打尼科米底亞展開準備，這座重要城鎮位於尼西亞以北，距離君士坦丁堡僅有八十公里。[2]

阿列克修斯為保住這座城鎮採取了迫切行動。弗蘭德伯爵（Count of Flanders）羅伯在一〇八九年末於耶路撒冷朝聖後返鄉途中結識阿列克修斯，後來他派出五百名弗蘭德騎士協助對抗佩切涅格人。[3]他們在次年中抵達君士坦丁堡之後，卻立即被載運穿越博斯普魯斯海峽，轉調至尼科米底亞協防。弗蘭德騎士的出現在短期內發揮了關鍵作用，但是當他們在一〇九一年春天被召回勒布尼翁對抗佩切涅格人之後，[4]小亞細亞古老而著名的城鎮、曾在三世紀短暫成為羅馬帝國東方首都的尼科米底亞，就在阿布・卡西姆的攻擊下陷落了。[5] 失去尼科米底亞對拜占庭帝國是慘重的損失，也讓帝國是否有能力長期掌控東方行省面臨了重大疑問。

還有其他人虎視眈眈，準備利用帝國的困境趁火打劫，這又加深了對拜占庭在小亞細亞前景如何的疑慮。極富領袖魅力的突厥軍閥達尼什曼德（Danishmend）從東小亞細亞發動了大膽的襲擊，深入卡帕多恰，也攻擊重要城鎮如賽巴斯提亞（Sebasteia）與凱撒里亞。[6] 還有野心勃勃的突厥人查卡（Çaka），他在小亞細亞西岸的斯麥納（Smyrna）建立據點，出錢由當地造船者打造一支艦隊，攻擊這個新據點附近的目標，包括愛琴海島嶼。[7] 這件事的嚴重性不下於尼科米底亞的淪陷，因為查卡的艦隊讓他有能力對海外發動攻擊，也使他得以干擾沿岸城鎮與島嶼將貨品送往君士坦丁堡的船運。首都的供給已因佩切涅格人的威脅而備感壓力，船運受到干擾更是帶來了物品短缺、通貨膨脹與社會動盪的可能。一〇九〇到九一年的嚴冬又讓事態雪上加霜，這是任何人記憶所及最酷寒的一年，降雪多到許多人只能坐困家中。[8]

這段時期有首詩，描述小亞細亞某行省的一名女子，因為實在飢餓難耐，只好吃蛇肉：「你是整條蛇吃下還是只吃部分？你是把動物的尾巴和頭砍下，還是所有部位都吃？你怎能大啖有毒的肉而沒有立即死亡？」這就是酷寒冬天、嚴重饑荒與蠻族危害的後果。[9]

對付查卡的努力一敗塗地。當地一名總督不戰而逃，皇帝倉促召集派來平定小亞細亞西岸的軍隊更不堪一擊。拜占庭艦隊遭到擊潰之外，查卡還擄獲了幾艘帝國船艦。這又加快了他在其他地方的斬獲。[10]

查卡的艦隊日益壯大還有另一個讓人憂心的原因。君士坦丁堡由令人望而生畏的陸牆、壕溝與戒備森嚴的塔樓防禦，但是拜占庭人對於首都受到從海上而來的攻擊深感焦慮。金角灣入口橫亙著一條巨大的海鏈，多少讓人安心，但實際上往往沒有效果。對君士坦丁堡的海上攻擊即使只是由少數侵襲者發動，都足以引發居民歇斯底里的反應，正如第九和第十世紀時，維京人與俄羅斯劫掠者對郊區的奇襲導致了普遍恐慌。查卡所引發的擔憂是，他可能與佩切涅格人達成協議，聯手進攻君士坦丁堡。一〇九一年春天開始謠傳佩切涅格人與查卡互有往來，後者將在對君士坦丁堡的攻擊中提供支援。[11]

首都的氣氛變得陰暗而負面。一〇九一年春天，在皇帝與他隨從的面前，安條克牧首約翰·奧克塞特（John the Oxite）表達了對帝國困境無比悲觀的評估。這與西奧菲拉克特不過三年前的樂觀看法形成尖銳對比。牧首說，基歐斯（Khios）已經陷落，米提利尼（Mitylene）也是。愛琴海諸島已失守，小亞細亞動盪不堪；東方沒有任何一片碎塊殘留。[12]另一方面，佩切涅格人已兵臨君士坦丁堡城下，阿列克修斯對付他們的努力已證實完全無效。[13]約翰省思這些威脅為何變得如此迫切，獲得一個簡單明白的結論：上帝不再庇佑君士坦丁堡。牧首宣告，無法取得軍事勝利，以及現在經歷的困苦艱辛，全都是皇帝的錯。阿列克修斯成為皇帝之前是出色的將領，但自登基以來他帶來的是一次次挫敗。他在一〇八一年篡位招致了上帝的憤怒，如今祂透過異教徒懲罰帝國。若希望事態改變，必須立刻悔改。[14] 這末日式的宣判清楚顯示帝國在一〇九〇年代伊始面對的問題之大。

小亞細亞迅速惡化的情勢讓拜占庭境內的西方人為之驚恐。「突厥人與許多民族結盟，入侵帝國的正當領土。」來自法國中部的一名目擊者寫道。「他們四處危害城市與堡壘和其附屬聚落；教堂被夷為平地。遭俘的神職人員與修士有些被屠殺，有些遭到難以言喻的邪惡殘酷對待，而修女——哎多麼悲慘啊！——成了洩欲的對象。突厥人如餓狼一般，無情掠食經上帝公正的審判後交到他們手中的基督子民，恣意妄為。」[15]

小亞細亞悲慘陷落的消息迅速傳遍歐洲。比如在法國，燒殺擄掠和性暴力的故事四處傳播，修士在他們的編年史中記錄了駭人聽聞的虐行、開腸剖肚與斬首示眾的恐怖描述。[16] 這類資訊來自一〇九〇年代初在君士坦丁堡居住或造訪的西方人，比如以帝都為家的一名坎特伯里修士，或是一名深受震撼的旅人，描述他在君士坦丁堡看到的風光以及和當地居民的談話。[17]

關於拜占庭人在突厥人手下承受的恐怖，阿列克修斯本人也是消息來源之一。皇帝寄給弗蘭德伯爵羅伯的一封信，為一〇九〇至一〇九一年的小亞細亞描繪出一幅黯淡景象。[18] 這封信傳統上被視為偽作，歷代學者都否定其內容的真實性，理由是拜占庭在一〇八一年就已經失去東方行省，局勢在十字軍首役前幾年並沒有重大改變。也因此，帝國對抗突厥人的驚人逆轉被視為誇張不可信，現實基礎薄弱。學者強力主張，這封信是阿列克修斯與十字軍運動中某些主要人物在十二世紀初關係破裂後，有人為了號召反對帝國的勢力所虛構的。[19] ❶

相反的，有鑑於阿列克修斯與弗蘭德伯爵的關係，他可能曾在一〇九〇年代初寫過一封信給伯爵，此事則受到廣泛承認。因此有人提出，確實有一份從君士坦丁堡寄出的原始文件，成了留存至今的信件基礎——儘管經過翻譯、誇飾與增添。[20] 誠然，這封信的文字風格與語言毫無疑義是拉丁文，其中的外交和政治思想亦明顯是西方而非拜占庭的風格。❷

然而，這不表示這份文獻是偽作。如前文所見，十一世紀晚期有許多西方人居住在君士坦丁堡，其中有些人與皇帝很親近。因此，信中所表現的語氣和觀念雖然可能代表它是在十字軍首役之後由某人所寫，卻也同樣可能表示它是由住在帝都的一名外國人執筆。以此觀之，這封信最值得注意的一點是，其內容與可透過其他當代來源確認的小亞細亞新局面幾乎完全吻合。寫給弗蘭德伯爵的信中提到一〇九〇年代初教堂受到褻瀆的事情，這是我們從其他來源亦可得知的：「神聖之地以無數方式遭到褻瀆和破壞，而更糟的威脅仍籠罩它們。誰能不為這些事情興嘆？誰聽聞時能不興起憐憫同情？誰能不感到驚駭？又有誰能不求助於祈禱？」[21] 信中提到突厥人攻擊之凶殘，這在當時的其他來源中也可找到類似敘述，雖然更為詳細：「高貴的女士和她們的女兒被奪去一切，繼而逐一遭到侵犯，如動物一般。有些〔侵犯她們的〕人無恥地將處女帶到她們的母親面前侵犯，強迫她們唱邪惡猥褻的歌曲，直到他們得逞獸欲……各種年紀的不同男性都遭到雞姦之罪玷汙，男童、少年、老人、貴族、農民，更悲慘而令人難過的是還有神職人員與修士，慘上加慘的是連主教都未能倖免，而如今在海外被大肆宣傳的是，有一名主教死於這可鄙的罪。」[22] ❸

阿列克修斯在此前不久才獲得弗蘭德的五百名騎士馳援，因此會再度發出請求，期望與他同樣儉樸、虔誠而務實的羅伯提供更多援助，絕對合情合理。而儘管許多人認為他對東方情勢的絕望描述並不可信，但有許多線索顯示，這封信真實反映了拜占庭的艱困處境。連這句意志消沉的話：「我雖貴為皇帝，卻找不到解決之道或適用的建言，面對佩切涅格人與突厥人總是落荒而逃。」放在這段時間來看也並不顯得突兀，畢竟帝國地位最高的神職人員之一都已公然宣告上帝背棄了阿列克修斯。[23] 君士坦丁堡開始出現的四面楚歌心態，與那封信所

❶❷❸❹ 第六章注釋9所指段落。

傳達的氛圍，其實比一般認為的相近許多。❹

弗蘭德的五百駐軍從尼科米底亞被召回，也許不是這座城鎮被突厥人攻陷的唯一原因，但絕對無益於情勢。在一〇九一年擊潰佩切涅格人之後，拜占庭展開了重大行動，要收復尼科米底亞並將突厥人逐出離首都最近的地區。聚集大軍後，阿列克修斯派出的部隊收復了遠至「聖喬治遺骨」（Arm of St George）的領土，也就是遠達尼科米底亞灣。最後他們終於收復尼科米底亞，並立即開始修復其防禦工事，避免未來再度被輕易攻陷。尼科米底亞對面建起一座堡壘，主要目的是提供額外保護，但也是為了若該鎮再度落入突厥人手中，可以從這個據點發動反攻。此外，他們還大張旗鼓地開挖一條巨大的壕溝，作為尼科米底亞的又一道防線。這是無計可施的表現，也顯示拜占庭在一〇九〇年代初期對小亞細亞沒有什麼野心：重點不是收復失土，而是守住少數仍為帝國掌控的領土。[24]

強化尼科米底亞的防禦工事花了整整六個月。與此同時，駐軍也嘗試說服居民離開他們在阿布・卡西姆攻擊時藏身的「洞穴與地洞」，回到尼科米底亞。他們不願意回去，顯示許多人可能認為拜占庭收復該鎮只是暫時的。[25]

尼科米底亞雖然收復了，但西海岸和愛琴海島嶼的情勢卻每下愈況。對此，《阿列克修斯傳》提供的紀事同樣不可信。與修士聖克里斯托多羅斯（St Christodoulos）相關的一批文獻，揭露了突厥人造成的威脅日益升高的真實情況。克里斯托多羅斯魅力十足，不缺地位顯赫的朋友。在阿列克修斯的母親安娜·達拉瑟納幫助下，克里斯托多羅斯取得了愛琴海科斯島（Kos）、列羅斯島與利普索斯島（Lipsos）上的土地贈與和免稅權，打算建造一系列修道院。是在安娜的支持下，皇帝才在一〇八八年同意於帕特莫斯島上建立聖約翰修道院。[26]

然而在一〇九〇年代初，克里斯托多羅斯和島上的修士最擔心的不是土地贈與或免稅權，而是能否保住性命。突厥海盜和劫掠者的攻擊迫使他們採取緊急措施，強化他們聚落的防禦工事。他們在帕特莫斯、列羅斯與利普索斯島上蓋了小型城堡，試圖保護居民，但很快他們就知道這是一場硬仗。[27] 擔心被突厥人擒獲的修士紛紛逃離，而克里斯托多羅斯本人也在一〇九二年春天放棄，逃到尤比亞島（Euboea），一年後於當地逝世。從他死前不久寫的遺囑修定附件可以看出，他是離開帕特莫斯島的最後一人；「夏甲人❺、海盜與突厥人」無休無止的攻擊讓人無法在那裡生活下去。[28]

其後幾年，愛琴海或小亞細亞西岸的情勢亦未見好轉。雖然安娜·科穆寧寫到查卡時

❺ 譯注：夏甲人（Agarenes）為游牧民族，這一名稱源自《聖經》人物夏甲（Hagar），她是亞伯拉罕之妻撒拉的埃及侍女，相傳為阿拉伯人的祖先。這一詞後來也泛指穆斯林。

語帶輕蔑，嘲笑他裝腔作勢，穿著模仿皇帝的涼鞋在斯麥納趾高氣揚的四處行走，並暗指他很快就被輕易解決，但實情絕非如此。[29] 克里斯托多羅斯死後，提奧多羅．卡斯特里西奥斯（Theodore Kastrisios）受派照管帕特莫斯島上的聖約翰修道院，但是他在一〇九四年不得不辭去職位。他說這是因為他無法完成任何職責：突厥人持續侵襲愛琴海東部水域，使他連接近島嶼都難，遑論維護島上的修院。[30]

小亞細亞幾近全面性的崩潰來得很快，而且堪稱慘烈。佩切涅格人的危害扮演了關鍵角色，使個別的突厥領袖如阿布．卡西姆和查卡得以趁隙崛起，但是，拜占庭面臨的問題核心，其實是阿列克修斯先前與地方勢力結盟的政策。過去，阿列克修斯有辦法贏得突厥軍閥的支持，並與巴格達蘇丹達成有效協議以鞏固這樣的關係，因為蘇丹也想繼續控制在塞爾柱帝國邊緣活動的地方強人。

一〇九一年春天，阿列克修斯與蘇丹馬立克沙的聯盟依然有效，他抱怨蘇丹所派遣的增援部隊遭到查卡攔截並招募。[31] 馬立克沙也為權力分布的明顯轉移而深感不安，因此在一〇九二年夏天派出大隊遠征軍，由他最忠誠的屬下之一布贊（Buzan）指揮，深入小亞細亞，要給阿布．卡西姆一個教訓。雖然布贊成功挺進至尼西亞，卻未能攻破這座城鎮的防禦工事，最後無奈撤軍。[32] 儘管如此，該年秋天君士坦丁堡和巴格達依然維持外交聯繫，兩位君王持續討論該如何聯手對付阿布・卡西姆和該地區其他的犯上作亂之徒。[33]

因此，馬立克沙在一〇九二年十一月逝世，對阿列克修斯的東方政策是一記重擊。在他死前數月，蘇丹發現自己對權力的掌控開始鬆動，而追逐權力的對手正競相卡位。為鞏固自己的權威，馬立克沙將許多高階將領降職，但這只是引發了更多不滿。[34]敵意主要針對權大勢大的維齊爾（vizier）❻尼札姆・穆爾克（Nizam al-Mulk），他是個博學之士，在十一世紀後期塞爾柱帝國的形塑中扮演了重大角色。一〇九二年底他被行事隱祕的狂熱教派「阿薩辛」（Assassins）暗殺，根據熟悉內情的來源透露，蘇丹即使沒有直接下令，至少也是知情的。[35]馬立克沙自己在短短幾週後因為吃了汙染的肉品而身故後，突厥世界陷入動盪不安，蘇丹的直屬家人和遠親間誰將繼承寶座充滿了不確定。結果是兩年間幾乎無休無止的內戰。[36]

許多學者主張，塞爾柱帝國的動盪不安，為阿列克修斯在小亞細亞鞏固拜占庭勢力提供了良機。事實正好相反。馬立克沙之死讓皇帝失去了珍貴的盟友，而且時機不可能更壞了。更有甚者，繼承問題表示安納托利亞出現權力真空，地方上的突厥軍閥很快趁隙而入。這讓阿列克修斯陷入更艱難的局面，因為相繼出現的突厥領袖只想充分利用他們新獲得的自由以

---

❻ 譯注：維齊爾是穆斯林國家的高階行政官員，相當於宰相、大臣。

及拜占庭疲弱的回應獲利，而阿列克修斯無力改變。

到了一〇九四年，局勢到了臨界點。在帝國各地主教齊聚的君士坦丁堡宗教會議上，討論內容轉向了牧職在東部的主教。許多人身在首都不是出於選擇，而是因為突厥人而回不去各自的教區。皇帝承認他們面臨的問題，但也不客氣地指出來自帝國西部的主教沒有這樣的藉口，命令他們離開君士坦丁堡，回去做好自己的工作。[37]安納托利亞的主教則不僅無法返回教區，在滯留首都期間還會需要財務協助。會中依此通過了決議。[38]

拜占庭在小亞細亞的潰敗是全面性的：內陸的陷落，加上沿海地方失守，表示不論取道陸地或海上都無法抵達如安條克等重要地點；安條克牧首約翰・奧克塞特有數年都無法返回其教區。[39]一〇九〇年代初期，城鎮接二連三地落入突厥人手中。敘利亞人米凱爾（Michael the Syrian）在十二世紀寫成的編年史是專注於此一時期的少數史料之一，根據其記述，塔爾索、莫普蘇埃提亞（Mopsuetia）、安納札帛斯（Anazarbos）和西里西亞的所有其他城鎮都在一〇九四和一〇九五年間陷落。[40]這與西方騎士不久後穿越小亞細亞時所見相符。抵達「輝煌而富裕的」普拉森夏（Plastencia）時，他們發現這座城鎮被突厥人包圍，居民仍在堅守抵抗；[41]附近城鎮科克森（Coxon）也仍由基督徒控制。[42]

失去小亞細亞西部海岸和內陸的肥沃河谷，讓拜占庭付出慘重代價。必須盡快採取行動以逆轉一連串挫敗，並奠定未來收復這裡的據點；如果不這麼做，很可能就永遠失去東方行省了。尼西亞成為關注焦點，這裡固若金湯，是通往內陸的門戶，也控制前往海岸的道路。奪下尼西亞將是廣泛恢復帝國在東方勢力的關鍵；如今，收復尼西亞成為皇帝的主力策略。

要突破這座城市的防禦絕非易事；這裡的防禦工事堪稱傑作，簡直是銅牆鐵壁。有一名拉丁史家描述：「尼西亞的位置得天獨厚。它位於平原中，然而離山脈不遠，幾乎為山所環繞……在城市旁邊有一座寬闊綿長的湖泊，朝西方延伸……這是一座城市最好的防禦。其他各面有護城河環繞，在泉水與溪流灌注下永遠滿到溢流出來。」[43]

阿列克修斯深知要以武力奪取尼西亞的機會渺茫。[44]其他的都先不論，拜占庭的軍力已經過度分散了。如約翰．奧克塞特指出，經過十年來對抗諾曼人與佩切涅格人幾乎未曾間斷的軍事行動，帝國軍隊已經人困馬乏，死傷慘重。[45]此外，君士坦丁堡北邊的情勢依然嚴峻。草原游牧民族庫曼人（Cuman）隨時可能從多瑙河地區入侵帝國領土，而塞爾維亞人對西北邊疆的侵擾也日益棘手。[46]

要召集規模足以進攻尼西亞的軍隊是一個問題，另一個問題是突破其防禦工事。在圍城戰上，拜占庭遠遠落後在十一世紀迅速發展出相關技巧的西方。此外，還有誰該負責攻城行動的問題。有鑑於阿列克修斯在小亞細亞的政策失敗，加上帝國整體受到的壓力，掌握可觀資源的將領可能藉機奪取王座，是真實存在的風險。

阿列克修斯將任務交予了他的兒時友伴塔提基歐斯，相信他會保持忠誠。一〇九四年中，塔提基歐斯抵達尼西亞，奉命與任何膽敢突圍的守軍交戰。他很快就擊退了出城驅逐帝國軍隊的二百名士兵。不過，他的成果也僅止於此：提振了士氣，但沒有實際價值。此後他交出的是一張白卷，然後在得知突厥大軍正逼近尼西亞時倉皇撤退回君士坦丁堡。[47]派出這支大軍的是馬立克沙的兒子巴爾基亞魯克（Barkyaruq），他擊敗了在巴格達的競爭對手，於一〇九四年二月透過公開布道（hutba）獲宣告成為統治者。[48]

巴爾基亞魯克的介入讓阿列克修斯深感不安，因為情況日益明朗，巴爾基亞魯克的目的不只是要對小亞細亞的埃米爾伸張新蘇丹的權威，而是要將尼西亞據為己有。隨著嗜血的將領博爾蘇克（Bursuk）指揮的軍隊步步進逼，憂心忡忡的不只是皇帝：「〔尼西亞〕的居民，誠然，連阿布・卡西姆本人，都看出情勢極為緊急——他們再也無法抵擋博爾蘇克。」他們做了大膽的決定；根據《阿列克修斯傳》記載：「他們傳遞訊息請求皇帝援助，說他們寧願當他的奴隸也不願降服於博爾蘇克。〔皇帝〕毫不耽擱，立刻派出帶著軍旗與鑲銀權杖的精兵馳援。」[49]

阿布・卡西姆多年來一直讓拜占庭頭痛，但阿列克修斯仍決定幫助這位尼西亞總督，背後自有冷酷邏輯：「據他盤算，提供援助會帶來阿布．卡西姆的毀滅，」安娜．科穆寧寫道，「因為當羅馬帝國的兩個敵人彼此交戰，支持弱者對他有利——不是要讓他更強大，而是要擊退一方，同時將城鎮從另一方手中奪走，這座城鎮當下並不由羅馬管轄，但是透過這個手段，它將被納入羅馬的勢力範圍。」[50] 雖然博爾蘇克在久攻不下尼西亞之後撤退了，但這段喘息的時間很短暫：城內很快收到消息，「來自突厥帝國內陸深處」的大隊遠征軍已在途中。[51] 阿布．卡西姆明白他遲早將被迫投降；他準備好聽聽皇帝對於他交出尼西亞有什麼構想了。

君士坦丁堡經常接待來自國外的外交使節和高階訪客。十世紀時編纂而成的《禮儀之書》（*The Book of Ceremonies*）為這類場合提供了指引，以來訪國家的相對重要性決定招待的豪華程度，[52] 旨在展現首都的輝煌並凸顯帝國的文化、政治與精神優越性。阿列克修斯如今將這個行之有年的技巧用在阿布．卡西姆身上。這名突厥人在一〇九四年稍晚受邀到君士坦丁堡時，皇帝安排了特別打造的行程，目的是為了折服這位埃米爾，讓他看到與帝國合作的好處。

阿列克修斯親自監督行程設計，確認阿布．卡西姆會看到首都的主要景點，並特別強調深具象徵意義的紀念建築，比如為慶祝重大軍事勝利並對羅馬皇帝致敬而豎立的雕像。他被帶去參加賽馬，親眼見證拜占庭頂尖馬車手的能力；馬匹對突厥人的軍事成功至為關鍵，因此這個行程正是為了讓他留下深刻印象。他與皇帝一起狩獵，也被帶去一個最「羅馬」的地方：浴場。簡而言之，阿布・卡西姆獲得奢華款待，拜占庭卯足全力要贏得他的忠誠。[53]

阿列克修斯要的是針對尼西亞的具體協議，而他採取了經常用來對付難纏鄰人的方法：賞賜頭銜和豐厚的津貼。目的是讓敵人承認皇帝的君主地位，儘管可能只是默認，同時用金錢賄賂。因此，在阿布・卡西姆返回尼西亞之前，「阿列克修斯又賞賜他更多禮物，給予他sebastos頭銜的榮耀，確認了他們協議的細節，用最周到的禮數送他返航。」[54] Sebastos是帝國內最高的頭銜之一，平時只賜給統治家族的成員和他們最親近的心腹。將這個頭銜賜予阿布・卡西姆所透露的是，阿列克修斯期待透過在首都達成的協議獲得可觀的實質好處。如果皇帝的豪賭成功，小亞細亞西部的重要地點將回歸帝國控制，為更廣泛的收復這片地區創造機會。如果失敗，阿列克修斯的名聲將嚴重受損，因為他竟然寄望於多年來始終讓帝國芒刺在背的男子。

阿布・卡西姆才回到尼西亞，災難就發生了。他與皇帝的討論內容並不受到城內其他領導人物歡迎。博爾蘇克帶著更大軍隊再度來襲的消息開始流傳時，阿布・卡西姆被二百名亟欲讓新蘇丹留下好印象的突厥首領包圍。他們抓住阿布・卡西姆，用弓弦做成的絞索套在他脖子上，勒死了他。[55]

阿布．卡西姆遇害對皇帝造成重大打擊。阿列克修斯緊急回應，與阿布．卡西姆的兄弟博達吉（Buldagi）取得聯繫，直接對如今控制尼西亞的他開出條件。這次沒有招待他到君士坦丁堡一遊、帶他去看賽馬、賜予他頭銜，但條件的本質是一樣的。皇帝的提議簡短而直接：他要買下尼西亞。[56]

然而，事態還是無法如阿列克修斯所願。尼西亞的突厥人陷入混亂後，一個新的人物登場。基利傑．阿爾斯蘭（Kilidj Arslan）在一〇九四年末或一〇九五年初從巴格達的監獄獲釋之後，立刻趕赴尼西亞。他抵達後，突厥人「歡騰不已」，將該城交由他掌管。這並不太讓人意外：他畢竟是已故的蘇萊曼之子。[57]他重返家族權力根據地似乎是由巴爾基亞魯克新政權一手安排，他們顯然對他信心十足；而一〇九七年夏天，他將在十字軍穿越小亞細亞之時，指揮為了與他們對抗而聚集的大軍。[58]巴爾基亞魯克指派他代為管理尼西亞是個精明的選擇，但也破壞了皇帝收復這個重要城市並防止東方行省土崩瓦解的機會。

拜占庭政府對東方行省的控制迅速流失。一〇九七年來到小亞細亞的人抵達尼科米底亞時簡直不敢相信他們的眼睛，也無法掩飾他們的驚駭。「噢，我們在海岸附近尼科米底亞外的平原上，看到多少斬斷的頭顱和死者的骨骸！前一年，突厥人毀滅了那些才剛學習射箭的人。這一幕讓我們心生惻隱，在此流下許多眼淚。」[59]情勢之惡劣與拜占庭企圖心低落的一個跡象是，過了尼科米底亞以後的道路此時已幾乎無法通行；必須先由三千名男子帶著斧頭與刀劍開路，才能開闢出一條通往尼西亞的路徑。[60]

尼西亞收復無望，而查卡持續肆虐的沿岸地區亦發生一連串挫敗。雖然安娜．科穆寧的敘述讓多數史學家相信，這個突厥人造成的威脅在一〇九二年已經受到防堵，事實卻正好相反。[61]一〇九〇年代中期，對付查卡的努力之無效與無能讓阿列克修斯深感不耐，於是他將妻舅約翰．杜卡斯（John Doukas）從迪拉齊翁召回，杜卡斯在這片邊疆的十多年間成功建立起對抗塞爾維亞人的防線。他最早有可能被派去對付查卡的時間是一〇九四年。[62]這符合其他來源的描述，即突厥人當時在該地區的持續攻擊，使得連最普通的交通都不可能。[63]

《阿列克修斯傳》針對這次為了驅逐查卡並收復沿岸地區的大規模遠征有完整描述，不過分散在幾個章節中，讓人產生有好幾場戰事與一直打勝仗的印象。[64]事實上只有一場對抗查卡的全面行動，打前鋒的是領導陸上軍隊的約翰．杜卡斯，以及皇帝另一名親近的親屬康斯坦丁．達拉瑟諾斯（Constantine Dalassenos），負責海上艦隊。軍事行動在一〇九七年夏天展開。

遠征的目標明確。取得沿岸地區並在此區恢復帝國權威至關重要。杜卡斯收到的命令毫無妥協餘地：他必須奪回相繼落入突厥人手中的島嶼，並收復淪陷的城鎮與堡壘。如我們將在後文看到，主要目標是斯麥納與其令人頭痛的統治者查卡。[65] 與安娜．科穆寧的敘述明顯相悖的是，查卡在一〇九七年仍是重要勢力。也正如一份拉丁文獻所正確指出，十字軍在幾年後抵達時，小亞細亞整個海域都為突厥人所控制。[66] 尼西亞依然難以企及，而收復沿岸地區的努力亦徒勞無功。拜占庭政權在一〇九〇年代中面臨的情勢與其說是絕望，不如說是浩劫將至。

# 第五章

Chapter 5

# 災難邊緣

On the Brink of Disaster

小亞細亞日益惡化的情勢不是阿列克修斯・科穆寧唯一的問題。十字軍首役前夕，君士坦丁堡本身也內爆了。皇帝對抗突厥人一無斬獲，導致他的判斷與能力都受到嚴重質疑。隨著更多威脅出現，包括游牧民族深入巴爾幹半島的襲擊，以及塞爾維亞人對西北邊疆的侵擾，阿列克修斯的統治岌岌可危。情勢在他於一〇九五年派遣使節面見教宗前不久抵達臨界點，當時，皇帝面臨了一場幾乎受到所有拜占庭菁英支持的政變：高階軍官、元老院成員、貴族與他親近的心腹都起而反對他，包括當初協助將他推向權力巔峰的許多人。分崩離析的情勢持續惡化，最終導致阿列克修斯向西方求援。

小亞細亞情勢開始惡化後，皇帝立刻在君士坦丁堡面臨日益沉重的壓力。突厥人在一〇九〇至一〇九一年取得第一波勝利後，阿列克修斯已經在首都受到各方批評。對安條克牧首約翰・奧克塞特而言，皇帝已經成為負擔；一〇八〇年代無止境的戰爭一事無成，而軍事挫敗則帶來了深刻苦難。[1] 牧首的譴責遇上樂於接受的受眾。阿列克修斯於掌權之初在身邊建立起一個親信圈子，這個圈子以外的人對他普遍不滿。據一名拜占庭人評論，他勤於照顧家族成員，在他們身上花費大把金錢：「若是給他的親戚或服務他的一些人，〔阿列克修斯〕分發公款是用一車車推去的。他們有優渥的年金，財富多到可以雇用不符合他們私人身分、理應皇帝才有的隨扈；他們還可擁有大如小城的豪宅，華麗的程度不輸宮殿。」至於其他貴族，這名作者哀傷地說，就沒有受到如此慷慨對待了。[2]

皇帝對家庭成員的偏袒表現在許多地方。阿列克修斯的姊夫尼基弗魯斯・梅利賽諾斯獲賜重要城市色薩洛尼基的稅收，而皇帝的弟弟阿德里安（Adrian）則在一〇八四年獲得卡珊德拉半島（Kassandra）的收入。[3]這段期間，皇室成員建立或給予金錢餽贈的許多修道院，例如安娜・達拉瑟納建立的全見救主（Saviour Pantepoptes）教堂與修院，或阿列克修斯之子伊薩克・科穆寧創建的聖母修道院，全都見證了在經濟艱難時期，皇帝的親人仍握有可觀的可支配財富。[4]

拜占庭許多最敏感的職位都由皇帝近親擔任。帝國西半部的重要城市迪拉齊翁先後由皇帝的兩個姻親掌管，先是連襟喬治・帕萊歐洛戈斯（George Palaiologos），接著是內兄約翰・杜卡斯，最後又交給阿列克修斯最年長的姪子掌管。[5]皇帝的兩個弟弟，阿德里安和尼基弗魯斯・科穆寧，分別獲任為陸軍和海軍的高階指揮官。他們的兄長伊薩克則成為主要的政策執行者，特別負責在君士坦丁堡掃除異議。皇帝的母系親戚康斯坦丁・達拉瑟諾斯則在一〇八〇年代中受託從突厥人手中收復細諾普，後又負責指揮對抗查卡與進攻小亞細亞沿岸的海上軍事行動。[6]其他親戚也在阿列克修斯統治下封授高階頭銜與地位。[7]

皇帝對其家人的依賴形塑了後世對他的看法。後人認為權力的集中為拜占庭引入了新的政府體制，以皇帝親信圈子組成的小型利益群體，取代了廣泛的文官行政體系。[8] 然而，雖然阿列克修斯看似將權威完全建立於他的家人與姻親之上，事實是他的支持者來自他策略性選擇的一群人，比過去所認為的範圍廣泛。

舉例而言，在阿列克修斯統治的前十五年，他的表親、甥侄女和姻親中多的是沒有獲得恩寵、職位或顯貴頭銜的人。[9] 新政權下也有許多受益者並非皇親國戚——比如格里高利・帕庫里阿努斯（Gregory Pakourianos），他出身喬治亞望族，在一〇八一年獲任為帝國軍隊指揮官。[10] 在一〇八〇年代中期領有重要軍事任務的康斯坦丁・歐普斯（Constantine Opos）同樣與科穆寧家族沒有親戚關係。[11] 最出色的例子是里歐・科法拉斯（Leo Kephalas），他在拉立沙於一〇八三年遭諾曼人圍城時正是那裡的總督，當時情況慘烈，據說居民淪落到人吃人。[12] 他後來獲派為西小亞細亞城鎮阿拜多斯（Abydos）的指揮官，當時突厥人造成的威脅正急遽升高。他的能力與忠誠使他成為科穆寧王朝統治下的新星。整個一〇八〇年代期間，他獲賜許多村莊和土地，也享有免稅權，最終還獲得將財產傳給繼承人的權利。[13]

效忠皇帝並發展順遂的「半蠻族」（mixobarbaroi）游牧人如摩納斯特拉斯（Monastras）與歐札斯（Ouzas）獲得阿列克修斯信任。西方人也獲得同樣待遇，如皇帝的死對頭羅勃・吉斯卡的侄子康斯坦丁・亨博托普洛斯，以及彼得・阿里法斯（Peter Aliphas），他曾在一〇八一至八三年間的諾曼人攻擊中，差點在戰鬥中擊斃阿列克修斯，儘管如此，他仍成為受皇帝信賴的副手。[14]此外，皇帝還會親自監督突厥盟友的洗禮事宜和他們加入元老院之事。[15]

因此，科穆寧政府下的受益者不只是皇室。永遠有川流不息的人求見阿列克修斯，懇求獲得優惠待遇、豁免權、獎賞或恩惠——比如曼努埃爾·斯特拉博羅馬諾斯（Manuel Straboromanos），他獻上詞藻華麗的讚詞給皇帝，對他的美德詳加褒揚，為的是得回被沒收的土地。[16]不過，並非所有請願者都受到歡迎，偶爾，虔誠的皇帝連對來到君士坦丁堡陳情的修士都會失去耐性：「我想要割開他們的鼻孔，」他寫信告訴牧首尼古拉斯三世，「再讓他們回去，好讓其他修士了解皇帝是什麼看法。」[17]

在阿列克修斯統治下，形塑了拜占庭的不是以科穆寧家族與其支持者為中心的權力集中，而是皇帝本人從統治之初就對國家機器建立的鐵腕掌控。阿列克修斯親自作決策、定約會、授與晉升和賞賜——或是放逐敵人。他對軍事、平民甚至宗教事務每一方面的嚴密控制，與在他之前的許多皇帝形成鮮明對比。這個策略讓阿列克修斯得以依照自己的形象打造拜占庭。

皇帝會提拔他能自在相處的人——不論是家族成員或外人——而受影響的是被排除在重要職位之外的貴族。這所導致的問題遠比失去地位嚴重。帝國社會的基石是每年分發給在君士坦丁堡與行省任職者的薪餉。資金從中央流向文官與軍事行政體系的官員，這群人為數眾多，而這個系統的改變不只會引發不滿，還會帶來財務損失。事實上，第一個為了降低支出而減少中央政府所發薪餉的人，是阿列克修斯的前任皇帝尼基弗魯斯三世．伯塔內亞提斯。然而阿列克修斯更進一步，不僅減少薪餉，在許多情況下更是中止支付，以減少支出並挹注搖搖欲墜的經濟。這樣的措施注定引發不滿，而同樣招致不滿的做法是將被控謀反的高官財產充公，藉此充實日益空虛的皇室財庫。皇帝使用成色不足的錢幣支應政府支出，在收稅時卻堅持收取高值錢幣的政策，又讓情況更為惡劣。[18]

阿列克修斯會採取這些措施，是因為對抗拜占庭鄰邦的軍事活動所費不貲。要在一〇八一年之後的十多年間幾乎不間斷的維持軍隊在戰場上，從薪餉、設備與物資供應而言都費用高昂。間接代價也很高昂，因為農業生產的人力被轉移到其他地方，導致產量降低、稅收減少、價格上漲。一〇八〇年代付給佩切涅格人與蘇丹的貢金，以及改善帝國處境的其他努力，也都需要資金來源。為對抗諾曼人而與德王亨利四世結盟的代價極高：君士坦丁堡同意付出三十六萬金幣的鉅額費用——而且不能用新鑄（且成色嚴重不足的）錢幣支付，得用品質高出許多的錢幣。[19]

皇帝用盡各種手段提升國家收入。一〇八二年，阿列克修斯立誓不再奪取教堂的財寶，因為他曾在諾曼人攻擊迪拉齊翁之後，為了資助對抗他們的軍事行動，將教堂的珍貴物品充公。但三年後他再度訴諸此手段，沒收珍貴的教會物品。皇帝因為破壞承諾而受到激烈批評，對他的人格攻擊由伽西敦主教帶頭，他是個高分貝而有效的煽動者，但安娜·科穆寧輕蔑的描述他「無法精準而不帶模糊的表達想法，因為他缺乏任何邏輯訓練」。[20]阿列克修斯安然度過了這次爭議，儘管如此，他在一〇九〇年代初第三度向教會榨取資金時，招來了安條克牧首的尖銳訓斥。[21]

為了彌補收入與支出間的漏洞，皇帝大幅增稅。根據一名拜占庭評論者所述，稅吏奉命為了徵稅而巧立名目，發明各種需要償還的債務。若無法滿足這些虛假的義務，這就成為沒收財產的藉口，為皇室財庫再打一劑強心針。[22]增稅帶來嚴重後果，導致死亡、饑荒、人口減少和人民無家可歸。根據安條克牧首所說，在有些情況中，這導致人民加入「屠殺基督徒的蠻族行列，因為在他們的奴役下生活，比在我們的奴役下生活容易下嚥」。[23]

連亞陀斯山（Mount Athos）的修士都引來了需錢孔急的皇帝目光。亞陀斯山上有好幾個修道院，修士累積了大量土地與財產，並且擅於獲取稅賦豁免。他們擁有的土地集中在帝國少數未受諾曼人、佩切涅格人或突厥人侵擾的地區。這些領域也是十一世紀晚期生產力並未下降的少數地方，因此阿列克修斯在一〇八九年轉向這些地方籌錢。三份文告記錄了名為

epibole（聯保地稅）的新稅開徵，對地主提出新的索求。不能或不願立即繳納者一律受到懲罰，亞陀斯山上的伊維龍（Iviron）修道院也在其內，有近二萬英畝土地遭皇帝沒收。[24]

小亞細亞的情勢在一〇九〇年代初開始惡化時，阿列克修斯已經無計可施了。鑄幣成色已經無法再低，為節省支出，中央政府則已精簡到僅餘骨架。更糟糕的是，大約在一〇九一年初，東地中海最大也最重要的克里特島與賽普勒斯島起而反抗皇帝，宣告脫離君士坦丁堡實質獨立。這次起義是稅負過重所導致。[25] 西北邊疆受到侵擾也對處境艱困的皇帝形成更大壓力——並且讓拜占庭的資源更形不足。[26]

一〇九二年伊始，阿列克修斯做了一個決定，對東地中海歷史產生重大影響。在諾曼人一〇八〇年代的多次攻擊期間，皇帝與威尼斯密切合作，由威尼斯船艦巡邏亞得里亞海，以防止諾曼人從南義運送補給品給入侵的軍隊，交換條件則是預先支付一筆費用。[27] 為確保進一步合作，阿列克修斯在一〇八一至八五年諾曼人入侵期間又授與威尼斯一連串好處，包括為威尼斯總督冊封頭銜，以及將威尼斯在亞得里亞海的管轄範圍擴大至涵蓋達爾馬提亞（Dalmatia）。[28]

阿列克修斯亟欲振興帝國財政系統，而他的結論是，這只能透過重大的外國資金挹注達成。因此在一〇九二年春天，皇帝授與威尼斯一整套全面性的特權與許可。[29] 威尼斯統治者在一〇八〇年代的頭銜是威尼斯與達爾馬提亞總督（doge），以及帝國protosebastos（「至尊者」）；然而在一〇九二年之後，他又獲得對克羅埃西亞的管轄權，這是威尼斯權力的進一步擴大，也是君士坦丁堡的重大讓步。不僅如此，總督還獲得將這些新榮銜傳給繼承者的權利。[30]此外，帝國承諾提供資金給威尼斯的教堂，聖馬可教堂尤其獲得慷慨挹注，以資助一〇九〇年代初為了迎接教堂的重新祝聖而展開的重大修復工作。君士坦丁堡從希伯來人之門（Gate of the Hebrews）延伸到維格拉（Vigla）守望塔的碼頭區，劃設為威尼斯商人專用區，並有附則規定帝國其他港口的類似安排，包括安條克、勞迪基亞（Laodikeia）、塔爾索、馬米斯特拉（Mamistra）、阿塔列亞、雅典、科林斯（Corinth）、底比斯、色薩洛尼基與迪拉齊翁。[31]這使威尼斯相對於東地中海的其他義大利城邦擁有可觀的競爭優勢。

然而阿列克修斯給與威尼斯的好處不僅於此，他還提供前所未見的獎勵措施，以鼓勵威尼斯商人在拜占庭投資。比如，他授與他們豁免權，確保其他人不能對他們被授與的財產提出主張。[32]威尼斯船運業和載運的貨物，不管是進口或出口，一律免稅。[33]與帝國有重要貿易往來的其他義大利城邦阿瑪菲（Amalfi）、比薩與熱那亞（Genoa）並未獲得相似的特許，這使得威尼斯擁有重大競爭優勢，也有誘因增加他們對拜占庭的投資。這個發展極為重大，連領導威尼斯教會的格拉多（Grado）牧首都在一〇九二年春天前往君士坦丁堡，想必是為了親自見證貿易特權的簽署。[34]

阿列克修斯此舉又是一次豪賭。其他義大利城邦可能會要求同樣待遇。另一個問題是將來如何撤銷或修改這次慷慨授與的條件，但一〇九二年的皇帝似乎並沒有想過這一點。短期而言，最重要的影響是威尼斯獲得的優勢讓拜占庭商人面臨更大壓力，因為義大利人利潤空間擴大，使他們極具競爭力，威脅到當地商人。

要量化這次優惠授與的衝擊並不容易，但是阿列克修斯在做出這些貿易讓步後不久即展開對拜占庭貨幣體制的全面改革，並非巧合。一〇九二年夏天，一種新的高值錢幣hyperpyron（「超純金幣」）與其他面額較低的錢幣共同推出，彼此間相對價值固定。雖然新的錢幣一開始只以少量發行，但這次重鑄貨幣是國際交易的前提，因為穩定的貨幣對國外貿易不可或缺。此前貨幣成色持續降低，導致其實際價值混沌不明，對經濟造成重創，因此，改革千瘡百孔的貨幣體制對於振興嚴重空虛的經濟也至關重要。至於這是否能讓帝國奄奄一息的貴族階層起死回生，則是另一個問題了。

阿列克修斯一世·科穆寧在統治前十年遭遇的反對出奇的少。儘管有鄰邦侵擾，而經濟情勢亦日趨惡化，皇帝在首都並未承受多少壓力。一〇八二年迪拉齊翁陷落後，針對皇帝的批評並未演變成反對他的直接行動，而一〇八三年冬天在首都流傳有人陰謀反叛的謠言也未成真。[35] 幾年後他遠征多瑙河地區卻一敗塗地，也沒有引發反叛，即使皇帝在戰鬥中受傷，而且被迫將帝國備受尊崇的聖人遺物——聖母瑪利亞的斗篷，藏在一床野花中以避免被佩切涅格人奪走。[36]

統治菁英在一〇八〇年代的消極若以此前十年間的動盪背景來看更是出奇，當時好幾個強人接連問鼎王座，讓帝國陷入內戰。一〇八〇年代表面的平靜有一部分源自貴族財富在這段時期大幅衰落。薪餉被取消、獨立收入因為土地受到拜占庭鄰人的侵擾而中斷，加上不穩定的財政系統，大幅削弱了帝國菁英的實力。但是貴族階層未能挑戰阿列克修斯，也是新皇帝對領土鐵腕控制的結果。他統治之初所沒收的一些財產經過精心挑選，目的是讓潛在的造反者清楚知道，表達異議代價高昂。被視為威脅的人遭到決絕對待；阿列克修斯統治後三年內廢黜兩名牧首，充分顯示新皇不會容忍反叛或不忠的跡象。

然而到了一〇九〇年代初，阿列克修斯已無力防止他的地位遭到挑戰。在阿列克修斯掌舵下帝國倒退已是日益明顯的事實。稀缺的資源消耗殆盡，稅賦重擔在克里特島與賽普勒斯島等可以規避首都掌控的地方引發反叛。授與威尼斯的優惠樹立了太多敵人，因為提供給義大利商人的財產取自個人與教會，他們不僅沒有獲得任何補償，還被剝奪訴願的權利。[37]

不過，阿列克修斯的不足之處在小亞細亞最為展露無遺，他為了抵抗突厥人侵擾的努力只能以慘淡形容。收復海岸的嘗試徹底失敗，奪回尼西亞的努力無效得令人難堪。隨著阿列克修斯的統治愈來愈像一場災難，難免人心思變。

出奇的是，取代皇帝的企圖並非來自最顯而易見的陣營——科穆寧兄弟在一〇八一年發動政變後失去身分地位的人，或是財產被突厥人搶奪或受其威脅的小亞細亞地主。也非來自因為阿列克修斯偏好晉升外來者擔任要職而前途黯淡的人，如這段時期為皇帝提供建言的一名作者以陰暗語氣所寫的：「當你榮耀那群〔外國的〕烏合之眾，冊封一個陌生人為primikerios或將軍時，那你還能給一名有能力的羅馬人什麼職位呢？你會使他成為你在各方面的敵人。」[38]事實上，對皇帝最強烈的反對勢力，來自過去對他支持最力的人：他自己的家族。

情勢在一〇九四年春天白熱化，此時，在塞爾維亞人屢次入侵拜占庭領土後，阿列克修斯正準備大舉出征以鞏固西北邊疆。這是最後一根稻草。小亞細亞分崩離析，他卻決定聚焦在一個戰略意義有限的偏遠地區，顯示了判斷力嚴重不足。若說皇帝必須下臺一事需要任何佐證，這就是了。

阿列克修斯引發疑慮的消息傳到他的侄子約翰・科穆寧耳中，他在約翰・杜卡斯被召回後甫獲任為迪拉齊翁總督。不過，聽到謠言後他非但沒有警告叔叔，反而把自己當成可能的繼任者。他在一〇八〇年代已經習慣了這樣的位置，因為在討論與德意志人聯盟對抗諾曼人的過程中，為了鞏固約定，他曾被提出為與德王亨利四世之女聯姻的合適人選。[39]但是阿列克修斯的長子約翰二世・科穆寧在一〇九二年秋天獲加冕為共治皇帝，嚴重打擊了約翰繼承皇位的前景。[40]保加利亞大主教西奧菲拉克特告知皇帝他侄子的密謀後，阿列克修斯召見約翰並將他訓斥了一頓。不過，這件事情雖然迅速解決，卻透露了連他自己的家族中都有人相信，阿列克修斯來日不多了。[41]

約翰的野心是君士坦丁堡更廣泛的情勢發展一環，想要挑戰皇帝的候選人還有很多。其中一位是米海爾七世的兒子康斯坦丁・杜卡斯，這名年輕男子的出身無可挑剔，但是個性軟弱，而且體弱多病。阿列克修斯知道他是爭奪皇位的潛在對手，掌權後密切監視他，為了確保他的忠誠，在長女安娜・科穆寧於一〇八三年十二月出生後不久就將她許配給他。[42]如果傳遍帝國境內與境外的消息可信，他們的聯姻注定不會產生繼承人：康斯坦丁顯然在一〇七八年就被尼基弗魯斯三世・伯塔內亞提斯去勢了。[43]

康斯坦丁顯得對反叛興趣缺缺之後，關注焦點落到另一名男子身上，他出身世家，個性也足以匹配。尼基弗魯斯・狄奧吉尼斯（Nikephoros Diogenes）是一〇七一年在曼齊克特戰役中受辱的羅曼努斯四世之子。他與弟弟成長過程中都受到阿列克修斯密切關注。這兩個男孩就像兩頭幼獅，安娜・科穆寧曾說，而皇帝把他們當成自己的小孩養育。他從未說過他們一句不好，也一直為他們做最好的打算。其他人可能會疑心狄奧吉尼斯兄弟，安娜・科穆寧寫道，但是阿列克修斯對待他們則是親切而光明磊落。至少，皇帝的女兒是這麼說的。[44]

尼基弗魯斯如今成為問鼎皇位中最強的競爭者。與阿列克修斯不同，尼基弗魯斯是porphyrogennetos，字面意思是「生於紫者」，所有於皇宮「紫室」誕生的在位皇帝子女，都會被賦予這個稱號。尼基弗魯斯也擁有出色的個人特質：他天生有魅力，性格迷人，兼且長相英俊。連安娜・科穆寧都印象深刻：「他體格強壯，誇口自己可與巨人相比；他胸膛寬闊、金髮，比自己的同輩人高出一個頭。看到他騎在馬背上打馬球、射箭或手舉長矛全力衝刺的人，無不張大嘴巴呆立原處，彷彿被釘在地上，心裡想著他們眼前所見是前所未有的天才。」[45]

皇帝在一〇九四年夏天展開在巴爾幹半島的軍事活動時，尼基弗魯斯決定先下手為強。與其借刀殺人，他將自己動手殺了阿列克修斯。一晚，他手臂下藏著劍，走向皇帝的帳篷。

但是他錯失了時機，據說是因為有一名少女在幫沉睡的皇帝和陪同他前來的皇后趕蚊子。不久，尼基弗魯斯再次失敗，這次是一名守衛看到假稱要去沐浴的他帶著武器，將他攔下質問。[46]

獲知尼基弗魯斯的可疑行為後，阿列克修斯請他負責指揮西方軍隊的弟弟阿德里安迅速介入，因為他擔心公開對質會進一步削弱自己的地位。然而，對於尼基弗魯斯的計畫，阿德里安其實知道得比皇帝以為的多，他回來後告訴皇帝，沒有發現關於這場所謂陰謀的任何消息。[47]於是皇帝訴諸更直接的手段，而尼基弗魯斯遭逮捕刑求後，招供了一切。

發現有誰涉入這場陰謀之後，阿列克修斯震驚不已。[48]這些人包括：米海爾七世與尼基弗魯斯三世．伯塔內亞提斯的前妻，前任皇后瑪莉雅，她與阿列克修斯曾經非常親近，還有阿列克修斯的姊夫米海爾．塔隆尼特斯（Michael Taronites）。[49]尼基弗魯斯也贏得了元老院領袖、高階軍官與顯赫貴族的支持。[50]這段時期的主要敘事來源《阿列克修斯傳》並沒有指名道姓，而是略去了密謀者名單，與其記錄這場陰謀令人尷尬的牽連之廣，代之以委婉的留白。儘管如此，我們還是有可能確立這場陰謀的一些主要支持者。其中首要者就是阿列克修斯的弟弟阿德里安。

阿德里安是帝國西方軍隊的指揮官，因而對尼基弗魯斯而言是珍貴的資產。阿德里安的妻子是尼基弗魯斯同母異父的姊姊，因此兩人是姻親，而阿德里安顯然知道前一次有人圖謀反叛皇帝的細節，這也顯示他可能參與其中。[51]但還有另一件事顯示他涉嫌參與反叛阿列克修斯的陰謀：計畫曝光之後，他消失了。

阿德里安在十字軍首役中沒有扮演任何角色，既沒有在西方隊伍穿越拜占庭領土前往君士坦丁堡的途中監督他們，也沒有在他們抵達時於首都迎接。騎士間的紛爭與誤會演變為暴力，迫使皇帝以武力對付他們的時候，阿德里安無處可見，是其他人受派領導帝國軍隊的反制攻擊。他在一〇九七年的尼西亞圍城期間從頭到尾都不在場。儘管他是帝國軍隊中位階最高的軍官，帶領部隊穿越小亞細亞，以陪同並引導十字軍前往安條克的人也不是他。關於十字軍運動的許多第一手資料中，沒有一個提及他的名字，或指涉到他的存在。事實是，他已失去恩寵；因此他在修道院中度過餘生，名字從皇室宣傳品中刪去，而他的子女在十二世紀也被排除於權力之外。[52]

其他顯要人物也從歷史上消失，這是他們參與了密謀的明顯線索。其中一人是尼基弗魯斯·梅利賽諾斯：他曾經是與阿列克修斯競逐權力的對手，後來成為尖酸而惹人厭的人物，對皇帝打冷槍，公開煽動異議。[53]如今他也被默默處理了。[54]尼基弗魯斯·科穆寧受到同樣對待，關於他的生平所知很少，只知道他在一〇九四年以前一度是帝國海軍的負責人。[55]到了十字軍運動時，這個職務已改由尤斯塔西奧斯・基米內阿諾斯（Eustathios Kymineianos）擔任。[56]因此，反對阿列克修斯的不只是拜占庭菁英，連他自己的家人都背棄他。

阿列克修斯政權受到嚴重威脅。皇帝快速採取行動，以掩蓋密謀真正牽連的範圍。有個消息流傳說是康斯坦丁・杜卡斯向皇帝揭發了這次陰謀。這絕非事實。[57]這只是表示皇帝也知道自己聲望大跌，只好訴諸謊言來宣稱首都的顯要人物對他仍有信心。前皇后瑪莉雅的參與殺傷力太大，這個消息也受到壓抑，不讓公眾得知。[58]《阿列克修斯傳》指出，軍隊中許多領導人物以及基層士兵都涉入了陰謀。[59]另一方面，皇帝的支持者則「只限於一小撮人，他的生命陷入危險」。[60]

皇帝召開了危機會議，參與者是他忠誠的血親和姻親——「也就是真正效忠他的人」，安娜・科穆寧寫道。為了掌控局勢，阿列克修斯做了一個勇敢的決定：他宣布將於次日召開大會，對隨他親征的所有人發表談話。次日清晨破曉時，阿列克修斯在一列隊伍陪同下來到皇家帳篷，在聚集的軍隊前坐定位置。他面對眼前眾人，金色寶座襯托得他輝煌耀眼，他的雙頰因為預期接下來的事而火紅。緊張的氣氛幾乎讓人透不過氣。[61]

忠於阿列克修斯的士兵站到寶座旁，帶著長矛與刀劍，瓦蘭吉衛隊的衛士則在皇帝後方形成一個半圓，肩上背著他們沉重的鐵斧。阿列克修斯穿的不是皇袍，而是士兵的簡樸衣服，這是富有象徵意義和決心的表態。如果他即將被眾人砍死，他將以軍人的身分倒下。皇帝的統治和拜占庭帝國的命運，似乎都懸於這一刻。

「你們都知道狄奧吉尼斯從未受到我惡劣對待，」阿列克修斯開始說話，「從他父親手中奪走這個帝國的不是我，是另一個人。就他而言，我也從未導致任何不幸或痛苦。」雖然他向來對尼基弗魯斯照顧有加，後者卻一直表現無禮，最重要的是自私，皇帝說。狄奧吉尼斯以背叛回報阿列克修斯的善意。他試圖削弱皇帝地位，甚至被逮到陰謀奪權，卻一再受到原諒，「但是我的善意之舉都未能改變他的背信忘義。誠然，他表達感謝的方式，是宣判我的死刑。」[62]

他的演說立刻衝擊了聽眾，士兵們開始大喊他們不願意由任何人取代阿列克修斯，讓皇帝鬆了一口氣。這樣的反應不僅是因為他精心挑選的言詞，也源自逐漸升起的恐慌感，因為群眾害怕皇帝的衛士即將大舉屠殺聚集在此的人。阿列克修斯談及寬恕，並說他願意赦免在場所有人，因為主謀者的身分都已確認，將各自受到懲罰，此時現場爆發出一陣喧譁：「一片巨大的叫囂聲響起，那是在場者以前從沒聽過、以後也不會再聽到的聲音，至少依在場者的說法是如此；有些人讚美皇帝，為他的仁慈和容忍而驚嘆，其他人則謾罵〔陰謀的領導者〕，堅稱他們應該被處以死罪。」[63]

儘管罪行嚴重，主謀者仍免於死刑，但是失去皇帝恩寵並遭到放逐；尼基弗魯斯．狄奧吉尼斯和同為主謀的卡塔卡隆．克考梅諾斯（Katakalon Kekaumenos）被處以矐刑，雙目失明。[64]但阿列克修斯對於醞釀反對他的勢力這麼強烈，真心感到震驚，而根據安娜．科穆寧所述，這場陰謀對他的精神與身體健康產生很大衝擊。[65]安娜描述，他在後來統治期間為焦慮所苦，有時會因此而呼吸困難。[66]

一〇九〇年代初期在小亞細亞的挫敗是謀反者企圖罷黜阿列克修斯的核心原因，但在首都引燃怒火的是皇帝親率大軍巡視西北邊疆的決定，因為不滿的貴族認為他們在帝國腹地的利益被刻意忽略。阿列克修斯於一〇八一年登基後獲得成功的重要因素是他將權力集中，同時建立了所有人事任命、軍事遠征和政策都以他為中心的政治體系。而這又是建立在貴族階層權威和勢力的減退上，這一點透過皇帝擔任的中心角色間接達成，直接手段則是薪餉的減少和免除。重稅、緊迫盯人的追討稅收，以及出於政治動機的財產充公，也都減少了拜占庭統治階級的財富。

以這種方式對待帝國貴族，讓阿列克修斯的統治來到災難邊緣。在狄奧吉尼斯的陰謀於一〇九四年敗露後，皇帝返回君士坦丁堡的第一個行動就是肅清統治階級。在他統治第一階段擔任要職者被整批晉用的新世代所取代。新的官員不是根據家族財富、人脈或政治重要性而選出，而是一個更簡單明白的標準：對阿列克修斯完全忠誠。最主要的受益者包括來自西方行省的人物；在帝國本身重大的重新調整中，這標示了權力分布明確的大轉彎，從安納托利亞拜占庭貴族的舊王朝，轉而由來自色雷斯的新興家族所掌握。

其他人也躍居顯貴。曼努埃爾．布圖米特斯（Manuel Boutoumites）在狄奧吉尼斯叛變後首度出現在文獻紀錄中，從沒沒無聞到負責拜占庭最敏感的事務，後來在十字軍首役中亦扮演重大角色。性格強硬、讓某位聖者認為連祈禱都救不了他的尤馬提歐斯．菲羅卡列斯（Eumathios Philokales），則從伯羅奔尼撒（Peloponnese）的窮鄉僻壤獲得擢升，在阿列克修斯恢復了對賽普勒斯的管轄權之後出任該島總督。[67] 其他人如尼科塔斯．卡里克斯（Niketas Karykes）和尤斯塔西奧斯．基米內阿諾斯（Eustathios Kymineianos）也在那場失敗的政變後晉升要津。[68] 另外還有皇帝欽點的尼基弗魯斯．布萊尼奧斯，取代康斯坦丁．杜卡斯成為安娜．科穆寧的未婚夫。[69]

在一〇九四年大刀闊斧的變革中，外國人也晉升至前所未有的高位。十年前開始服務皇帝的彼得．阿里法斯愈來愈受倚重。[70] 帝國海軍交由蘭都弗（Landulph）指揮，他的名字顯示他可能出身倫巴第（Lombard），因而也是第一個指揮帝國艦隊的非拜占庭人。[71] 另一方面，一向備受信賴的塔提基歐斯則被拔擢至軍隊的最高階層；十字軍運動期間最敏感而重要的任務之一將交付給他。[72]

僅有少數高官在人事大洗牌中保住位置。喬治・帕萊歐洛戈斯與約翰・杜卡斯仍扮演一定角色，前者在與十字軍的談判中大力維護皇帝的利益，後者則帶領收復西小亞細亞的工作，[73]與康斯坦丁・達拉瑟諾斯共同領軍。[74]但是清理舊勢力有其風險。一舉掃除所有曾支持狄奧吉尼斯或顯示其他不滿跡象的人，可能帶來真實的危險。因此，至少在某些情況中，職務的解除似乎是分階段進行。比如，尼基弗魯斯・梅利賽諾斯在東窗事發後的幾個月依然活躍，在一〇九五年春天參與對抗草原游牧民族庫曼人的軍事活動，同時受到新升任的高階將領嚴密監視，之後便默默從檯面上消失。[75]

儘管多方努力，阿列克修斯對權力的掌握依然岌岌可危。這一點在一〇九五年初更為明顯，因為消息傳來，凶猛的庫曼頭目托戈爾塔克（Togortak）已越過多瑙河，直攻帝國領土。與庫曼人同行的一名男子自稱是羅曼努斯四世的兒子里歐・狄奧吉尼斯（Leo Diogenes），他想要利用君士坦丁堡瀰漫的不滿，以及他「弟弟」尼基弗魯斯・狄奧吉尼斯獲得的進展謀求自身利益。他帶領庫曼人來到色雷斯的阿德里安堡（Adrianople），對這座重要城鎮展開漫長圍城，而庫曼人則肆虐巴爾幹半島其他地方。[76]雖然庫曼人最終退回至多瑙河，拜占庭的危機仍未平息。

不過，最迫切的問題仍是要收復小亞細亞，尤其是尼西亞。阿列克修斯先前試圖透過詭計、收買或突破其防禦拿下尼西亞的努力，全告付諸流水。[77]只剩下一個解決方案：長期圍城。然而這需要可觀的人力，而且成員最好具備攻擊大型要塞的經驗。阿列克修斯需要的人力與技術，有一個顯而易見的來源。

# 第六章
Chapter 6

# 來自東方的召喚
The Call from the East

十字軍運動前的數十年間，基督徒之間強烈的團結感興起，視東方與西方因為共同的基督信仰歷史和命運而連為一體。這主要源自人與觀念在歐洲各地日益頻繁的移動，但也是由拜占庭的宣傳攻勢刻意營造所致。

當然，東西方之間向來有互動，但是由於拜占庭帝國亟欲吸引西方騎士來到君士坦丁堡，這樣的交流在十一世紀日益體制化。倫敦甚至有間人才招募局，負責激起追逐名聲與財富者的胃口，並由拜占庭官員對想要前往東方的人保證，他們在君士坦丁堡會受到妥善照顧。[1]帝國首都隨時有不同語言的通譯，負責歡迎前來服務皇帝的人。[2]

在西方，有時候似乎很難阻止一心想冒險的年輕男性離家。十一世紀晚期，諾曼第具影響力的貝赫（Bec）修道院院長暨後來的坎特伯里大主教安瑟姆（Anselm），寫信給名為威廉的一名諾曼騎士，從這封信的內容可知，君士坦丁堡提供誘人的獎賞是眾所皆知的事。安瑟姆勸告他，別被豐厚報償的承諾迷惑了，你應依隨上帝對你真正的命運和計畫，成為一名修士。也許威廉聽從了他的忠告；但很可能他沒有：因為同一封信透露，他的哥哥已經前往君士坦丁堡了，而威廉將跟隨他的腳步。[3]

川流而至的騎士在君士坦丁堡受到普遍歡迎，即使在阿列克修斯登基之前就已如此。拜占庭帝國軍隊主要仍以步兵為主，但西方戰事已演化為著重於騎兵。西方盔甲的技術進展，讓戰馬上的騎士在戰場上所向披靡。這個優勢又為新發展的戰術所強化：不論是進攻或防守，西方騎兵形成固定戰線時最為有效。[4]他們的紀律，使他們成為行動敏捷的敵人如佩切涅格人與突厥人可畏的對手，這兩個民族在戰鬥時都以分裂敵軍、再將與主力分離的士兵逐一消滅為目標。

不過，君士坦丁堡不是所有人都歡迎這些從西方而來、企圖心十足的外來者。厄維・法蘭戈波洛斯（Hervé Frangopoulos，「法蘭克人之子」）在一〇五〇年代於小亞細亞阻擋突厥人襲擊有功，獲得皇帝慷慨的以采邑和冊封高銜獎賞，這為他招來了強烈的憤恨不滿，導致他最後脖子上被綁了一塊石頭，沉到地中海底。[5]另一名西方人羅伯特・克里斯平（Robert Crispin）的成就也引發了拜占庭貴族的嫉妒；他不是死於和突厥人作戰的戰場上，而是在君士坦丁堡被眼紅的對手下毒而死。至少，當時在歐洲流傳的謠言是這樣說的。[6]

小亞細亞的情勢在十一世紀尾聲日趨惡化之際，阿列克修斯開始更熱切的從帝國之外尋找援助。一〇九〇年代，歐洲各地的當代人都開始注意到君士坦丁堡發出愈來愈焦急的求援之聲。奧拉的艾克哈德記錄，阿列克修斯面對在「卡帕多恰和羅馬尼亞與敘利亞各地」的嚴重問題，為了尋求援助而派出使節並發出「連我們都看過的」信件。[7]根據另一名消息靈通的記述者所寫：「君士坦丁堡名為阿列克修斯的皇帝，為異教徒的持續侵擾和王國的大幅衰退而惴惴不安，派遣使節帶著信函前往法蘭西，以煽動王公的情感，前來救援……陷入危險的希臘。」[8]

弗蘭德伯爵羅伯也收到這類信件。每一天不中斷的都有來自皇帝的消息，無數基督徒遭到屠殺；男孩與老人，貴族與農民，神職人員與修士都在突厥人手中慘遭雞姦之罪；其他人被迫行割禮，貴族仕女和她們的女兒則被肆無忌憚的強暴。希臘基督徒最神聖的帝國，阿列克修斯說，正從各方被異教徒壓迫。[9]

突厥人暴行和基督徒苦難的這些消息令人震驚，在西方引發眾怒。一〇九〇年代初尼科米底亞遭到攻擊時，阿列克修斯的呼籲變得更為緊急。皇帝「派遣帶著信函的使節前往各處，他們哀嘆哭泣，帶著淚水乞求所有基督徒的援助」，呼籲他們伸出援手對抗褻瀆洗禮池、夷平教堂的蠻族。如前文所述，弗蘭德的羅伯因此召集了一支西方部隊，使拜占庭終於得以收復尼科米底亞以及周圍土地，遠達伸入尼科米底亞灣的「聖喬治之臂」。[10]

帝國分崩離析的消息在「聖者」（holy men）組成的使節團傳播下傳遍歐洲。[11] 根據一名編年史家所寫，西方普遍知道東方的基督徒，「也就是希臘人與亞美尼亞人」，正面臨「突厥人在卡帕多恰、羅馬尼亞〔君士坦丁堡〕和敘利亞廣泛而恐怖的迫害」。[12] 其他來源的細節較多，根據一名當代人描寫，突厥人「入侵巴勒斯坦、耶路撒冷和聖墓，並奪得了亞美尼亞、敘利亞，和希臘幾乎延伸到海的一片土地，稱為聖喬治之臂」。[13] 西方也知道仕紳階級因為失去其土地而蒙受極大損失。[14]

關於拜占庭苦難的消息不僅極為即時準確，而且傳播廣泛，因此，當烏爾班二世在一〇九五年冬天站在克萊蒙聚集的人群之前時，幾乎不需要介紹這個主題。「你們必須盡快為居住在東方的弟兄提供援助，」這場演說的某一版本這樣寫道，「他們已多次籲請你們伸出援手。因為，如你們許多人所知，波斯民族突厥人攻擊他們，並已深入羅馬領土，抵達地中海岸稱為聖喬治之臂的地區。他們搶奪了愈來愈多基督徒的土地，在七場戰役中都打敗他們，屠殺並俘虜了許多人，摧毀教堂，在上帝的王國帶來浩劫。」[15] 東方情勢趨於惡劣之所以會廣為人知，很大一部分要歸功於阿列克修斯在一〇九〇年代發出的信件，以及他為帝國尋求支持的努力。

消息不只透過官方溝通管道抵達西方。有些小亞細亞的消息是由十一世紀末從君士坦丁堡或耶路撒冷返鄉的旅人與朝聖者所帶回。不少人親眼見證拜占庭的處境，比如一〇八九年從聖地返鄉的弗蘭德伯爵羅伯。阿普里亞的威廉在十一世紀末的南義大利寫作，他也聽說了教堂受到攻擊與基督徒遭到迫害，但他認為這場危機的始作俑者是拜占庭皇帝，他為了利用突厥人鞏固自己的地位，跟他們走得太近了。[16] 有鑑於阿列克修斯和蘇萊曼、尤其是馬立克沙的聯盟，這樣的觀點有其根據。不過，認為艱困的處境可歸咎於皇帝的看法也顯示，從東方流出的消息無法全由帝國朝廷所控制。

然而，儘管造訪君士坦丁堡和聖地的旅人帶著他們自己的見聞返鄉，他們帶回的消息之一致，顯示整體而言帝國中央對訊息的管控仍非常有效。這些消息的內容、語氣和要旨幾乎一模一樣：東方的教堂被大肆破壞；基督徒，尤其是神職人員，受到殘忍迫害；小亞細亞分崩離析，突厥人入侵已遠達聖喬治之臂的地方；拜占庭亟需軍事援助。這個敘事如此普遍一致，是因為訊息多數來自皇帝本人。

許多消息中有一共通元素是耶路撒冷惡化中的情勢。巴勒斯坦和聖城的處境似乎在十一世紀末期日益危急。突厥人一開始對這個地區的非穆斯林人口展現相當的包容性，但是他們在一〇七〇年代從開羅的法蒂瑪人（Fatimids）手中奪下耶路撒冷之後，激化了遜尼派的突厥人與什葉派的法蒂瑪人之間的緊張對立。一〇八九年，法蒂瑪人對沿岸地區的大規模遠征頗有斬獲，而一名重要的突厥指揮官在一〇九一年的戰役中陣亡，又進一步煽起了焦慮。這些都以當地人口為洩憤對象。[17] 許多消息都強調安條克的希臘和亞美尼亞基督徒被迫改宗，而居住在耶路撒冷的基督徒遭受迫害之外，還面臨稅賦與其他義務激增。[18] 猶太人亦成為目標。這段時期對猶太人的騷擾迫害所在多有，耶路撒冷一間大型猶太會堂在一〇七七年被放火燒毀只是其中一例。[19]

雖然近期研究對一○七○和一○八○年代非穆斯林的處境究竟有多艱困提出質疑，但是阿拉伯文史料也記錄了十字軍運動前夕在耶路撒冷、安條克與聖城的緊張情勢。[20] 十二世紀來自阿勒坡的一名阿拉伯評論者指出：「敘利亞海港的居民不讓法蘭克人和拜占庭的朝聖者渡海前往耶路撒冷。倖存者將消息傳回他們的國家。因此他們做好軍事入侵的準備。」[21] 另一名作者臆測，安條克新任總督亞吉・西揚（Yaghi-Siyan）對基督徒明目張膽的惡劣對待，必定會引發反應。[22]

西方朝聖者要造訪聖城因而變得更為困難。第十和十一世紀期間，物質財富增加、拓展知識的欲望和旅行更為開放，拉近了中世紀早期世界的整體距離，而這使得前往耶路撒冷朝聖的人數大幅增加。[23] 如今，朝聖的交通因為小亞細亞和黎凡特地區暴力情勢升高而大幅減緩。有關聖地的駭人故事廣為流傳，據聞朝聖者遭到虐待與暴力相待，並且被迫支付贖金給手段高壓的突厥人。[24] 號召力十足的傳教者隱士彼得面對廣大且驚駭的聽眾，述說了他自稱在前往耶路撒冷的艱苦旅程中所經歷的惡劣對待。[25] 不過，並非所有人都因此裹足不前，一○九五年春天，法瓦的羅傑（Roger of Foix）依然前往聖城，並在一年後返鄉，重新取回他在法國南部的土地。[26] 來自諾曼第的另一位騎士在不久後也完成朝聖，並以捐款給瑞米耶日

（Jumièges）修道院慶祝安全返鄉。[27] 但他們是少數；如一名編年史家指出，在一〇九〇年代的情勢下，多數人根本不敢踏上這趟旅程。[28]

阿列克修斯充分利用了西歐人對耶路撒冷日益加深的憂慮。十一世紀末有許多西方人住在君士坦丁堡，包括好幾位在帝國擔任要職者，因此皇帝深知聖城的意義和情感上的吸引力。因此，當諾曼人對拜占庭帝國的第一次攻擊終於由阿列克修斯平定後，他在一〇八三年召喚耶路撒冷牧首尤錫米歐斯（Euthymios）前來見證他與「恐怖的法蘭克人」博希蒙德的和平協議，透過牧首在場顯示基督教世界的重要人物也關心帝國遭到入侵之事。[29]

另一個例子來自當時一份斯拉夫文獻的後人添加內容。一〇九一年初，由阿列克修斯與教宗烏爾班二世共同派遣的使節來到克羅埃西亞國王茲沃尼米爾的宮廷；此前一年半，拉丁與希臘教會在君士坦丁堡建立了初萌芽的聯盟。使節在茲沃尼米爾的宮廷上描述了耶路撒冷與各個聖地如何落入異教徒手中，而這些神聖之地正遭受破壞與褻瀆。「請求您，我們的弟兄茲沃尼米爾，最虔誠的基督徒國王，」他們懇求，「出於對基督和聖教會的愛幫助我們。」[30]

阿列克修斯一〇九〇年代初那封寫給弗蘭德伯爵、備受爭議的信，似乎也刻意提到耶路撒冷以引發西方的反應。皇帝警告，如果基督徒的王國落入突厥人手中，天主的聖墓將永遠失落。[31]將拜占庭首都與聖城的命運結合在一起，在十二世紀初期歐洲的編年史中有所記載。「耶路撒冷和君士坦丁堡傳來令人不安的消息，」修士羅伯特（Robert the Monk）寫道，「被上帝拒斥的異族波斯人……入侵了基督徒的土地，透過屠殺、劫掠和縱火消滅他們，並擄走了一些基督徒，將他們帶回自己的國度。」[32]這個訊息可以回溯到君士坦丁堡的皇帝身上。

阿列克修斯高舉捍衛耶路撒冷是個精明之舉，必然會在日益擁抱虔誠與服事的理念之歐洲基督教騎士間引起迴響。教會開始禁止在安息日、盛宴與聖日時打鬥，有助於為西方騎士注入基督教精神，超越了只有戰鬥與軍事征服的追求。[33]雖然辭令與實踐之間有顯著落差，比如夏特的伊沃（Ivo of Chartres）要求任何在星期三日落與星期一日出之間參與暴力的人都該被逐出教會，無疑是野心過大了，但是教會介入世俗生活的企圖昭然若揭，顯然也對社會造成影響。[34]

在這個脈絡下，東方陷入困難的消息格外引發迴響。十一世紀末的歐洲人對耶路撒冷的關注已達幾乎執迷的程度，基督徒與聖地受到威脅的消息，因而和對於末日將臨日益升高的恐懼剛好互為印證。洪水、饑荒、流星雨和日食似乎都指向世界末日近了的結論。[35]教宗對捍衛教會的呼籲因而讓西方騎士有了新的存在意義。願意馳援東方信徒的人將獲得精神獎賞的承諾是個充滿吸引力的戰呼。阿列克修斯求助的呼告在歐洲點燃了一片導火紙。

阿列克修斯將君士坦丁堡與耶路撒冷相連，又表現出願意同時捍衛聖城與自己帝國利益的姿態，讓當時的南義大利人深受觸動。傳為魯珀斯・普羅托斯帕薩里歐斯（Lupus Protospatharius）所作的編年史中記述，西歐騎士在一〇九〇年代中期紛紛啟程的原因是「有了阿列克修斯皇帝協助與異教徒對抗，他們有可能抵達耶路撒冷的聖墓」。[36] 蒙斯的吉爾伯特（Gilbert of Mons）同樣指出了君士坦丁堡派出的使節為聖城困境所吸引的關注。[37] 一名較晚期的作者則毫不懷疑阿列克修斯利用了耶路撒冷的困境圖謀己利。「他明白自己必須籲請義大利人成為他的盟友，而且必須以相當的機巧算計達到」，提奧多羅・斯庫塔里歐特斯（Theodore Skutariotes）在十三世紀寫道。皇帝察覺他可以利用在西歐深入人心的耶路撒冷：「這就是為什麼他們這許多人，數以千計萬計地橫渡愛奧尼亞海，迅速抵達了君士坦丁堡。」[38]

簡而言之，阿列克修斯知道如何牽動西歐基督徒的心弦。他也利用了對聖髑快速增長中的執迷，在這種執迷下，任何與基督生平有關的物品，不論多平庸或讓人難以置信——包括他的乳齒和襁褓中咬過的麵包——都有精神意義。[39] 皇帝在十字軍首役前的那幾年，積極刺激對這類物品的需求。有一部關於土勒的皮博主教（Bishop Pibo of Toul）生平的著述原本平淡無奇，但是文中透露他在一〇八六年朝聖返鄉時，帶了聖十字架的一部分回到德意志。主教不是偶然找到這個遺物的：是皇帝親自交給他的。難怪皮博會說阿列克修斯是「希臘人最光輝的皇帝，他們深深敬愛他」。[40]

阿列克修斯聖髑外交的受益者還包括德王亨利四世，為了在對抗諾曼人方面獲得他的支持，阿列克修斯在一〇八〇年代初送了宗教珍寶給他，包括「鑲嵌珍珠的黃金胸前十字架和鑲金的聖髑箱，內有不同聖人的遺骨，每個都由一個小標籤標明」。[41] 根據兩名德國作者指出，其他物品還包括瓶子與罐子，可能來自阿列克修斯不久前才從拜占庭教堂徵用的收藏。[42]

可敬者彼得（Peter the Venerable）曾寫過，皇帝讓阿爾卑斯山以北許多禮拜堂和教堂的收藏變得豐富，他指的只有可能是阿列克修斯分送至遙遠地區的聖髑與聖物。彼得是地位崇高的克呂尼修道院的院長，雖然他沒有說明自己從阿列克修斯收到哪些禮物，或者何時收到，但他的大力讚許顯示阿列克修斯送的應該都是意義重大的物品：誠然，他的「名聲與行為都偉大」。[43]

不意外的，阿列克修斯寫給弗蘭德公爵羅伯的信中提到了君士坦丁堡收藏的聖髑，包括與基督生平相關最神聖而意義重大的物品，例如耶穌遭鞭打前被綁縛其上的柱子，還有鞭子本身；耶穌被羅馬士兵穿上的紫袍；荊棘冠；被釘十字架時穿的衣服、聖十字架的絕大部分，以及將他釘在上面的釘子；來自他墓中的麻布；裝著餵飽五千人的五餅二魚剩魚碎餅的十二個籃子；以及數不清的門徒、殉道者與先知的遺物和遺骨。[44]諾壤的吉貝爾（Guibert of Nogent）讀過那封信並摘述其內容，他指出，施洗者約翰猶帶頭髮與鬍鬚的頭顱位於君士坦丁堡的說法讓他意外，因為在他印象中約翰的頭顱保存在安傑（Angers）的教堂寶庫中。「我們可以確定，」他挖苦地寫道，「從未存在兩個施洗者約翰，一個人也不會有兩顆頭，因為那也太不虔敬了。」[45]他矢言將進一步調查。

阿列克修斯在一〇九〇年代中期加緊呼籲各方援助的同時，對於使用聖十字架的不同部分也格外有創意。自從在第四世紀君士坦丁大帝統治期間被帶來首都後，聖十字架便是與君士坦丁堡關聯最緊密的聖髑。一〇九五至九六年間，教宗烏爾班二世為法國中部的一連串聖壇與教堂祝聖，這顯示阿列克修斯可能給了教宗一些聖十字架的碎片，作為推動支持軍事遠征的有力工具。[46]

有影響力的西方人士造訪君士坦丁堡時，也會被帶去看經過審慎挑選的首都收藏聖物。來自英格蘭肯特（Kent）的一名修士於一〇九〇年代初造訪時，幸運地遇見擔任阿列克修斯衛士的家鄉朋友，獲准進入皇帝的私人禮拜堂。這裡通常門禁森嚴，這名修士得以進入，還獲得聖安德魯的遺物，後來帶回洛契斯特（Rochester）大教堂，顯示皇帝為了贏得西方人的善意，可能對外交管道保持監控。[47]

阿列克修斯很精明，善於解讀西方人在乎什麼，這也擴及他與歐洲主要人物通訊時使用的語言。比如他在一〇八〇年代初與亨利四世的往來，都以基督徒團結和宗教義務的用語包裝。亨利與阿列克修斯必須聯手對抗諾曼人領袖羅勃．吉斯卡，皇帝寫道：「才能懲罰這名上帝和基督徒共同敵人的惡行——這名殺人者與罪犯……你和我可因同為基督徒而為友，成為更緊密的親族；我們從彼此獲得力量，讓我們的敵人望而生畏，在上帝的幫助下攻無不克。」[48]

他與義大利卡西諾山（Montecassino）重要的本篤會隱修院的通信，同樣用字審慎。阿列克修斯感謝院長在來信中傳達的溫暖祝福，以及獲得全能上帝恩寵的祈願，並寫道：「透過祂的憐憫與恩典，祂榮耀並高舉我的帝國。然而，不只因為我沒有絲毫良善之處，更因為我的罪超過所有人，我每日都祈禱收到祂的憐憫和耐心，以支持軟弱的我。但你，你這充滿良善與美德之人，卻認定我這個罪人為一個好人。」[49]阿列克修斯亟欲展現自己的謙卑，並強調個人的虔誠與奉獻：這是經過算計的，目的是讓以嚴格的順服與自制為基礎的隱修會領袖對他產生好印象。

由此判斷，阿列克修斯顯然知道如何打動西方人。在這方面，他無疑汲取了與其他人互動的經驗，例如在一〇八〇年代加入帝國軍隊的諾曼人彼得．阿里法斯，以及來自瑪爾穆提耶（Marmoutier）的修士古伊伯特（Goibert），他在十字軍首役前不久成為皇帝與其親信圈子的心腹。皇帝刻意利用耶路撒冷的魅力為拜占庭募集軍事援助，並將帝國的困境與其政治利益塑造成與基督徒的義務相關。

對外求援時，阿列克修斯也受到之前求助成功的經驗所激勵。比如，在尼科米底亞於一〇九〇年代初遭阿布・卡西姆攻陷後，他寄出的信迅速收到成效，西方騎士加入他的行列，在上帝援助下一起擊退了突厥人。[50]但是隨著拜占庭帝國的情勢惡化，皇帝需要更強大的援助。因此，阿列克修斯的求助對象經過精心挑選，都是過去曾熱切回應的人。最有希望伸出援手的是弗蘭德的羅伯。阿列克修斯曾在一〇八九年底與伯爵會面，有私人交情，並在結識他之後不久就受惠於他派去君士坦丁堡的五百騎士。因此，即使在伯爵於一〇九三年身故後，皇帝在一〇九〇年代仍持續對弗蘭德進行大量遊說也就無甚出奇。烏爾班二世在一〇九五年寫信給這個地區的「所有信徒」時即指出，對於東方的紛擾他們無須太多介紹：「我們相信，各位弟兄早已從許多來源得知，有一股野蠻凶猛的勢力在攻擊東方，帶來浩劫，摧毀了上帝的教堂和那片地區。」[51]教宗說得沒錯——對於東方情勢知之甚詳的弗蘭德人包括羅伯的繼承人，弗蘭德的羅伯二世，以及他的妻子克萊門霞（Clementia），她在一〇九七年發布的文告中哀傷地提及，波斯人占領了耶路撒冷的教堂，並且摧毀了各地的基督宗教。[52]

皇帝想要利用他與羅伯一世伯爵的關係招攬其他貴族。[53]他刻意擴大求援對象，寫給弗蘭德的信件不僅以伯爵為收信者，而是「致這片領土所有的王公貴族與所有熱愛基督信仰的人，不論是平信徒或神職人員」。[54]諾壤的吉貝爾精闢的指出，皇帝「不是因為羅伯極為富有而且能召集龐大軍隊而向他求援……而是因為他發現，如果這麼有權力的一個男子踏上了這趟旅程，他會吸引我們的許多人民，即使只是為了獲得新的體驗，他們也會支持他」。[55]

但是阿列克修斯投以最多關注的人是烏爾班二世。皇帝與他也有私人交情，而教宗先前對他的援助想必也給了他信心。大約在一〇九〇年末，阿列克修斯曾派遣使節團請求烏爾班協助對抗佩切涅格人與突厥人：「教宗閣下當時在坎佩尼亞，所有天主教徒——意思是包括君士坦丁堡的皇帝——稱呼他時都會表示應有的崇敬」，當時一名歷史學家寫道。[56]儘管烏爾班當時的處境也非常弱勢——所以他才會身在坎佩尼亞而不是羅馬——他依然同意派遣一支部隊到東方。[57]阿列克修斯知道他寫給教宗的訊息會更為廣泛的傳播，因此向烏爾班保證，他會盡個人全部所能，為前來支援者提供他們需要的任何協助，不論是走陸路還是海路。[58]教宗自己都處境艱危，因此當時無法對阿列克修斯幫上更多忙，但是隨著義大利和德意志的局勢在一〇九〇年代中期開始轉變，烏爾班也將利用西方的發展與東方受到的威脅——阿列克修斯經常為他提供消息——打造出他在辭令與政治上的一次力作。[59]

還有一次更重要的先例。事實上，在他對烏爾班的籲求中，阿列克修斯刻意模仿一位前任皇帝，這位皇帝曾經嘗試與更早的一位教宗達成幾乎一模一樣的協議。一〇七三年夏天，在拜占庭帝國於南義大利全面潰敗，而突厥人又日益危及小亞細亞時，皇帝米海爾七世派了一支小使節團帶著書面提議前往羅馬，希望與教宗額我略七世結盟。對於諾曼人崛起同感憂心的教宗熱切回應，感謝皇帝來信，「裡面充滿你宜人的愛和你對羅馬教會的忠誠」。[60] 教宗看出這是與東正教教會修補裂痕的機會，同時能鞏固自己在義大利的地位，積極展開行動。

招募軍隊以保衛君士坦丁堡的想法很吸引額我略：他可以將自己塑造為所有基督徒的捍衛者，藉此激起的支持也可用來對付羅勃・吉斯卡和諾曼人。接下來幾個月，教宗發函給歐洲各地的領袖，詳述他的信息。比如在一〇七四年二月他寫信給勃艮第伯爵威廉（Count William of Burgundy），請他派遣士兵前往君士坦丁堡「援助基督徒，他們深為撒拉森人❶的頻繁肆虐所苦，熱切地懇求我們伸出援手」——不過，這些援兵首先要捍衛受到諾曼人攻擊的教宗領地。[61]

次月，教宗寄了一封信給「所有願意捍衛基督信仰的人」，信中包含一個嚴重警告。「一個異教種族輾壓了基督教帝國，」額我略寫道，「以可鄙的殘忍摧毀了幾乎直達君士坦丁堡城下的所有地方，並以暴虐的武力搶奪了一切；這個種族像屠宰牲口一樣殺了數千基督徒。」光是為那些受苦的人哀悼還不夠，教宗宣告：「我們懇求你們，並以宗徒之長蒙福的彼得之權威敦促你們，為你們的弟兄帶來援兵。」[62]

這一年，額我略持續為派出遠征軍增援拜占庭對抗突厥人尋求支持。他在一〇七四年寄出的信中指出，「我試圖挑動各地基督徒的情緒，煽動他們支持這個使命：他們應該追求……為他們的弟兄奉獻生命」，捍衛「每一天都如牲口般被屠殺」的基督徒。[63] 造成這些苦難的正是惡魔本人，他說：意欲「保衛基督信仰並服事天主者」應該現在就展現自己是上帝之子，並準備好橫越大陸前往君士坦丁堡。[64]

天不從人願，額我略的計畫最後落空了——不過並非因為沒有人感興趣；教宗強烈的信息挑動了西方某些領袖人物的神經。比如亞奎丹公爵暨波瓦圖伯爵威廉（William, Duke of Aquitaine and Count of Poitou）即表示，他願意為服事聖彼得對抗基督之敵而踏上征途。[65] 其他人如托斯卡尼女伯爵碧雅翠絲（Countess of Tuscany, Beatrice）和布容的高佛瑞（Godfrey of

❶ 譯注：撒拉森人（Saracens）在中世紀時指敘利亞和阿拉伯半島之間的沙漠游牧民族，亦泛指阿拉伯穆斯林。

Bouillon）也都願意響應。[66]問題是拜占庭人在與額我略商談的同時，也探詢了羅勃．吉斯卡的意願，並且在一〇七四年中與這名諾曼人領袖達成協議。[67]這不僅使教宗在義大利勢單力孤，也影響了東方與西方教會整合的可能性，而他一直是以此為基礎呼籲歐洲騎士採取行動。處境難堪的額我略只好一改前言。波瓦圖的威廉無須再擔心出征之事了，教宗寫道：「因為謠傳在海外之地，在上帝庇佑下，基督徒已將凶蠻的異教徒遠遠驅逐，而我們仍在等待神的旨意導引，告訴我們還應做什麼。」[68]事實上，一〇七四年拜占庭並沒有在小亞細亞獲得重大軍事勝利，教宗對於情勢已大幅好轉的說法沒有任何根據。額我略只是嘗試盡可能溫和而有技巧地給自己下臺階。

到了阿列克修斯在一〇九五年派出使節求見教宗，啟動與前任皇帝相同的管道時，有兩件重要的事情改變了。首先，君士坦丁堡本身的情況已經惡化到無以復加。拜占庭對額我略七世的求助是試探性質，也有一部分是為了嘗試在義大利政治版圖中重獲立足點，但阿列克修斯對教宗烏爾班二世的呼求則純粹出於絕望。使節團在一〇九五年三月找到在皮亞辰札主持宗教會議的烏爾班，傳達了黯淡的訊息：「君士坦丁堡皇帝的使節來到宗教會議，懇求教皇與所有基督徒馳援，對抗已征服了直到君士坦丁堡城下土地的異教徒，捍衛在該地區幾乎被消滅的聖教。」[69]與二十年前不同，這一次，對於突厥人在小亞細亞步步進逼與拜占庭帝國軟弱回應的描述，是有實質基礎的。事實上，情況比阿列克修斯的使節所承認的還要危急；他們似乎沒有提到皇帝因為狄奧吉尼斯一〇九四年的謀反而處境危殆。如今，拜占庭真的在災難邊緣搖搖欲墜。

第二個不同是，額我略七世將自己塑造為所有基督徒的捍衛者有很多好處，但是對於一〇九〇年代中期的烏爾班二世，這件事的關係重大多了。面對強大的敵人與對立教宗，烏爾班比他的前任更有強烈動機去促進東西教會的統一，並將自己定位成終結紛爭的人。而且時機再好不過。正當拜占庭帝國分崩離析而阿列克修斯對外求助時，義大利的政治局勢在亨利四世的妻子與兒子投奔教宗後大幅扭轉。這使得烏爾班活躍起來，在此過程中也拋出一條無比重要的救命索給皇帝。

教宗立刻看出機會。他本來就有意出訪法國，以利用他突然間大幅改善的處境。在皮亞辰札，他迅速而果決的回應了皇帝使節的請求：「教宗閣下號召廣大信徒投入這項服事，發誓承諾奉上帝旨意前往〔耶路撒冷〕，盡他們最大力量忠誠地協助皇帝對抗異教徒。」[70]與其發信談論遠征的理念，但不提供細節、結構或目標，烏爾班決定親自規劃並籌組遠征軍，為東地中海地區帶來徹底改變。他一心一意的投入這個使命。如一名編年史家所寫：「當他聽說羅馬尼亞的內陸遭突厥人占領，而基督徒被凶猛而深具破壞力的入侵者所壓制，在充滿憐憫的虔誠心和上帝之愛的敦促下，他深受撼動，於是越過山脈，進入高盧，在奧文尼（Auvergne）的克萊蒙召集了宗教會議。」[71]

這將是教宗宣布他遠大計畫的一刻。如今，一切都懸於教宗的耐力，以及他與法國各地領袖和社群交涉的能力，以動員軍隊，馳援拜占庭。

# 第七章
Chapter 7

# 西方的回應
The Response of the West

十字軍運動仰賴的是熱情、宗教狂熱與冒險欲。許多參與者確實是醉心於烏爾班力陳的基督徒義務與救贖的承諾，而十字軍運動開始之迅速與熱切，也很容易解讀為一場浩大起義的自發性湧現。然而，十字軍運動也是經過精心設計的：用來激發西方反應的辭令經過仔細權衡，以吸引具備軍事實力或社會影響力的理想戰士，而為了調節前往聖地的戰士人流並提供補給，事前也盡可能妥善安排。因此，要了解基督教士兵大舉出征的壯舉，也須知道背後不無風險的算計。烏爾班的用字遣詞經過精心挑選以打動他的西方聽眾，但是他的訴求，則由人在君士坦丁堡的阿列克修斯所設定的目標而形塑。烏爾班的任務相當困難：激起大眾的熱情以召集一支有效率而受控的軍隊，還要能滿足拜占庭帝國明確的軍事目標。西方的動員，牽涉到極為精細的政治運作與後勤作業，需要權衡各方錯綜複雜的因素，導致最後根本無法控制。

烏爾班在一〇九五年七月抵達南法，接下來數月都在為遠征奠定基礎。他前往法國各地與有影響力的人物會面時，鏗鏘有力地重申他的目標：擊退突厥人，藉此解放東方的基督徒以及耶路撒冷。但是他很少談到遠征的結構、目標與組織——遑論東方的「解放」具體而言究竟意味著什麼。[1]

從某方面而言，烏爾班在克萊蒙會議召開期間與前後的呼籲內容如此模糊，恰足以說明迴響為什麼那麼熱烈。加入耶路撒冷武裝朝聖隊伍被包裝成信仰議題，而非一場軍事活動的藍圖。蜂擁加入的騎士是受到事奉上帝的熱情所驅動，也有許多人是為了懺悔贖罪。但是後勤作業被擱置一旁也有強烈的政治原因：這些都由人在君士坦丁堡的皇帝一手處理。是阿列克修斯找來援軍對抗突厥人，所以負責規劃遠征並處理實際問題的，也一定是他。

烏爾班在義大利處境的戲劇化轉變使他大受鼓舞，因而出發尋找並招攬能帶動其他人參與遠征的領袖人物。一〇九五年夏天，他前赴各地與這些人個別會面。他去見了極富影響力而交遊廣闊的庇伊（Le Puy）主教蒙泰伊的阿希瑪爾（Adhemar of Monteil），主教欣然接受了前往耶路撒冷的機會。烏爾班在南法風塵僕僕的旅程中到了瓦隆斯（Valence）、庇伊、聖吉勒（Saint-Gilles）和尼姆（Nîmes）短暫停留，見了勃艮第的厄德（Eudes of Burgundy）和位高權重的里昂大主教休（Hugh），之後轉往北方。[2]

烏爾班接著聯繫土魯斯伯爵雷蒙（Raymond, Count of Toulouse），他控制了跨越南法與普羅旺斯的一大片土地。雷蒙的家族本來就與教宗友好，同時也與耶路撒冷有強力連結。他的哥哥威廉在一〇九〇年代初前往耶路撒冷朝聖，後來死於當地，可能是回不了家，也可能是決定在聖城度過餘生。[3]雷蒙與哥哥同樣虔誠，他資助一群神父舉辦彌撒，每天為哥哥祈禱，並且確保只要自己還活著，庇伊教堂裡的聖母像旁就總有一根蠟燭為他點燃。[4]在一〇八〇年的布里克森宗教會議選出對立教宗，危及教會的統一後，雷蒙是額我略七世最先求助的對象之一。[5]

烏爾班知道雷蒙的參與至關重要。他的參與將顯示這個活動有重大贊助者支持；這又能用來刺激其他大貴族跟進。這樣的策略，與阿列克修斯和弗蘭德的羅伯聯繫時的想法很相似，他期待的也是羅伯的例子會啟發其他人伸出援手。因此，土魯斯伯爵的正面回應大大提振了烏爾班的信心。他深受鼓舞還有另一個原因：烏爾班能夠建立愈多盟友，強化他身為信徒保衛者的形象，他身為整個教會領袖的地位就更為穩固。

一〇九五年十月中旬，教宗來到勢力強大的克呂尼隱修院，先前他曾經在這裡停留一週，為隱修院興建中的龐大新教堂之主祭壇祝聖。[6] 此時，消息已經傳開，對於遠征耶路撒冷的興奮期待日益高漲。[7] 教宗在克呂尼宣布他將在克萊蒙會議對信徒傳達重大訊息。他鼓勵會議參與者如康佩（Cambrai）的主教與漢斯的大主教將他們教區「所有最顯要之人和有權勢的王公」都帶來。[8]

克萊蒙會議在一〇九五年十一月召開，最後以烏爾班的演講告終，他在演講中針對小亞細亞的情勢描繪出一幅駭人景象。不過，教宗的描述雖然駭人聽聞，卻極為準確，而現場聽眾透過從東方而來的其他消息也已有耳聞。教宗說得沒錯，希臘帝國慘遭支解；突厥人征服的領域如此廣袤，需要整整兩個月才能橫跨。烏爾班懇求聽眾採取行動：「讓你們彼此之間的世仇止息，爭吵靜默，戰鬥終結，而所有紛爭衝突暫歇。踏上通往聖墓之路，將聖地從邪惡的種族手中解放。」[9] 對所有願意這樣做的人，他指示他們用絲線、金線或更簡單的材料在衣服繡上十字架，顯示他們是上帝的士兵，奉行祂的旨意。[10]

教宗話才說完，庇伊主教，「一個最高貴的人，便面帶笑容走向〔烏爾班〕，單膝跪下，乞求獲准踏上這個旅程並獲得賜福」。[11] 庇伊的重要性在教宗不久後寫給弗蘭德信徒的信中可以看到，教宗提到自己任命了「庇伊主教阿希瑪爾，我們最親愛的子弟，代〔我〕擔任這趟旅程與工作的領導者」。[12] 土魯斯伯爵的使者在烏爾班演講後的隔日抵達，宣告雷蒙願意參與遠征。[13] 這個高調的支持之舉是事先精心安排好的，為的是讓這個壯舉有個好的開始。

烏爾班在克萊蒙的演說震動全歐，前往耶路撒冷的武裝朝聖出發在即的消息迅速傳開。行動力十足的神職人員進一步點燃興趣，比如阿布里索的羅伯（Robert of Arbrissel）就受命在羅亞爾河谷地講道，那裡多的是願意專注聆聽他的富裕貴族；[14] 第戎（Dijon）的聖貝涅（Sainte-Bénigne）隱修院院長亞倫托（Jarento）同樣奉命招募適合的人選，他首先前往諾曼第，之後轉向英格蘭。[15] 法國利木森（Limousin）等地成為活動忙碌的地區，十字軍運動的訊息從這些地方以強力的熱情和效率傳播出去。[16]

各地教士都在傳播教宗的訊息，而且受到嚴格指令只能準確轉達他說的話，不得自行加油添醋。但是激發支持的重擔還是落在烏爾班自己身上。[17]在他首度號召起義之後的數月之間，教宗一直待在法國，造訪一個又一個地方。一〇九五和一〇九六年他仍馬不停蹄，四處說服、勸誘和敦促信徒。他在耶誕節前後於利摩日（Limoges）發表演說，一〇九六年春天又在安傑與曼斯（Le Mans）演說，接著南下至波爾多、土魯斯和蒙佩利爾（Montpellier），並於七月在尼姆的另一次宗教會議上致詞。隨著教宗從一個城鎮來到下一個城鎮、參與一座座教堂的創建，地方上的記述者沒有人不明白他造訪的目的。如其中一人所寫，烏爾班到曼斯是為了「傳布耶路撒冷之旅的消息，來到這些地方也是為了這樣的目的」。[18]馬爾西尼（Marcigny）一間教堂獲得贈款的年分，是「教宗烏爾班來到亞奎丹，說動了基督徒軍隊前去壓制東方異教徒暴行」的那一年。[19]全世界都在騷動，難以遏抑地等著踏上前往耶路撒冷的征途。[20]

無法親自造訪的地方，烏爾班便寫信過去。比如，他沒有去弗蘭德，無疑是因為這個地區在一〇九〇年代已經由阿列克修斯所成功經營。儘管如此，他還是發了一封信給弗蘭德的王公貴族、神職人員與一般百姓，說明他為遭受迫害的基督徒爭取援助的努力。如他們所已經熟知，東方的蠻族造成了無比破壞。他寫道：「我們為如此大規模的災難而哀悼，並且在出自虔敬的憂心驅動下，造訪高盧地區，全心敦促這片土地上的王公和其子民前往解放東方教會。我們也在奧文尼的宗教會議上鄭重囑咐他們，這個工作非常重要，將能使他們的罪獲得赦免。」[21]

參與遠征的獎賞是罪行能獲得寬恕，這樣的概念也是為了進一步擴大十字軍運動的吸引力而設計的。額我略七世和阿列克修斯先前在號召作戰時，談的是基督徒對彼此的義務和困難時期應該展現的團結，但教宗提供的誘因強大多了。參與者不只是在盡義務，也在贏得救贖。

烏爾班總是一再說明可能的精神報償。在他給波隆那支持者的信中，教宗提到他欣聞許多人想加入前往耶路撒冷的遠征。「你們也該知道，」他接著說，「如果你們任何人踏上征途，不是為了對世俗之物的欲望，而是為了自我靈魂的救贖和教會的解放，那你們將不再需要贖罪，而是被判定為已經做了徹底而完美的告解。」[22] 加入耶路撒冷遠征也能幫助有特定罪行需贖過之人。根據一份記載，「某些法國王公貴族對子民犯下無數罪行，沒有適當懺悔之道」，烏爾班針對這些人指出，立下誓言並踏上征途是適當的悔改之舉，能帶來精神上深刻的獎賞。[23]

「如果任何人為了對上帝和弟兄的愛而死於征途，」烏爾班在給貝薩盧（Besalú）、恩普里亞斯（Empurias）、胡西永（Roussillon）和塞達納（Cerdana）伯爵的信中寫道，「讓他無須懷疑，上帝的悲憐必將讓他的罪被赦免，使他得永生。」[24]然而要讓十字軍士兵充分接受殉道與救贖的概念需要時間。這個觀念似乎到遠征後期才獲得確立，而這可能是因為十字軍經歷的深刻苦難，尤其是在一〇九八年的安條克，強化了為捍衛信仰而付出終極代價的人會獲得精神報償的信念。[25]然而，這些誘因雖然重要，在描述個別人士為何決定參與遠征的文獻中卻很少被提及。來自普羅旺斯的兩兄弟，西涅（Signes）的吉伊與傑弗瑞，便只簡單說他們正在準備前往東方，「以消滅邪惡而瘋狂至極的異教徒，受到他們壓迫的基督徒不計其數，遭俘為囚或被野蠻狂暴的殺害」。[26]

烏爾班的辭令揉雜了基督徒的苦難、精神獎賞與耶路撒冷這個目的地，醉人已極。而且他還有另一個強大的工具。教宗在法國境內移動時，為許多教堂的祭壇祝聖，包括凡登（Vendôme）的三一教堂，和瑪爾穆提耶與木瓦沙克（Moissac）的隱修院教堂，其中許多都獲得了聖十字架的木片。[27]與解放耶路撒冷相關的聖物中，沒有比這一個更具情感意義的；遠征者踏上的是十字架之路（因此稱為十字軍），衣服也繡上了這個標誌，不是沒有原因的。[28]

與此處討論更相關的一點是，當時很多人都知道，聖十字架的木片保存於君士坦丁堡，自第四世紀以來就是帝國外交政策的重要工具，那時，君士坦丁大帝將珍貴的碎片送給了羅馬的瑟索里安宮（Sessorian Palace）。聖十字架是拜占庭帝國國際外交的珍寶。[29]因此，雖然烏爾班分發出去的十字架碎片不無可能是來自教廷的寶庫，更可信的是這些與君士坦丁堡關聯緊密的聖物，係由阿列克修斯所提供。

重大聖物以如此高調的方式送出，協助帶動了席捲法國的亢奮之情，另一方面，教宗則孜孜不倦的「敦促我們的人民前往耶路撒冷獵殺異教徒，他們占領了這座城市和遠達君士坦丁堡的基督徒領土」。[30]其他資源可能也被用來激發支持，例如十一世紀初有份文件記錄了聖墓教堂遭毀，其用意不僅是要藉由耶路撒冷的遭遇煽動怒火，還要明確地將穆斯林與基督徒的苦難相連起來。[31]遠征是為了軍援拜占庭的這件事經常沒有明說：對教宗的聽眾而言，耶路撒冷之名和其魅力比起任務細節要迷人多了。

騎士忙亂地進行必要準備。蒙莫爾的阿夏（Achard of Montmerle）立即著手，與克呂尼隱修院達成協議，以他的土地抵押貸款「二千〔金幣〕和四頭騾子」。算算他還需要更多盤纏才能完成前往耶路撒冷的漫長旅程，阿夏於是宣告如果他死了或決定不回歸故里，那他「依法繼承的永久財產」將留給克呂尼與其「卓著之士」。協議中說明，他籌募這些資金是「因為我希望全副武裝加入基督徒的光輝遠征，為上帝一路征戰至耶路撒冷」。[32]

其他許多人都在一〇九五和一〇九六年採取了類似做法，以自己的土地和財產抵押貸款。史料清楚顯示耶路撒冷是最大的吸引，這段時期幾乎每一個簽署契約的人都表達了前往基督曾在世上行走之地的渴望。[33]在此過程中悔過贖罪的可能顯然也是強大動機，比如來自勃艮第中部的一對兄弟「與其他人一起踏上耶路撒冷遠征，是為了洗清他們的罪責」。[34]

有些人想要在出發前就悔過。來自勃艮第圖努斯（Tournus）的騎士休·博夏（Hugh Brochard）希望他犯下的許多過錯能獲得赦免，包括從聖菲利貝爾（St Philibert）教堂奪取土地的行為，他如今知道這是不正當而有罪的。[35]他會悔悟是因為他了解到，一個對教會有過的罪人無權為捍衛它而踏上征途，還在自己的衣服或額頭上標示一個十字架。[36]

然而在某些情況中，也有些努力是為了防止騎士加入十字軍運動。來自梅贊（Mézenc）的騎士龐斯、彼得與伯納德一開始想加入遠征卻遭拒絕，因為他們是麻煩人物，一直在奧文尼省夏芙（Le Chaffre）修道院的教區欺凌居民。他們對自己的過往暴行公開表示悔悟，但是當地修士並不相信他們，於是將這個情況提交給門德（Le Mende）與庇伊的主教，由他們判定這三兄弟是否應獲准參與遠征。兩名主教聆聽對這三兄弟的指控後，「對他們的殘酷大感震驚；但是有鑑於他們想要加入耶路撒冷遠征而且悔過之意明顯，赦免了他們」。[37]不會有人為了他們的離去而難過。儘管如此，教會試圖控制誰能參與遠征、誰又不能，顯示了其日益增加的自信與野心。

教會權力得以鞏固的另一個原因是它為前往東方的旅人提供了必要資金。朝聖，不論武裝與否，都所費不貲。長途旅行牽涉到食物、運輸、裝備與武器的高昂花費，有一整群隨從人員時更是加倍如此。如前文中蒙莫爾的阿夏的例子可見，教會是明顯的求助對象，因為修院、主教轄區和牧區往往財力雄厚，可以提供必要的資產流動性。教會是大地主，自然成為貸方與買方。因此，當布容的高佛瑞（他在耶路撒冷於一〇九九年被攻下後成為其首任國王）為旅程籌款時，他轉向了教會。他將自己對凡爾登（Verdun）的權利，以及莫塞（Mosay）、斯特奈（Stenay）與蒙福孔阿爾貢（Montfaucon-en-Argonne）的城堡，賣給了凡爾登主教瑞希爾（Richier）。其他土地和財物則賣給尼未勒（Nivelles）的修道院。另有一千五百馬克由里耶（Liège）主教借給高佛瑞。將非流動的土地資產轉換為現金後，高佛瑞籌到非常可觀的一筆現金。[38] 征服者威廉之子、諾曼第公爵羅伯（Robert, Duke of Normandy）向他弟弟英王威廉・魯弗斯（William Rufus）借了一萬馬克的鉅款。這表示羅伯不用變賣公爵封地或向第三方借款才能籌得遠征所需的現金。[39]

儘管牽涉到各種費用、危險與複雜的安排，教宗的呼籲所引發的回應可說勢不可擋。法國各地的男子都準備前往東方，分別在諾曼第的羅伯、他的妹婿布魯瓦的史蒂芬（Stephen of Blois），以及土魯斯的雷蒙指揮下形成主要隊伍。布容的高佛瑞和其弟鮑德溫，以及一〇九三年繼承父親爵位的弗蘭德伯爵羅伯二世，也都募集了可觀軍力。

其他重要人物也投身遠征。其中一位是法國國王腓力一世的弟弟韋爾芒多瓦的休（Hugh of Vermandois），據說他是因為一〇九六年初一次戲劇化的月食而下定決心，月亮在那次月食期間變成血紅色，他解讀為那是他應該加入遠征的徵象。[40]腓力則不受歡迎。一〇九五年的克萊蒙會議以通姦為由將他驅逐出教，因為他以元配太胖為由拋棄她，與美麗的蒙福赫的貝爾特拉達（Bertrada of Montfort）私通——據說，除了她的外貌之外，沒人對她有一句好話。[41]隨著遠征帶來的亢奮情緒日益高漲，腓力的子民吵嚷著要他解決這個問題。國王召集貴族開了一次特別會議，討論他有何選項，到了一〇九六年夏天，他為了重獲烏爾班支持而表示願意放棄貝爾特拉達。這明確顯示教宗爭取成為西歐權威人物的努力堪稱成功。[42]雖然腓力並未參加十字軍運動，但是他的弟弟休自願參與，成為法國王室的遠征代表——這對教宗的計畫又是一大助力。

羅勃．吉斯卡之子博希蒙德是另一位明星成員。根據《法蘭克人言行錄》的匿名作者記述，博希蒙德首次聽說遠征是在一〇九六年包圍阿瑪菲城期間，他注意到正前往南義大利港口而行經此處的人口中呼喊著「Deus vult! Deus vult!」（上帝所願！）據這位匿名作者描述，「博希蒙德受到聖靈啟發，下令立刻將他最貴重的外袍割碎，做成十字架；在〔阿瑪菲〕圍城時與他一起的騎士大多也立即仿效他。」[43]博希蒙德與他的屬下組成了一支氣勢十足的部隊：「人眼豈能承受他們胸甲、頭盔、盾牌或長矛在豔陽下的閃光？」[44]

然而博希蒙德的行動並不如這個記載中所說的那麼臨時起意（或可信）：博希蒙德在一〇九六年初指示他在巴利的左右手威廉・弗拉門格斯（William Flammengus）賣了好幾筆土地，這顯示他和許多人一樣，已經為了參與遠征而將資產變現。[45]他放棄阿瑪菲圍城、召集士兵並出發前往東方的迅速程度同樣顯示，這些都經過預先安排，並非這名諾曼人突然決定的結果。

博希蒙德個性積極躁進，體魄驚人，而且對什麼事情都有強烈看法，不管是戰鬥策略還是自己的髮型：他不像其他西方人一樣髮長及肩，而是堅持維持在耳朵上方。[46]他是出色的指揮官，但是他在一〇八二至八三年對拜占庭的攻擊顯示，他也有自我中心和懶散的傾向——據說在手下軍隊於拉立沙攻擊帝國軍隊時，他自己卻與友人坐在河畔吃葡萄。[47]然而，從教宗的觀點而言，南義大利至少有一名主要諾曼人參與遠征有其重要性。其他人並不容易徵召：西西里的羅杰爾夠精明，知道到東方對抗穆斯林的軍事活動，有可能在他的領土上引來麻煩，因為住在那裡的穆斯林居民為數可觀。[48]在一〇八五年繼位成為阿普里亞公爵的羅杰爾・博薩（Roger Borsa）顯然也沒興趣參與。他的同父異母兄長博希蒙德在父親羅勃・吉斯卡死後的爭權中落敗，因而擁抱了到東方冒險的機會。

從許多層面而言，烏爾班的計畫執行得極為成功：有意願加入遠征的關鍵人物成為遊說目標，因為他們的參與對其他人而言是個催化劑。最後，教宗激發了騎士的大規模行動。為了將起義的號召傳播出去，並進行必要的安排好將熱烈的回應轉化為行動，各方投入了巨大的努力。但是烏爾班的計畫在某些方面依然模糊不清。遠征由誰領導的問題一直混沌不明，好幾個人物都以為自己是十字軍的最高統帥。一開始，烏爾班認定代表他領導遠征的人是庇伊主教。[49] 但其他人認為扮演這個角色的是他們。土魯斯的雷蒙就是其一，他自稱為基督教騎士的領袖，要啟程奪回耶路撒冷。[50] 韋爾芒多瓦的休也自認地位甚高，他帶著教宗的旗幟，顯示自己才是烏爾班在遠征中的代表。[51] 有些人認為布魯瓦的史蒂芬是「全軍會議的首腦和領袖」；[52] 他本人也的確認為如此，在寫回家給妻子、征服者威廉之女阿黛拉的信中，他提到其他王公推舉他為全軍指揮官。[53]

事實上，領導權隨著艱難的遠征之旅而不斷演變。烏爾班不願單押一人，因此沒有和歐洲最有權勢又心高氣傲的這些男子說破他們並非他的代表，這樣的說法也許有其道理，不過，教宗沒有明確表示誰是統籌領導者還有另一個原因：西方人抵達拜占庭之後，將由阿列克修斯一世．科穆寧指揮。烏爾班也許出於分寸和策略對於言明此事有所顧忌，但事實是，真正掌管軍事活動的是拜占庭皇帝。

同樣的，十字軍運動的宗旨雖然明確——捍衛東方基督教，擊退異教徒突厥人，最終抵達耶路撒冷——但確切的軍事目標始終模糊不清。沒有人提到征服或占領聖城，遑論在未來持續控制聖城。舉例而言，他們連抵達耶路撒冷之後到底要做什麼都沒有清楚規劃。在對抗突厥人的行動中到底要以哪些城鎮、地區或行省為目標，也沒有任何細節。而原因還是要回歸到君士坦丁堡。訂定策略目標的將是阿列克修斯：拜占庭的優先目標是尼西亞、塔爾索、安條克和其他落入突厥人手中的重要城鎮，而至少在一開始，十字軍抵達君士坦丁堡之後也接受了這些目標。對於政治導向的教宗而言，軍事計畫不是最重要的，而且意義有限。

皇帝的願景也從根本上形塑了十字軍的招募過程。阿列克修斯需要的是軍援而非善意。為了對抗突厥人，他需要吸引有戰鬥經驗的人，而這一點也由教宗大力強調。當時的一名神職人員指出：「我親耳聽到教宗烏爾班閣下的話，所以我知道，他勸勉平信徒前往耶路撒冷朝聖，但禁止修士前去。」[54]他禁止「不適合戰鬥的人」參與遠征，另一名記述者寫道：「因為這樣的朝聖者與其說能幫忙，不如說是阻礙，是負擔而沒有任何實際用處。」[55]

有一份文件指出，在「基督徒普遍而熱烈的亢奮之情中」，教宗必須奮力防止可能造成阻礙的人參與。[56]他在一〇九六年秋天寫信給托斯卡尼的瓦隆布羅薩（Vallombrosa）隱修院修士，信中對此直言不諱：「我們聽說你們當中有些人想與騎士一同前往耶路撒冷，並且懷抱著解放基督徒的良善意圖。這種犧牲沒錯，但是打算這樣做的人錯了。我們是要啟發騎士去遠征，因為他們也許有能力抑制撒拉森人的蠻行，恢復基督徒先前的自由。」[57]此前不久他寫給波隆那居民的信中也表達了大同小異的意思。[58]

這個訊息也透過高階教士再三強調，不過有時難免碰上困難。土魯斯主教費了很大力氣，才讓阿爾泰亞的艾美里亞絲（Emerias of Alteias）打消加入遠征的念頭。這名富有的女性決心堅定，已經「將十字架高舉在她的右肩上」，誓言要抵達耶路撒冷。主教費了一番唇舌說服她，要表現心意，建立一所濟貧院可能更受歡迎也更合適之後，她才勉強同意放棄前往。[59]

讓阿列克修斯獲得一支有戰力的軍隊很重要。能夠掌握其軍力規模也很重要。君士坦丁堡必須預先展開後勤作業，才能在短時間內接待大隊人馬，也必須靠中央規劃才能確認如何迎接、補給並引導抵達拜占庭的西方人。教宗從一開始就堅持任何人想參與遠征都必須先立下誓言，這可能是原因之一。在皮亞辰札聽取拜占庭使節的陳述後，「教宗閣下號召廣大信徒投入這項服事，發誓承諾奉上帝旨意前往該地，盡他們最大力量忠誠地協助皇帝對抗異教徒」。[60]烏爾班在克萊蒙又重申這一點，強調必須正式宣告意願才能參與。[61]相對的，想要退出的人則受到嚴重後果的威脅，遭警告他們這樣是在背棄上帝：「任何已立誓參與的人若想退出，必須將十字架負在背上雙肩之間……且不配作我的門徒〔參見《馬太福音》第十章三十八節〕」。[62]

沒有證據可顯示當時對參與十字軍運動的人數有正式紀錄，連當時是否可能進行這樣的統計都很難說。儘管如此，很快就不難看出承諾參與的人數非常可觀。從這方面而言，在法國招募騎士的工作主要由烏爾班本人擔任便格外重要。有好幾次都是由教宗親自見證遠征參與者的宣誓。[63]而每當他與大貴族會面，或是在利摩日、安傑、曼斯、杜爾、尼姆和其他地方針對十字軍運動講道，他都能大致掌握到有龐大的人群亟欲參與，儘管並不容易量化。

野心遠大又抱持樂觀的教宗，以及在君士坦丁堡處境艱困的皇帝，都希望武裝起義的號召能獲得廣大迴響，但他們都沒能預期到其規模之龐大。教宗在一〇八〇年代末和一〇九〇年代初關注西班牙的情勢發展，❶也曾提出與後來給十字軍參與者相似的誘因，但是並未使前往伊比利半島的騎士人數激增。[64]點燃了歐洲熱情並且使十字軍首役得以成真的因素，一方面是耶路撒冷，另一方面是西方人相信東方突然陷落，尤其是小亞細亞失守的消息準確，而且確實值得憂心。

❶譯注：應是指穆斯林與基督徒之爭。

準備參與十字軍運動者的人數雖然只是粗略估計，顯然仍傳到了阿列克修斯耳中，因為他開始據以進行準備。十字軍分為幾大隊伍穿越拜占庭領土時都成功獲得補給，這清楚顯示皇帝事先採取了妥善措施。帝國的入口點與通往君士坦丁堡的主要路途沿線，都做了必要安排。

能夠做到這些，有部分是因為從一開始，遠征就有明確的時間表。教宗訂定的出發日是八月十五日——這是夏季的主要聖日，聖母升天節。訂定日期一方面是為了賦予即將展開的旅程一定的秩序，一方面是為了讓拜占庭可以進行相應的準備。由於出發日期訂在烏爾班於克萊蒙演說足足九個月後的夏天，這也給了拜占庭充分時間囤積糧食，在西方人抵達後供應他們。

這一點在基博托（Kibotos）特別重要。阿列克修斯事先即指定此處為等待點，供西方騎士在此集結為單一軍隊，準備攻打尼西亞。為了迎接預期將抵達的數千戰士，這裡建立起龐大的基礎設施：儲備糧食、補給品和商販都安排妥當，準備迎來大量湧入的軍士和馬匹。[65]就在大隊人馬抵達前，這裡很可能也創建了一所拉丁修院以滿足他們的精神需求——同時凸顯阿列克修斯本人對羅馬天主教禮儀的開放態度。[66]

遠征還有其他方面需要縝密考慮。為了有效監管大量抵達東方的西方人，君士坦丁堡也預作了準備：「皇帝召集羅馬軍隊的某些領袖，派他們前往迪拉齊翁與阿夫隆納一帶，囑咐他們好好接待旅人，並沿途收集物資為旅人提供充足補給；他們受囑嚴密監視這些人並跟隨他們行動，如此一來，若見到他們發動襲擊或脫隊去搶掠鄰近地區，便可透過小規模交戰加以制止。這些軍官有通曉拉丁文的通譯隨行；他們的任務是在紛爭初起時即加以平息。」[67]

拜占庭也採取措施以確保西方人在帝國領土上通行順暢。布容的高佛瑞抵達邊境時拿到一張特別許可證，可以在不對當地人口開放的市集取得物資。[68]這表示一路上都容易取得食物，這是為了防止一支龐大的武裝部隊因為補給短缺而不滿，惹事生非，同時也使食品價格得以由中央制訂。價格上漲因而受到控制，預防地方商人利用供應失衡圖利。

阿列克修斯也下令在西方人抵達拜占庭之後發給他們大筆金錢。一方面，這是為了贏得初次與帝國接觸者的善意。不過，正如一名敏銳的評論者指出，另一方面這也是精明的經濟算計：皇帝付出的所有資金，全都會回到帝國財庫，因為這些錢都花在皇帝代理人出售的物資上。[69]

這種封閉市場加上帝國慷慨贈與的模式，沿著通往君士坦丁堡的兩條主要道路，在拜占庭西部各個省分一路複製。高佛瑞在一〇九六年秋天抵達巴爾幹半島的奈索斯（Naissos）之後，收到皇帝個人餽贈的玉米、大麥、葡萄酒和橄欖油，以及許多野味，讓他甚為欣喜。他的手下再度收到許可證，讓他們能夠購買補給品，也可以販賣任何他們想賣的東西。高佛瑞這支隊伍在這裡待了好幾天，過得「豐足而享受」。[70]博希蒙德在穿越險惡地勢通過伊匹魯斯、馬其頓和色雷斯之時，沿途補給之豐富，使得他的葡萄酒和玉米存糧居然不減反增，足見阿列克修斯建立的補給制度效率之高。[71]

十字軍採取的路線也是需要審慎思考的一大重點。主要領袖帶領各路人馬，分頭前往君士坦丁堡。有些如布容的高佛瑞走陸路前往拜占庭，取道德國與中歐，再穿越巴爾幹半島前往帝國首都。其他人則沿義大利南下，在阿普里亞搭船啟程，渡海抵達伊匹魯斯後，再沿連接舊羅馬與新羅馬的埃格納提亞大道（Via Egnatia）前行。弗蘭德的羅伯、韋爾芒多瓦的休、布魯瓦的史蒂芬和諾曼第的羅伯，以及博希蒙德與來自南義的一小隊諾曼人，都走這條路線。雖然沒有直接證據顯示這些領袖選擇的路線與阿列克修斯有關，但這些隊伍的間隔似乎太剛好也太完美了，不太可能是巧合。他們先後抵達的時間間隔，使得對於拜占庭的資源與基礎設施造成的壓力減到最低，因此可以合理假設是經過刻意協調的。

有一個例子特別能說明皇帝參與了遠征早期階段的規劃，也顯示他可能在十字軍抵達帝國邊境前就已扮演活躍角色。如前文所述，土魯斯的雷蒙是教宗首先求助的重要人物之一。他的財富、地位，以及他先前對教宗的支持，使他自然成為實力堅強的盟友。伯爵前往拜占庭的旅途並不順遂，根據一名同行者描述，他們穿越的斯拉弗尼亞（Slavonia）「荒無人煙，難以通行，地勢多山，三個星期間沒有看到一隻鳥獸」。這裡是敵方領土，雷蒙的部屬經常受到攻擊殺害。濃霧、密林與嶙峋山脈使得這支隊伍在南下的途中很難自我防禦。伯爵的回應是以當地居民為報復對象，有些人被刺瞎，有些人雙腳被砍斷，還有人遭毀容，以起殺雞儆猴之效。[72] 這段旅程如此艱難，為了從中找出意義，雷蒙的隨行牧師最後只能說上帝是利用十字軍戰士的力量和苦難，啟發「野蠻的異教徒」改變罪孽深重的行為，逃過注定毀滅的命運。[73]

事實上，土魯斯伯爵走這條路線自有原因：為了制服塞爾維亞君主康斯坦丁．博丁（Constantine Bodin），因為他在十字軍運動前夕對拜占庭的攻擊，加劇了皇帝承受的壓力，而他與對立教宗的接觸也讓烏爾班深感不滿。像雷蒙這麼重要的人物會通過偏遠的海岸地區澤塔（Zeta），正顯示十字軍首役事先規劃之精細。雷蒙沿達爾馬提亞海岸而下是清楚的跡象，指向皇帝與教宗之間的合作謀劃。軍力抵達後的首先要務是奪下尼西亞並剷除西小亞細亞的突厥人，與此同時，阿列克修斯也沒忘記他可望有所斬獲的其他地區。土魯斯伯爵與教宗關係緊密，是可以信任的人，因而被選去走一條不尋常而艱難的路線，要讓博丁認清他之前的錯誤。這也就難怪博丁懷抱敵意，認為雷蒙是皇帝的代理人並威脅到塞爾維亞人的獨立，下令士兵發動攻擊。[74]儘管如此，此後，帝國西北邊境平靜了數十年。這個早期例子顯示，對耶路撒冷的遠征於阿列克修斯大有好處。

一〇九六年後半有大批人馬在移動的途中，前往東方的第一站君士坦丁堡。現在的估計是參與十字軍首役的人數可能高達八萬人。[75]這麼龐大有組織的人群、在這麼短時間內如此長距離的移動，是前所未見的。這讓來自西歐許多不同地方的參與者碰上了問題。「從西方各個國家而來的人數眾多，」夏特的弗爾切寫道，「使這個行伍在行進中一天天逐漸茁壯，從數不清的一大群人，成為有不同群體的軍隊。有來自四面八方的無數人，說著各種語言。」[76]他後來又羅列了遠征中豐富多元的組成分子：「有誰曾聽過一支軍隊裡混雜這麼多種語言？有法蘭克人、佛萊明人、弗里斯蘭人、高盧人、阿洛布羅基人、洛塔林吉亞人、阿勒曼尼人、巴伐利亞人、諾曼人、英格蘭人、蘇格蘭人、亞奎丹人、義大利人、達契亞人、阿普里亞人、伊比利亞人、布列塔尼人、希臘人和亞美尼亞人。如果有布列塔尼人或條頓人問我問題，我既無法聽懂也不能回答。」[77]

這場遠征號稱將展現基督徒的團結，是讓教會分裂、地區認同、世俗與神學紛爭都微不足道的獨特機會。但最重要的是，這是羅馬與君士坦丁堡的合作中最成功的一刻，也讓人很有理由抱持樂觀期待。一〇九八年的巴利宗教會議和次年的羅馬會議，試圖解決造成東西方數十年來關係緊張的議題，讓教會的統一似乎觸手可及。如果一切順利，在西方人的幫助下，拜占庭終將得以在小亞細亞成功對抗突厥人。而參與遠征者也熱切期待抵達聖城。十字軍首役展開時，洋溢著高昂的期盼之情。

但是十字軍運動雖然可能獲得巨大的回報，阿列克修斯與烏爾班也冒著極大的風險：發動十字軍運動的同時，他們創造了一個他們未必能掌控的運動。安娜・科穆寧在十字軍運動一開始時的記述，就是對這個難題令人不安的提醒。她寫道，來自西方的無數軍隊正朝拜占庭而來的消息，讓皇帝深感不安：[78]「滿腔熱忱與激情的他們擠滿了每一條公路，隨著這些戰士而來的還有許多平民，他們帶著棕櫚葉，肩上負著十字架，人數比海岸的沙子和天上的星星還多。其中也有離鄉背井的婦孺。像從各方匯入大河的支流，他們全力朝我們湧來。」[79]這並不是皇帝期待中紀律嚴明而有戰力的隊伍。是哪裡出了錯嗎？

# 第八章
Chapter 8

# 前往帝國首都
To the Imperial City

阿列克修斯與烏爾班玩的是危險遊戲。十字軍運動的宣傳所激起的暴力激情並不容易控制；儘管有規劃周全的後勤作業和小心翼翼的政治算計，十字軍運動所引發的強烈熱情卻是勢不可擋。隨著穆斯林壓迫基督徒的故事與遠征的消息散播開來，傳遞的訊息為何已經無可控制：在一〇九五至一〇九六年間宣揚十字軍運動的領袖人物，不是只有烏爾班二世。來自法國北部亞眠（Amiens）的傳道士隱士彼得利用激昂情緒與東方基督徒苦難引發的怒火，啟動了「平民十字軍運動」（People's Crusade）——也就是安娜．科穆寧筆下那股危險而混亂的勢力。西方勢力紛紛朝偉大的帝國城市君士坦丁堡移動時，阿列克修斯必須確立他的權威。他對平民十字軍運動的反應，以及他與正式遠征軍前鋒部隊所形成的同盟與關係網絡，將形塑十字軍運動的未來。

與彼得同時代的人形容他是「著名的隱士，深為平信徒所尊敬，事實上他比神父和修院院長還受尊崇，因為他嚴守宗教規範，不吃麵包也不吃肉——不過這並不妨礙他享用葡萄酒與其他各種食品，在享受之際追求苦修的名聲」。[1] 赤足行走的彼得是個說服力十足的導師，在萊茵蘭（Rhineland）地區活動，這裡是教宗忽略的地方，因為他不會在亨利四世管轄的領土上尋求支持。[2] 彼得四處散播關於東方境況的駭人故事，有時還告訴聽得入神的觀眾他不久前去耶路撒冷朝聖時在突厥人手下受到的磨難。雖然他應該不可能去過聖地，但他聲稱自己在朝聖返鄉途中見過教宗，也從耶路撒冷帶回了牧首的籲求。和烏爾班一樣，他的行動號召獲得熱烈迴響。[3]

然而，與教宗不同的是，他的呼籲欠缺框架。烏爾班仔細籌劃各項事務——拉攏能自行組織可觀隊伍的強大權貴，將參與者限制在有軍事經驗的人，並堅持必須立誓才能正式加入遠征隊伍——但彼得沒有這麼做。沒有確定的出發日期，也沒有誰能或誰不能參與的選擇或淘汰過程。結果是誰都可以參加。如一名評論者所說：「在〔彼得〕不斷的催促和呼籲下，先是主教、修院院長、教士、修士，接著是最尊貴的平信徒，包括不同領地的王公貴族，然後是所有的平民百姓，有罪的人與虔敬的人一樣多，有通姦、殺人、偷竊、做偽證和強盜者，也就是信仰基督的各種人，連女性都有，所有人都為了悔過贖罪而歡欣鼓舞的湧至，參與這趟遠征。」[4]

一〇九六年初，一群群騎士從萊茵蘭陸續啟程，隨行的還有神職人員和老弱婦孺；這是後來所謂的平民十字軍運動的第一波。近年的學術研究嘗試為這場遠征是徹底混亂的印象提供平衡觀點，強調其中有些參與者很有能力，並指出隱士彼得號召的烏合之眾當中，也有一些低階貴族和獨立騎士。[5] 儘管如此，這種前往聖地的方式不僅缺乏教會認可，也迥異於烏爾班和阿列克修斯規劃詳細的旅程。

由於欠缺明確的領導者，混亂隨之而來。受彼得啟發的人以自己的步調啟程，對於教宗訂定的正式出發日期渾然不覺或不予理會。在彼得的煽動下，他們對這趟旅程懷抱狂熱亢奮，耳中迴盪著對東方異教徒暴行繪聲繪影的故事，同時受到末日預言的糾纏與驅動，很快就找到了他們的第一批受害者：「不論是因為天主的審判，還是想法出了差錯，他們殘酷的發起行動，無情屠殺散布在這些城市裡的猶太人……宣稱這是他們遠征的開端，是他們在盡責地與基督信仰之敵對抗。」[6]

平民十字軍穿越德意志地區時，一路展開駭人的屠殺；科隆與梅因茲的猶太居民遭到令人屏息的暴力對待。恐怖行為實在太令人驚恐，以至於有些人自己結束了生命：「猶太人看到敵對的基督徒怎樣對待他們和他們的孩子，任何年紀的人都不放過，於是了斷了自己和同伴，小孩、女性、母親和姊妹全都刀刃相向。還在哺乳的母親——講起來都可怕——拿刀砍自己的孩子，刺殺其他人，寧願他們如此死在自己手裡，也不要被未行割禮者的武器所殺。」在其他地方，如雷根斯堡（Regensburg），猶太人至少逃過一死，但是他們被驅趕到多瑙河中強迫受洗。[7]

反猶太主義散播開來。布容的高佛瑞在一〇九六年夏天出發時，誓言消滅猶太人；他後來沒有這樣做，但那只是因為亨利四世警告，除非有他明確授權，否則在他的領土上不得對任何人發動攻擊。猶太人對高佛瑞深惡痛絕，當時一名猶太人甚至祈禱他被挫骨揚灰。[8]十字軍運動造成的反猶太情緒高漲不限於萊茵蘭；法國也有暴力情況，差點爆發為對猶太人社群的大規模屠殺。[9]

許多當代人對此深感駭異。一名作者寫道，迫害猶太人者可能遭驅逐出教，或受到大貴族的嚴厲懲罰，但是兩者似乎都沒有任何效果。[10]諾壤的吉貝爾寫道，這些德意志惡徒是社會中最惡劣的分子，是歐洲人民中的屎糞。[11]

這個觀點也迴盪在君士坦丁堡。阿列克修斯所要求並期待的是經驗豐富的戰士，而且他們應該依照教宗訂定的時間表，在一〇九六年近尾聲時抵達拜占庭。前幾波抵達者讓他驚訝的原因，不只是因為他們提早了好幾個月來到帝國領土，也因為當中許多人顯然不可能與突厥人對抗，遑論圍攻小亞細亞的城鎮。因此，用安娜・科穆寧的話說，「他深恐他們的到來」也就不足為奇了。[12]

隨著平民十字軍的許多組成團體逼近君士坦丁堡，焦慮感也日益加深。第一批武裝朝聖者在一〇九六年春天接近拜占庭邊境時，犯下了駭人的暴行。匈牙利軍隊的指揮官被國王派去護送朝聖者安全通過其領土，但是這個有著一頭炫目雪白頭髮的出色人物卻慘遭斬首。[13]第一批朝聖者的宗教狂熱、亢奮情緒加上缺乏紀律，在他們抵達帝國最西端的入口點、多瑙河畔的貝爾格勒後，展現了更不受控的一面。措手不及的拜占庭當局只能倉促應對。帝國官員為了迅速整合商品供應，禁止了補給品的販售。這立刻引發西方人反應，他們暴跳如雷，憤怒的洗劫貝爾格勒周遭地區。後來是拜占庭駐軍以武力鎮壓暴動者才終於確保貝爾格勒的安全，恢復平靜。補給品準備充足之後，當地開了一座市場，這才安撫了自命為十字軍的焦躁人群。[14]

等到隱士彼得在一〇九六年五月底來到拜占庭邊境時，帝國已經有了比較有效的因應之道。狄奧吉尼斯陰謀敗露後獲拔擢的里歐・尼克里特斯（Leo Nikerites）認真而小心翼翼的照顧這個隊伍：根據一方記載，隱士彼得與同行者要什麼有什麼——只要他們行為規矩，所有的要求都予以滿足。[15]儘管如此，隨著平民十字軍的不同分支朝君士坦丁堡迤邐前進，一路上還是經常發生紛擾。拜占庭西方行省的城鎮和當地居民經常受到攻擊。為了縮小損害範圍，主要道路沿線有專為十字軍設立的市集，也有護衛隊伴隨，奉命在必要時以武力壓制惹事者與脫隊者。據說隱士彼得抵達君士坦丁堡之前，拜占庭發生蝗災，吃光了境內所有的葡萄樹。[16]這被普遍視為關於即將湧入首都的西方人的不祥之兆。

安娜・科穆寧對皇帝因為第一波十字軍接近君士坦丁堡而憂心忡忡的敘述，一般詮釋為是要幫皇帝卸責，免於為最後損害了拜占庭與西方關係的這場遠征負責。然而，對於彼得和其追隨者出現在君士坦丁堡，很難想像阿列克修斯除了深感擔憂外，還能有什麼反應。皇帝已經因為探子帶回的消息而日益擔心，當平民十字軍的前鋒部隊抵達首都後，更是讓他倍感焦慮。連拉丁文史料都指出他們的行為令人駭異：「那些基督徒的行為可惡至極，洗劫並放火焚燒城裡的宮殿，偷走教堂屋頂上的鉛塊，再賣回去給希臘人，讓皇帝大為光火，命他們渡過赫勒之海❶。渡海後他們繼續為惡，把房舍和教堂都燒光夷平。」[17]

皇帝過去也曾與人數不少的西方團體打交道，比如弗蘭德的五百騎士，都堪稱順利。但是他最初與十字軍交手的經驗是痛苦的。他命他們渡海至小亞細亞以減少對君士坦丁堡的威脅後，以為他們會等待其他隊伍抵達才對突厥人發動攻擊。沒想到他們實在太滿腔熱血，又不知從何來的自信，居然立刻啟程前往尼西亞，一路上殺紅了眼。根據《阿列克修斯傳》，他們「對所有居民都殘忍異常；嬰兒被砍成塊，串在木籤上用火烤；老人也受到各種折磨」。[18] 西方史料對他們的描述同樣負面。《法蘭克人言行錄》的匿名作者指出，他們不只殘暴對待突厥人；對基督徒也犯下惡毒的罪行。此中無可迴避的殘酷反諷是，平民十字軍的初衷是為了捍衛東方基督徒，使他們免於異教徒迫害，如今他們自己卻在小亞細亞北部洗劫並

❶ 譯注：赫勒之海（Hellespont）為達達尼爾海峽（Dardanelles）之舊稱。

毀壞教堂。[19]

其中一群人自認有上帝保護，往翟里戈爾多斯（Xerigordos）挺進，位於尼西亞東邊的這座城堡雖小，但防禦工事完善。結果他們輕易攻下這座要塞，屠殺了其突厥居民。然而這些人野心勃勃又思路單一，自覺可與任何阻擋他們的人相抗衡，加上沒有任何明確計畫，很快就產生了慘重的後果。他們在翟里戈爾多斯的歡欣之情不久就被恐慌取代，因為一支突厥大軍逐漸進逼，準備收復要塞。

情勢很快變得悲慘絕望：「我們的人員口渴難耐，於是把馬和驢子放血來喝；其他人把腰帶與衣服放到水溝裡，再將液體擠到嘴巴裡喝；還有人彼此小便到對方手裡再把尿液喝下；又有人挖出溼潤的土壤後躺到地上，再將泥土堆在胸膛上，因為他們實在又乾又渴。」[20]這些西方人投降後，敵人對他們毫不手軟。突厥人長驅直入營地，屠殺教士、修士與嬰孩。年輕女孩與修女被擄至尼西亞，衣服、馱獸、馬匹和帳篷也被帶走。年輕男性被迫改宗伊斯蘭，放棄最初激發他們前往東方的基督信仰。[21]拒絕改宗的人死得很慘：被綁在柱上，充當突厥人練習射靶的目標。[22]

如今，突厥人往基博托前進，大破阿列克修斯設立的營地。平民還躺在床上就被殺，帳篷被放火焚燒；沒有逃到山中或跳到海裡的人被活活燒死。再一次的，遭俘者只有改宗伊斯蘭或死亡可選。率領平民十字軍進襲小亞細亞的領袖之一雷納德（Rainald）選擇前者，認為屈服總比被殺好。[23]其他人決然接受他們的命運。一名正在做彌撒的神父於祭壇前遭斬首；「這名神父多幸運，以如此幸運的方式殉道，」一名史家驚嘆，「有主耶穌基督的聖體引領他升上天堂！」[24]據說，與突厥人在翟里戈爾多斯、基博托與其他地方的首次交手造成許多人死亡，死者的骨骸堆積如一座座小山。接著，這些骨骸被突厥人碾碎做成灰泥，填補要塞壁壘的縫隙：如是，第一波打算一路征戰至耶路撒冷的騎士，骨骸被用來阻擋繼他們而來的人。[25]

平民十字軍運動在一〇九六年十月的慘烈結局，對阿列克修斯是嚴重挫敗。這使他尋求外援的政策受到全盤質疑，看來甚至有反效果，增加帝國面臨的難題。根據安娜・科穆寧記載，在君士坦丁堡與阿列克修斯討論後勤作業的隱士彼得，對連串事件的看法強硬。他說，在翟里戈爾多斯和其他地方遇害的人，碰上那樣的命運是應該的；他們都是些劫匪與強盜，不服從命令，只隨自己的衝動行事。這就是為什麼他們無緣前往耶路撒冷的聖墓敬拜。[26]當時的其他人則持不同觀點。紀律鬆弛、規劃不善和過度亢奮會讓人付出最慘重的代價，諾壤的吉貝爾如此思索；這場遠征若是由一名國王領導，或許結果會不同。災難的發生「是因為死亡會找上欠缺紀律者，而缺乏自制的人難以活得長久」。[27]

《法蘭克人言行錄》在十字軍首役後於歐洲廣為流傳，許多關於耶路撒冷遠征的其他編年史都以這個文本為基礎。根據其記載：「皇帝聽說突厥人造成我方重大挫敗後，大為欣喜。」阿列克修斯接著「下令渡過赫勒之海把倖存者帶回來。抵達後，他解除了他們所有武裝」。[28]雖然這個記述有部分源自十字軍運動後皇帝極為負面的形象，但阿列克修斯對於最初抵達者並不滿意也是事實。如今，他需要準備迎接真正的第一波十字軍了。

野心勃勃又權大勢大的巨頭即將抵達拜占庭，而他們各自的期待，帶來了一連串複雜的政治要求。一〇九六年夏天，法國國王的弟弟韋爾芒多瓦的休先派了使節去見迪拉齊翁總督，有訊息要帶給阿列克修斯，裡面詳述他期望的接待方式：「皇帝知悉，我是王中之王，天底下最偉大之王。我抵達時應該獲得符合我高貴出身的盛大儀式歡迎。」[29]此後不久又來了一個訊息，語氣同樣高高在上：「doux〔拜占庭總督〕知悉，我的主君休即將抵達。他從羅馬帶來聖彼得的黃金旗幟。亦請了解，他是法蘭克軍隊的最高統帥。請確保他獲得符合他地位的接待，並由你親自迎接。」[30]

休終於抵達君士坦丁堡的時候，場面令人失望——但不是因為拜占庭人未能以高規格迎接他。事實上，從南義大利出海後，他的船隻遇上強烈風暴而失事，他在伊匹魯斯被沖上岸，但是失去了財物，也失去了在海上遇難的多數部屬。被救起後他旋即被帶至迪拉齊翁，立刻由正迅速成為皇帝重要副手的曼努埃爾·布圖米特斯護送前往君士坦丁堡，由阿列克修斯款待安撫他。[31] 如《阿列克修斯傳》以無奈的語氣所描述：「與休有關的這段插曲只是開始。」[32]

韋爾芒多瓦的休是正規十字軍最早抵達君士坦丁堡的成員之一，時間是一〇九六年十月底。[33] 布容的高佛瑞和其弟鮑德溫大約也在此時抵達。[34] 弗蘭德的羅伯在十二月從阿普里亞啟航，緊隨在後。[35] 結伴同行的布魯瓦的史蒂芬和諾曼第的羅伯應該比其他人晚出發，因為他們到一〇九七年四月初才準備從義大利渡海。[36] 當時博希蒙德已經抵達君士坦丁堡，而土魯斯的雷蒙離首都大約還有一百公里。[37]

由教宗與皇帝號召的貴族在穿越拜占庭領土的旅程中大致維持和平，不過也偶有誤會發生。有些是太過急切所導致。由親王國的理查（Richard of the Principate）領軍的隊伍渡海至伊匹魯斯時，他的瞭望者誤以為拜占庭艦隊是海盜船，因此他發出了作戰號令。十字軍船艦發射了一輪弩箭，其中一支箭射中拜占庭艦隊指揮官馬利亞諾斯・茅洛卡塔卡隆（Marianos Maurokatakalon）的頭盔，另一支箭則穿透他的盾牌與鎧甲，射中他的手臂。接著，西方騎士的一名隨行神父也加入戰局，抓起弓拚命射箭，然後又拿投石索發射了一塊大石頭，直接把馬利亞諾斯打暈。恢復意識後，馬利亞諾斯正站起身時，又被子彈用盡的神父拋擲的大麥蛋糕砸到臉。[38]

沿途還有其他波折。庇伊主教在穿越馬其頓的長征中暫停歇腳時遭到攻擊。阿希瑪爾的騾子與黃金都被搶走，頭部遭到重擊，但是他逃過了更糟的命運，因為他的攻擊者為了分贓而爭論不休，引起主教旅伴的注意，及時趕來救了他一命。[39]

出差錯時，事情往往被視為阿列克修斯的責任，然而這類攻擊其實來自當地的投機分子而非帝國代理人。我們將在後文看到，後續事件導致了對皇帝加油添醋而極為負面的描繪，使得拉丁文史料往往聚焦在能夠醜化阿列克修斯的任何事情上。在這個脈絡下，不同文獻對於前往君士坦丁堡途中的狀況卻隻字未提，就相當出奇了。這些史料中沒有一個提到補給短缺，顯示皇帝為了滿足遠征需求所做的安排很成功。這不是偶然：皇帝派出高階官員迎接各個隊伍，銜命引導他們安全抵達首都。「每當經過他們的任何一座城市，」一名親眼見證者寫道，「〔阿列克修斯派來的〕這個人就會要當地人為我們帶來補給品。」[40]為了在通往首都的幹道沿線建立、維持並供給市場，帝國投入了可觀的規劃工作並審慎執行。

皇帝指派護送隊伍陪同十字軍沿最快的路線行進，並確保他們持續移動，不要惹事生非。護送隊大致上成功完成任務，不過有一支隊伍特別不受管束。博希蒙德和他的手下經常偏離前往君士坦丁堡的主要道路去偷盜牲口和其他物品，有一次還放火燒了一座要塞，因為他們認為裡面都是「異端者」。[41]他們的行進速度也明顯比其他隊伍緩慢，顯示他們並不聽從代表皇帝的官員勸戒。[42]幸好，他們的行為在一名帝國嚮導抵達後明顯改善，這名嚮導阻止了他們攻擊一座「裝滿好東西」的城堡，並說服博希蒙德命手下士兵將洗劫而來的財物歸還給當地居民。[43]

隨著十字軍陸續接近君士坦丁堡，阿列克修斯又做了更多安排，希望讓最重要的領袖產生好印象，他寫了個人信函給他們，強調他們在首都將受到的盛大歡迎，以及自己與他們之間的友誼。他重申讓他們團結起來的連結，伸出兄弟情誼之手，甚至將自己呈現為父親角色。[44]然而皇帝也密切監視西方領袖間的聯繫，以防止不同隊伍在抵達君士坦丁堡之前就互通聲氣。[45]他一方面擔心龐大軍力抵達會對物資補給產生壓力，但更攸關重大的是他們對首都發動攻擊的潛在危險。阿列克修斯因此採取措施，固定攔截西方隊伍之間的通訊。[46]為了防患未然，他也邀請不同領袖超前他們帶領的部隊，先行與他會面。韋爾芒多瓦的休與博希蒙德都被迅速護送至首都，遠遠早於他們的軍隊。[47]其他領導者的旅程紀錄沒有那麼詳盡，如布魯瓦的史蒂芬和弗蘭德的羅伯，但同樣的情況想必也適用於他們身上。

土魯斯的雷蒙不願自行與皇帝會面：他明白在沒有部隊隨行下超前抵達，會削弱他在任何協商中的處境。[48]他的疑心不是沒有道理，因為阿列克修斯與這些顯要人士個別會面，確實別有用心。他需要確認他們的忠誠。

阿列克修斯是個慷慨的主人，奢華地款待西方人的領導者。一〇九七年夏天，布魯瓦的史蒂芬寫信給他的妻子、征服者威廉之女阿黛拉，興奮地描述了他在帝都獲得的待遇。皇帝送了各色禮物給所有領袖，他寫道，也親自確認補給品送達給西方騎士。「以我看來，在這個時代，沒有其他王公的人格如此正直。我的愛，你父親也送過許多很好的禮物，但是與這個男子相比他實在相形見絀。寫下關於他的寥寥數語，讓你稍微了解他是怎樣的人，也使我愉悅。」[49]

史蒂芬在信中透露了阿列克修斯對他的殷勤態度，在宮殿中款待了他十天，不僅送他許多禮物，也請史蒂芬將他的兒子送來君士坦丁堡，使他以「盛大尊貴的方式」受到榮耀。這所產生的效果是，史蒂芬不僅視皇帝為卓越的人物和慷慨的施惠者，也「像一名父親」。[50]

史蒂芬的信寫於皇帝和十字軍關係破裂之前，但即使是許多後來寫作的人，也都提到阿列克修斯出手大方。根據參與了十字軍運動的夏特的弗爾切記述，皇帝發出大量錢幣，以及備受珍視的絲質衣物。[51]另一名見證者對阿列克修斯的慷慨不以為然，並嘲弄他易受哄騙，說他鼓勵西方人喜歡什麼儘管開口，不管是黃金、白銀、寶石還是大氅。[52]即使皇帝並非真的有求必應，但他大方到被視為慷慨無度，還是足以說明他有多麼想贏得遠征領袖的個人支持。

文獻也一致記載，最顯要的十字軍參與者都曾與阿列克修斯會面。這完全背離了拜占庭君主的慣例。國外顯要來訪君士坦丁堡時，通常與皇帝保持一定距離。基輔統治家族的主要成員之一奧爾嘉公主（Princess Olga）在十世紀中葉到訪時，僅獲邀與皇帝一起用點心，[53]而德王在大約同時期派來的使節則等了好幾天才獲得皇帝接見。[54]

十世紀時，覲見皇帝是件充滿繁文縟節的事情。根據一名親睹者回憶：「皇帝的寶座前有一株鍍金的銅樹，同為鍍金銅質的樹枝上滿是體型各異的鳥類，發出與其種類相對應的鳥囀……巨大的獅子（雖然不確定材質是木頭或黃銅，但絕對鍍了金）似乎在護衛〔皇帝〕，它們尾巴拍打著地面，張嘴大吼，舌頭顫動。我扶著兩名閹人的肩膀被領至這個空間、來到皇帝面前。」此時，一個機械裝置將寶座往天花板升起，使皇帝與外國訪客不再處於交談距離之內。[55]

與十字軍參與者打交道時，阿列克修斯選擇的方式肯定會讓歷任君主大為驚駭。他採取了比較不正式的形式，好讓西方領袖感到自在。事實上，有些人覺得阿列克修斯做得太過了；在某次接見時，皇帝離座與賓客互動時，一名格外自信的騎士居然坐到了寶座上。被另一名騎士責罵後，他居然壓低聲音辱罵皇帝。據說他說：「好一個鄉巴佬！」這些話翻譯出來後，阿列克修斯的回應非常有氣度，只是警告諸位騎士將來碰上突厥人時可能遭遇的危險。[56]

最能說明阿列克修斯如何與西方領袖打交道，以及他為了贏得支持費了多少功夫的例子，是他與博希蒙德的關係。博希蒙德是極富魅力的人物，可以激發十字軍參與者的強烈忠誠感。他相貌非常英俊，鬍鬚剃得乾乾淨淨──在戰士通常蓄鬍的世界裡並不常見。[57]根據安娜·科穆寧描述，他「與當時在羅馬土地上所見的人，不論是希臘人還是蠻族，都不一樣。看到他的人無不心生仰慕，聽到他的名字則讓人恐懼」。他確實迷人，不過這「多少因為他整個人給人的不安感而減損」──根據《阿列克修斯傳》，「連他的笑聲聽來都像威脅」。日後他將成為拜占庭帝國與阿列克修斯糾纏不去的死敵。

這兩名男子在一〇八〇年代初曾經惡鬥過，深知彼此的優勢和弱點。策馬進入君士坦丁堡時，博希蒙德不可能預知情況會是如何，而當他直接被帶去皇帝面前時，兩人很快談及過往。「當時我的確是你的敵人與對手，」據說博希蒙德是這麼說的，「但如今我依照自己的意願，以陛下朋友的身分前來。」阿列克修斯在這第一次會面中頗為節制。「你旅途勞頓，現在應該累了，」他回答，「先去休息吧。明天我們再詳談。」[58]

皇帝昔日的敵人受到特殊安排。「博希蒙德前往科斯米迪翁修道院，那裡已為他準備好一間寓所，桌上擺滿了豐盛的各色佳餚。廚師還帶來了全未烹煮的紅肉與家禽。『如您所見，我們用我們習慣的方法準備了食物，』他們說，『但如果您不喜歡，這兒還有生肉可依照您的喜好烹煮。』」[59]阿列克修斯認為博希蒙德可能心中存疑並非多慮：這名諾曼人碰都沒碰那滿桌食物——不過他堅持請同伴自便。次日被問及為何他什麼都沒吃的時候，他的回答不容置疑：「我擔心他會派人在食物裡下毒害死我。」[60]

阿列克修斯送禮大方，並且將博希蒙德的住處「擺滿了衣服、黃金和白銀硬幣，以及沒那麼值錢的其他物品，以至於房裡根本無立足之處。他下令負責展示這些財物給博希蒙德看的人將門突然打開。博希蒙德對眼前所見大為驚異……『這一切，』那名男子說，『今天都是您的——是皇帝給您的禮物。』」。[61]

皇帝的慷慨也惠及十字軍中位階較低的參與者。布魯瓦的史蒂芬說，阿列克修斯的「禮物讓騎士的日子比較好過，他的盛宴也讓窮人重振精力」。[62]每一週都有四名使節受派前往布容的高佛瑞處，帶著要發給一般士兵的沉甸甸金幣，他們想必也去了其他高階貴族那裡。[63]

然而，儘管阿列克修斯為了迎接十字軍而大費周章，事情並不總是盡如人願。布容的高佛瑞在一〇九六年耶誕節前不久抵達君士坦丁堡附近之後，情勢變得令人緊張不安。這位洛林公爵不顧皇帝一再催促，就是不願渡過博斯普魯斯海峽，使皇帝陷入「深深的憂慮」，因為首都附近有一支身經百戰的騎士組成的龐大隊伍，讓他憂心異常。[64]阿列克修斯敦促並勸誘高佛瑞渡海的努力都告無效後，轉而採取較直接的手段。他派出一支全副武裝的小隊，由女婿尼基弗魯斯．布萊尼奧斯指揮，命他以武力將高佛瑞和其手下撤離城郊，移送到博斯普魯斯海峽東岸的指定部署地。[65]

拜占庭部隊很快就與高佛瑞的軍力展開交鋒。洛林公爵「發出如獅的怒吼」，親手殺了七名帝國士兵，而箭無虛發的布萊尼奧斯則足可媲美阿波羅——至少在他妻子的眼中如此。然而，這次兵戎相見的意義不在於參戰者的本事，而在於阿列克修斯被迫採取武力才能讓十字軍聽從他的號令。[66]

一開始，迫使高佛瑞離開的努力堪稱徒勞。他的士兵洗劫了君士坦丁堡郊區最宏偉的房宅，對城市與居民都造成廣泛損害。[67]軍事回應失效後，阿列克修斯決定收回補給品，「停止販售大麥與魚類，接著是麵包，藉此迫使公爵同意與皇帝見面」。[68]這是大膽之舉，可能會造成緊張情勢升高。但是這個方法奏效了。高佛瑞終於讓步，在阿列克修斯提出願以還不到十歲的兒子當人質，再一次企圖贏得他的支持後，同意與皇帝會面。[69]

高佛瑞與其追隨者盛裝出席與皇帝的會面，白鼬和貂皮外袍有著華麗的紫色和金色滾邊——象徵他們的權力與地位。[70]兩方終於達成共識，高佛瑞與其手下同意接受護送至博斯普魯斯海峽另一側，在基博托附近的指定集合營地加入其他騎士。交換條件是成堆的黃金白銀、紫色長袍，以及騾子和馬匹。[71] 阿列克修斯達到目的了。當大方送禮、賄賂和武力都失靈時，扣住補給品凸顯了阿列克修斯與十字軍交手時其實占了上風。如一名西方人所坦言，「所有人都必須與皇帝交好，因為少了他提供援助與出主意，不論是我們，還是隨後走同樣路線的人，都無法輕易完成旅程。」[72] 停止提供補給品有效傳達了這個訊息。[73]

武力是情非得已時的手段；多數情況中，從一〇九六到一〇九七年，帝國行政體系處理事務非常成功，西方騎士的到來以平靜而順利的方式完成。這有部分可歸因於皇帝對遠征領袖的殷勤關注與大方對待。但其他更實際的措施也協助減少了首都受到的威脅。舉例而言，進入首都受到嚴格管控，西方人只獲准小群通過高聳的城牆。根據某份文獻，每小時只有五、六個人獲放行進入城內。[74]

阿列克修斯的優先要務是將騎士送到博斯普魯斯海峽對岸的基博托，那裡已經做好各項安排，可以接待大隊人馬並提供補給。這件事有其急迫性，從皇帝為此與布容的高佛瑞起衝突即可知。如前文所述，十字軍接近君士坦丁堡時，城內瀰漫著不祥的氣氛。有些人猜測遠征真正的目標不是耶路撒冷，而是拜占庭首都。安娜．科穆寧寫道，十字軍「有志一同，為了實現他們攻下君士坦丁堡的夢想，他們採取了共同策略，而我先前也經常提起：表面上，他們要前往耶路撒冷朝聖；事實上，他們打算罷黜皇帝，拿下首都」。[75] 抱持此觀點的，不只是本來就認為外國人居心叵測的拜占庭人。其他觀察者，比如在帝國邊陲書寫的敘利亞人米凱爾，同樣認為十字軍不只是與拜占庭人小規模交戰，而是直接對君士坦丁堡發動了攻擊。[76]

布容的高佛瑞所發動的攻擊，加深了首都居民的擔憂。最焦慮的是與皇帝最親近的人。阿列克修斯在君士坦丁堡僅餘的少數盟友相信，城內的敵對派系會利用十字軍的到來起而反對皇帝。有些人想為科穆寧家族當年的奪權回頭算舊帳，還有些新的不滿在狄奧吉尼斯謀反後產生。根據《阿列克修斯傳》記載，皇帝的追隨者一度衝到宮殿，他們預期城內不滿的居民隨時可能造反，因此迫切的想對他們發動最後一擊。他們催促皇帝穿上盔甲，準備浴血一戰，但阿列克修斯只是無動於衷地坐在寶座上，表現出令人佩服而略顯誇張的冷靜自持。[77]

有人陰謀推翻阿列克修斯的傳聞，在君士坦丁堡城內與城外都甚囂塵上。至少一名西方領袖在抵達首都時被神祕的陌生人趨前警告，指出皇帝陰險狡猾，力勸他不要相信阿列克修斯的許諾與奉承。[78] 這樣的情形，再加上對於十字軍與其意圖的不盡信任，使得將他們撤離到基博托成為絕對必要之事，以確保阿列克修斯政權的安定。[79] 在距離君士坦丁堡這麼近的地方有這麼多武裝士兵，這件事本身就夠危險了；但此外還有一個憂慮，即城內的人可能會向剛抵達的這些隊伍求援，或乾脆利用這個緊張情勢圖謀對皇帝不利。

阿列克修斯事前即考慮到這個可能。雖然他邀所有主要西方領袖超前他們的士兵來到君士坦丁堡，藉此款待他們並贏得善意，但他也希望正式讓他們對自己負有義務。他的手段之一是收他們為義子。這是個古老的傳統，拜占庭皇帝藉此與國外大貴族建立精神上的父子關係。十字軍對此似乎也不以為奇；一名編年史家寫道，這是皇帝慣有的做法，而這些領袖也樂於配合。[80]另一名記述者則未加評論的簡單提到，阿列克修斯將所有西方領袖都收為義子。[81]但是阿列克修斯也知道認養義子是拜占庭獨有的規矩，因此以主要西方領袖一定能了解的方式確立了彼此的連結：博希蒙德、高佛瑞、土魯斯的雷蒙、韋爾芒多瓦的休、諾曼第的羅伯、弗蘭德的羅伯與布魯瓦的史蒂芬，都被要求發誓效忠皇帝。

效忠是封建體制的關鍵要素，在十字軍首役時在西歐已行之有年。效忠確立了領主與附庸間的關係，對兩者各自有特定的法律意涵。[82]附庸必須表示忠順，在神職人員面前以聖經或如聖髑等其他合適的宗教物品立誓，承諾服務領主，且不對領主造成傷害。阿列克修斯．科穆寧要從造訪的十字軍領袖身上獲取的，正是這樣的效忠。如安娜．科穆寧後來所說，皇帝要求每一位領袖成為anthropos lizios——他的封臣。[83]

當皇帝對參與遠征的主要貴族提出這個要求時，有些人強烈反對，他們在自己的土地上就是領主，無須順服於任何人，遑論是他們對他不負絲毫義務或責任的阿列克修斯。反對意見大聲湧現：「我們的領袖斷然拒絕，他們說『這太貶低我們了，要我們向他立下任何誓言都是不公正的。』」[84]不過，並非所有人都對此不滿：韋爾芒多瓦的休、布魯瓦的史蒂芬和其他人願意立誓效忠皇帝。這或許是因為他們在君士坦丁堡受到的妥善照顧，但也應該摻雜了務實考量，因為他們需要皇帝的幫助和支持才能順利前往耶路撒冷。一名見證者描述：「對這些人，皇帝任意贈與了許多金銀錢幣和綾羅綢緞；還給了一些馬匹和錢財，他們需要這些才能完成如此浩大的旅程。」[85]《法蘭克人言行錄》的作者也證實了這一點，對阿列克修斯與拜占庭一貫抱持敵意的他無法明白，遠征領導者為什麼願意立誓效忠皇帝。「這些勇敢而堅定的騎士為什麼會做出這種事？一定是因為他們受到迫切的需求所驅動。」[86]

另一方面，博希蒙德則著眼於更大的獎賞，建議阿列克修斯指派他帶領東方的帝國軍隊——這個位置自前任統帥阿德里安・科穆寧失勢之後依然懸缺。[87]參與遠征對博希蒙德而言是有益無害之事，從一開始他就想要爭取皇帝左右手的位置；他很快就看出如果他手段得宜，有大好良機等著他。[88]

經過一〇九六至九七年冬天的戰鬥後，拜占庭終於和布容的高佛瑞達成協議，條件之一是公爵將與其他人一樣宣誓效忠阿列克修斯。宣誓效忠後，「他收到大筆錢財，也受邀到阿列克修斯的皇宮與他同桌用餐，享受華麗的盛宴……皇帝接著下令為他的手下提供充足的補給品」。[89]

對阿列克修斯而言，要求西方人立誓效忠有兩個不同目的。首先是長期目標：確保西方騎士未來在小亞細亞的斬獲最後都能回到他手裡。但也有短期目標：在十字軍聚集於拜占庭境內的同時，確保他自己在君士坦丁堡的地位。後面這個原因，就是他與土魯斯的雷蒙達成妥協的原因。雷蒙斷然拒絕宣誓效忠阿列克修斯：「雷蒙回覆，他宣誓參與十字軍，不是為了效忠另一名領主，或是服務天主以外的任何人，他是為了天主才揮別自己的故鄉，放棄自己繼承的財產。」[90]

有一段時間，雷蒙拒絕宣誓危及了整趟遠征，一方面因為這延緩了其進程，也因為其他領袖已經立誓效忠皇帝。弗蘭德的羅伯、布容的高佛瑞和博希蒙德都已宣誓，也力勸雷蒙照做，但都徒勞無功。最終雙方達成妥協：「在這個時間點，與他的手下商議過後，伯爵宣誓他或他的下屬都不會傷害皇帝的生命或剝奪他的財產。」然而他依然堅拒效忠皇帝，「因為這會危及他的權益」。[91]阿列克修斯願意接受這樣的妥協凸顯了他主要的擔憂：十字軍就紮營在城外，皇帝需要確保他的生命和地位不受威脅。

對於博希蒙德，皇帝同樣願意保持彈性並有所通融。這名諾曼人同意成為皇帝的封臣，換取特別協議：「皇帝說如果博希蒙德願意對他立誓，回報給他的將是一片土地，範圍為從安條克出發的十五天路程長、八天路程寬。而〔阿列克修斯〕也立誓，如果博希蒙德信守諾言，他將永遠不會逾越他的領土。」[92]然而這個讓步的價值幾乎不值一提；真要說的話，是帝國占了便宜。鼓勵博希蒙德占領帝國傳統邊疆以外的土地，可能會在拜占庭與突厥人之間建立一個緩衝區。從博希蒙德的觀點而言，他可利用龐大的十字軍軍隊獲取己利，這一點對他特別有吸引力，因為他在由同父異母弟弟與叔伯掌權的南義大利前途有限。換句話說，這樣的協議對兩名男子都有利可圖。

博希蒙德實在太期待為自己開疆拓土的前景，因此在阿列克修斯與土魯斯的雷蒙談判時代為介入。是博希蒙德對遠征中最有權勢的這位參與者進行勸說，甚至威脅他，告訴雷蒙如果他還是拒絕宣誓效忠，他將直接對他採取行動。[93]這讓整個遠征隊伍中的低階士兵都對博希蒙德產生好感，因為他們認為領袖之間的紛爭，只會干擾在小亞細亞對抗突厥人的當務之急。十字軍運動得以維持動能因而被歸功於博希蒙德。這也使阿列克修斯對他更增好感，將這位先前的對手視為珍貴的盟友，既有常識也能與普通人打成一片——簡而言之，是他可以倚賴的人。

雖然皇帝在一〇九六到九七年間因為十字軍抵達拜占庭而有迫切的擔憂，但是與遠征領袖建立正式關係時，他也不忘著眼於長期策略。他特別關心的是西方人穿越小亞細亞時攻下的城鎮與地區後續如何的問題。這個問題在西方領袖於君士坦丁堡立下的誓言中即明白提到。布容的高佛瑞與其他主要西方騎士「來到皇帝面前並立下誓言，未來他取得的所有城鎮、土地或要塞，只要原本是屬於羅馬帝國，都將歸還給由皇帝指派的移交官員」。[94]

這個協議的消息迅速傳播到拜占庭帝國以外的地方，在穆斯林世界亦廣為人知。巴格達與大馬士革消息靈通的評論者都知道在帝國首都達成的協議大致內容。其中一人寫道，十字軍抵達拜占庭之後，「法蘭克人甫出現就與希臘人的皇帝訂定盟約，承諾把他們攻下的第一座城市交給他」。[95]另一名評論者著重在阿列克修斯為達目的不擇手段的決心與意志：「拜占庭皇帝拒不同意他們通過他的領土。他說，『除非你們發誓將把安條克交給我，否則我不會讓你們進入伊斯蘭的領土』。」[96]

拉丁文獻提到的不僅是西方領袖許下的承諾，也有阿列克修斯答應回報的條件。《法蘭克人言行錄》的作者寫道：「皇帝保證信守承諾，保護我們所有士兵的安全，並立誓帶一支軍隊和海軍與我們同行，盡心在陸地與海上為我們提供補給品，並補充所有缺漏的東西。此外，他承諾不會讓任何人對前往聖墓的朝聖者造成麻煩或困擾。」[97]

之後多年，許多紛爭都環繞著這些義務是否受到履行而起，兩方都指控對方破壞協議。不過有一件事無庸置疑：阿列克修斯完全明瞭效忠的概念，言行舉止也一如西方統治者，將他對立誓效忠的要求用騎士熟悉的語言包裝。皇帝是否知道彼此的承諾，在艱困情況下也可能被刻意拆解，則是另一回事了。

《法蘭克人言行錄》的作者敏銳指出，責任是雙向的。十字軍抵達君士坦丁堡時的設想是皇帝將親自指揮遠征。畢竟，十字軍在基博托集結時，阿列克修斯表現得就像是他們的統帥，餽贈禮物、提供食宿、協調他們的行動，並提供對付突厥人的戰術建議。而他要求騎士宣誓效忠，更是讓他成為遠征的中心人物。

這讓阿列克修斯處境尷尬。他呼喚西方前來援助，是因為突厥人進犯，以及連帶而起的帝國貴族反叛，讓他處境危險，而他迫切需要人手協助收復小亞細亞。他在軍事活動中扮演活躍角色的能力因而受到限制，如安娜．科穆寧所指出：「皇帝很願意隨行遠征，對抗不信神的突厥人，但是在審慎思考利弊後放棄了這個計畫：他指出羅馬軍隊的人數遠遠不及法蘭克人的龐大隊伍；基於長久以來的經驗他也知道，拉丁人有多麼不可信賴。」阿列克修斯也擔心自己不在時，君士坦丁堡可能爆發反叛。「因此皇帝當時決定不加入遠征，」安娜寫道。「然而，即使他同行並不明智，他依然了解必須盡量給予這些凱爾特人援助，彷彿他實際上與他們同行。」[98]

皇帝還不需要宣告他真正的打算。他可以陪同十字軍一起進入小亞細亞，領導最初的行動，但他可能尚未決定如果遠征成功，對抗突厥人也有相當斬獲，後續應該如何。然而在一〇九七年晚春時，對皇帝而言一切都進行得相當順利。他成功與所有西方領袖達成協議，也審慎承諾給予遠征協助；儘管如此，不論西方騎士的期待為何，他從未明確表示會親自領導他們前往耶路撒冷。他們未來的關係主要將視騎士取得多少成功而定。因此，當十字軍朝第一個重大目標進軍時，阿列克修斯密切關注。這第一個目標是尼西亞。

# 第九章

Chapter 9

# 首度遇敵

First Encounters with the Enemy

十字軍在小亞細亞的征途是關於勝利與千鈞一髮的故事，摻雜著極度暴力和高傲男子間的衝突。阿列克修斯迫於政局不穩而必須待在帝國中心，無法遠行出征，只能試圖遙控這場軍事活動。這樣的方式風險很大，但是在十字軍運動的頭一年左右也是成功的。

一〇九七年春天在基博托集結的軍力驚人，達數萬人之多，而為他們提供補給形成巨大的挑戰。基博托的運作順暢讓布魯瓦的史蒂芬頗為佩服，他在給妻子的信中描述了那裡準備好給十字軍的大量食物和補給品。[1] 其他人也提到了鎮上的物資豐足，以及販售小麥、葡萄酒、橄欖油、乳酪與其他必需品給西方人的大量商販。[2]

一如在巴爾幹半島的情形，這些貨品的價格並非由市場力量或憑一心牟利的交易商高興而決定。據一名作者記錄，早在最初的西方人抵達基博托時就已有大量物資供應，而且因為帝國集中控制而價格固定。[3] 充足的補給讓十字軍士氣高昂；也讓皇帝在西方軍隊的行伍間更得人心。固定分發給一般士兵的金錢同樣激發了高漲的善意和感激之情，讓聚集的軍力更有決心進攻尼西亞的敵人。[4] 在這樣的高昂情緒下，阿列克修斯更借勢承諾若能擊退突厥人並收復該鎮，還會提供更多黃金、白銀、馬匹及其他物資。[5]

十字軍在一〇九七年初夏啟程前往尼西亞，於五月抵達該鎮。才在高聳的城牆外紮營停當，西方人旋即試圖快速攻城。這讓阿列克修斯大感吃驚；他很久以前就判定這座要塞無法以武力奪取。[6]事實上，他會向西方搬救兵，正是因為他在一〇九〇年代早期試圖攻下這座城市時的挫敗。如今，他認為攻下尼西亞唯一的方式是在充足的人力支撐下長期圍城，但這個想法卻立即受到了十字軍的挑戰。

與其先在城外設立包圍界線並逐漸縮小範圍，騎士隊伍先是快速評估了尼西亞的防禦工事，然後直接開始試探其防禦措施，並嘗試突破城牆。他們展開攻擊時，甚至還有些主要領導者尚未抵達；諾曼第的羅伯和布魯瓦的史蒂芬抵達時才發現攻擊已經開始。[7]

雖然滿腔熱血，但西方人一開始的攻擊沒有多少效果。根據一名十字軍戰士的說法，環繞尼西亞的高聳城牆使居民既不懼怕敵人攻擊，也不害怕任何器械之力。如前文所述，這座城鎮的位置占盡天險之利，包括西面一座遼闊的湖泊。[8]為了突破防禦工事，騎士們設計並建造了投石機，雖然無法對龐大的壁壘造成重大損壞，卻能為工兵提供掩護，讓他們接近城牆，開始從下方破壞其結構。在土魯斯的雷蒙監督下，一個工兵隊伍很快就挖倒一段城牆，提振了十字軍這方的士氣，同時讓突厥駐軍大吃一驚。他們徹夜趕工才得以將遭破壞的地方修補好。[9]

儘管早期即有人員傷亡，十字軍仍然奮戰不懈。主力騎士卡爾德倫的鮑德溫（Baldwin of Calderun）在率隊往城門衝鋒時，被城垛口投擲下來的石頭擊中，頸部斷裂。也有其他重要人物被擊中，包括根特的鮑德溫（Baldwin of Ghent），他因為從城堞投出的精準一擊而受了致命重傷。疾病也開始奪取人命：年輕勇敢的波塞斯的吉伊（Guy of Possesse）就是在感染熱病後不久過世。[10]

相對於進攻者，尼西亞城內的人占有重要戰略優勢。高聳的城堞與城牆讓他們可以看到十字軍的動靜並據以準備。他們也可輕易朝下方毫無掩護的士兵發射拋射體和弓箭，或丟擲物品下去。此外，防禦尼西亞的突厥人頗富機智巧思：祭出熱油、油脂和瀝青對付來到可觸及城牆之處的進攻者。[11] 不僅如此，突厥人知道十字軍從一〇九六年夏天就開始在基博托集結，因此已經花了數月囤積撐過長期圍城所需的物資。他們似乎有十足把握不會輸掉尼西亞，乃至於遭圍期間總督基利傑・阿爾斯蘭甚至不在城內，而是在小亞細亞的其他地方。[12] 與阿列克修斯一樣，尼西亞守軍認為這座城市被強行攻下的機會微乎其微。

他們表現信心的方式，是以殘忍公開的方式對待敵方死者。諾曼第的羅伯旗下一名騎士在某次進攻時落單後遭守軍擊斃。他死後，帶尖利鐵爪的一個裝置從城牆上以鐵鍊垂下，抓起屍體後再往上拖到城垛口後方。赤裸的屍體接著以繩圈懸掛，吊在城牆上，讓所有人看見。訊息很清楚：想要攻下尼西亞，是人力、時間與精力的浪費。[13]

十字軍以牙還牙。被派往接防尼西亞駐軍的一隊突厥人遭擊敗後，全部遭斬首，西方人將砍下的頭顱穿刺在長矛頂端後遊行示眾，讓城內的居民看到。如安娜．科穆寧提到，這樣做是「為了讓蠻族從遠方看見發生了什麼事，因為初次遭遇敵軍所受到的挫敗而恐懼，將來不會再那麼急於交戰」。[14]

西方騎士對尼西亞進一步施壓。圍城戰是西歐在十一世紀快速發展的技術領域之一。南義大利的諾曼人尤其善於攻擊並快速拿下重裝防禦的城鎮，而非透過漫長的圍城讓他們屈服。諾曼人在一〇五〇和一〇六〇年代快速征服阿普里亞、卡拉布里亞和西西里，主要就是仰賴在圍城戰術上的創新，以及面對難攻要塞時的巧智。因此，從騎士一開始抵達城下後，為了突破尼西亞城防的圍城機器就已展開建造。

他們聚焦在由貢納塔斯（Gonatas）塔保護的一段城牆。這座塔在一個世紀前的一場叛亂中受損，已經傾斜。遠征領袖立刻看出這是尼西亞防禦工事中最弱的一環。[15]土魯斯的雷蒙負責設計用於對付這座塔的特殊攻城機械，這個裝置呈圓形，用厚厚的皮革包覆，以保護在裡面工作的人員。機械推至城牆邊後，工兵即以鐵製工具在城腳工作，將塔基的石塊挖掘出來並以木梁取代，接著放火燃燒。雖然貢納塔斯塔沒有立即倒塌，但是十字軍的工作對城牆造成了明顯可見的破壞。也在尼西亞城內引發恐慌。[16]

阿列克修斯企圖利用突厥人日益瀰漫的焦慮情緒。皇帝已經在佩雷卡諾斯（Pelekanos）設立前進陣地，從這裡監測並指揮行動。對尼西亞的第一波攻勢展開後，曼努埃爾．布圖米特斯即祕密進城，試圖透過協商達成和解，他提醒城內居民皇帝過去對突厥人向來慷慨大度，而十字軍若破城而入後果將不堪設想。曼努埃爾還提出書面文件，保障居民若立刻投降可受到的待遇。[17]

突厥人拒絕了他的提議，因為他們對尼西亞的防禦信心十足。何況他們還收到大軍正前來增援的消息。誠然，在圍城早期，十字軍才是該焦慮的一方。假冒基督徒朝聖者混入西方陣營的間諜被抓後，在酷刑下吐露尼西亞駐軍與外界溝通自如，而突厥大軍正朝尼西亞而來。[18] 補給品從阿斯卡尼亞湖（Ascanian Lake）運入城內的畫面，更凸顯了與其期待長期圍城能迫使居民投降，不如斷然採取行動的必要性。

嚴密控制軍事活動的阿列克修斯下令從尼科米底亞灣經陸路運來船隻，以封鎖阿斯卡尼亞湖，同時加強對尼西亞的攻勢。拜占庭弓箭手部署到接近城牆處，銜命提供密集的掩護火力，使突厥守軍無法從城垛口探頭往外看。帝國軍隊在小號和鼓聲伴隨下發出戰呼，製造強力攻擊的印象。一片帝國軍旗從遠方接近的畫面，更顯示似乎還有更多人馬即將抵達，加入攻城行列。[19]

阿列克修斯的計畫是呈現壓倒性軍力優勢的印象，迫使尼西亞依照他要的條件投降。曼努埃爾．布圖米特斯再次祕密入城，這次帶著皇帝親自簽署的金璽詔書（chrysobull），詳細列出條件，包括大赦令以及慷慨的金錢餽贈，「惠及尼西亞城內所有蠻族，無一例外」。[20]這一次，皇帝終於以積極行動和機巧算計說服突厥人投降。

這是阿列克修斯的一大勝利──也證明了他向西方求援的宏圖正確。儘管如此，這個情況必須小心處理。皇帝擔心西方騎士不會滿足於由拜占庭居間協調而來的和議，因此下令佯裝對城牆發動「攻擊」。這是為了製造一個印象，即突破防禦並成功攻下尼西亞的是拜占庭人，不是十字軍。

一〇九七年六月十九日，對協議仍毫不知情的西方人持續攻擊尼西亞防禦工事的同時，拜占庭士兵爬上了尼西亞臨湖面的城牆，翻過城垛口，插上了在城市上方飄揚的帝國軍旗。號角聲中，皇帝阿列克修斯一世．科穆寧的軍隊已攻占尼西亞的消息，從城牆上大聲昭告。[21]

尼西亞陷落在穆斯林世界引發震撼。當時在大馬士革的一名作者描述：「一連串消息傳來，說法蘭克人的軍隊從君士坦丁堡的方向渡海而來，軍力難以計數……隨著消息愈來愈多，透過口耳相傳散播開來，人們心裡也開始焦慮不安。」[22]據說突厥人的墓碑被用來重建在尼西亞圍城期間受損的某段城牆，這樣的消息只是讓人更擔心西方大規模遠征將對小亞細亞其他地方有何影響。[23]

尼西亞陷落在西方陣營也引發轟動。對十字軍而言，這證明了前往耶路撒冷的遠征受到上天賜福。隨著尼西亞已被攻下的情勢明朗，「榮耀歸主！」的呼聲以拉丁語和希臘語在城內外響起。[24]攻下尼西亞顯示西方騎士是在為主做工；在遠征後期勝利的希望渺茫時，他們經常提起這次成功。對於在上帝保護下行進的隊伍，沒有什麼目標是堅不可摧的。

對阿列克修斯而言，收復尼西亞是他的主要目標之一。然而西方騎士展現的企圖心、速度和決心都令人驚豔。一〇九七年六月奪得該城，因而是對皇帝決定尋求西方軍援的全面肯定。這一次，阿列克修斯大獲全勝。

尼西亞在沒有太多流血情況下回到拜占庭手中，也讓皇帝看到未來的機會：他可以將自己塑造為突厥人的朋友與保護者，能拯救他們免於遭到騎士屠殺。皇帝對待尼西亞突厥居民的方式，也足以佐證他有這個意圖：所有突厥居民都獲得機會加入帝國軍隊，並收到慷慨贈禮，之後也都獲准安然離開。[25]十字軍同樣獲得豐富獎賞：為了慶祝攻陷尼西亞，遠征領袖獲贈黃金、白銀與華美的外袍，低階士兵則獲得銅幣賞賜。[26]

然而，並非人人都為皇帝的慷慨而折服。有人開始表達不滿，質疑阿列克修斯的角色，以及他憑什麼利用西方的力量和技術坐收漁利。遠征隊伍中一名主要的教士在幾個月後寫信給漢斯大主教瑪拿塞斯二世（Manasses II），指出「軍中的王公殷勤趕去與前來致謝的皇帝會面。收到他餽贈的珍貴禮物後，他們回到軍中，有些人對他抱持好感，有些則否」。[27] 諷刺的是，有些不滿正是由阿列克修斯的慷慨所引發。騎士離開西歐是為了奉行上帝的旨意，對某些人來說，因此而受到拜占庭人的金錢獎賞並不恰當。

阿列克修斯在尼西亞時重提宣誓效忠之事，又引發了更多不滿。根據安娜・科穆寧所寫，她父親在一〇九七年六月要求先前已經立誓的人再次確認承諾，但是這樣的說法並不具說服力，也不為拉丁文獻所佐證。[28] 事實上，在攻陷尼西亞之後，阿列克修斯是要求尚未宣誓效忠的騎士表明立場。有些重要領袖在君士坦丁堡逃過了他的注意，如博希蒙德的外甥譚克雷德即默默避免了宣誓效忠皇帝，根據十二世紀為他作傳的作者所寫，這是因為他視之為奴役的枷鎖。[29] 尼西亞被攻克後，譚克雷德也受到宣誓效忠的壓力，他強烈抗議——不過後來也表明了交換條件：他要獲得與其他領袖一樣的回饋，外加一些其他獎勵。一名拜占庭高階軍官因為他的傲慢無禮而撲向他攻擊，得要旁人硬拉才將打成一團的兩人分開。這一次也是由博希蒙德出面緩頰，說服譚克雷德立下誓言。[30]

阿列克修斯會在尼西亞陷落後企圖對遠征軍強化他的個人權威，是因為他決定不參與穿越小亞細亞的遠征——至少當時沒有這個打算。雖然皇帝親赴尼西亞監督攻勢並目睹了該城陷落，但他不願再更深入安納托利亞地區。經歷了十字軍運動前夕的眾叛親離之後，他深知離開首都的危險，因此選擇讓一名身經百戰而備受信賴的將軍領導西方軍隊前往東方。顯而易見的人選是皇帝的兒時友伴塔提基歐斯。冷硬剛強而經驗豐富的塔提基歐斯向來忠於阿列克修斯，尤其在狄奧吉尼斯的陰謀敗露之際。他被割去鼻子——可能是在一〇九〇年代中期政治內鬥激烈時忠於皇帝的緣故——因此帶著金色的鼻套遮掩。[31]塔提基歐斯受派指揮即將領導十字軍穿越小亞細亞的軍隊，並占領前往耶路撒冷途中攻下的任何城鎮。[32]

阿列克修斯因為十字軍運動前夕的政局危機而不願參與遠征情有可原。皇帝告訴土魯斯的雷蒙他無法領導騎士前往耶路撒冷，因為「他擔心若他與朝聖者一起踏上旅程，阿勒曼尼人、匈牙利人、庫曼人和其他蠻族會蹂躪他的帝國」。[33]這些都是真實的危險：庫曼人在一〇九五年春天的攻擊讓拜占庭帝國疲於奔命，到了崩潰點，皇帝無法採取直接行動，只能在聖索菲亞大教堂安排一場繁複的典禮，將兩塊板子放在祭壇上，一塊上面寫著他應該御駕親征，一塊上面寫著不要；其他的只能交給上帝。[34]

因此在一〇九七年，以來自帝國內外的威脅而言，阿列克修斯親自出征的風險實在太高。我們將在後文看到，一年後，當安條克戰況緊急的消息傳到阿列克修斯耳中，懇求他前往東方解救處境艱困、面臨毀滅的十字軍時，皇帝依然愛莫能助。皇帝向西方求助時的地位岌岌可危，在十字軍首役期間也一直是如此。儘管如此，在一〇九七年當時，這場遠征依然由阿列克修斯所掌控。雖然有些騎士在尼西亞陷落後便鼓動著要繼續踏上征途，但還是要到皇帝准許他們離開後，十字軍才在六月底啟程。[35]

皇帝則待在小亞細亞北部，監督拜占庭帝國收復這塊次大陸西海岸與河谷的工作。尼西亞穩固後，阿列克修斯旋即整備一支軍隊，交由約翰・杜卡斯與康斯坦丁・達拉瑟諾斯指揮，命他們前進至查卡在斯麥納的據點。他們將從那裡奪回落入突厥人手中的其他海岸城鎮，然後轉戰內陸，由杜卡斯朝麥安德河谷（Maiander valley）上游前進，達拉瑟諾斯則率領側翼北上前往阿拜多斯。目標是收復小亞細亞西部的大片領土。[36]

皇帝的行動，與領導十字軍東進的塔提基歐斯所走的路線相配合。在一〇九七年六月底從尼西亞出發後，這名拜占庭將領不是走穿越安納托利亞中部最直接的路徑，而是帶著龐大的軍隊往南，最遠來到皮希迪亞的安條克。這是為了在約翰・杜卡斯的軍事活動展開時，將拜占庭在整個海岸與其腹地的軍力部署最大化。[37]背後的想法是要讓突厥人以為他們即將受到大規模攻擊，自行投降。

為了對突厥人施加更大壓力，杜卡斯帶著查卡在尼西亞遭俘的女兒同行，不僅藉此證明這座城市的陷落，也顯示她父親的勢力已經衰落。拜占庭人顯然對她禮遇有加，這讓查卡已經心生動搖的追隨者清楚看見，與皇帝合作有利無害。[38]

拜占庭人在一〇九七年夏天展開的軍事行動大獲成功。斯麥納、以弗所與所有沿岸城鎮都獲收復。隨著杜卡斯持續推進，菲拉德爾菲亞（Philadelphia）、薩蒂斯（Sardis）、勞迪基亞、寇瑪（Khoma）與蘭佩（Lampe）陸續被攻下或自行投降。到了一〇九八年夏天，沿岸地區與內陸重要節點再度回歸帝國掌握。收復的各個地點旋即都派任了由拜占庭人擔任的總督。獲得這些職位的人，如卡斯帕克斯（Kaspax）、海亞里斯（Hyaleas）、佩茨亞斯（Petzeas）、麥可・克考梅諾斯與尤斯塔西奧斯・卡米茲提斯（Eustathios Kamyztes），都是狄奧吉尼斯謀反後新得勢的人。一〇九〇年代中期以前他們還沒沒無聞，如今則站在帝國東部行省重大反攻行動的最前線。[39]

讓帝國頭痛了將近十年的查卡，則終於被迫逃離斯麥納。他的敗亡極富戲劇性。他來到阿拜多斯與基利傑・阿爾斯蘭商議對策，在一場奢華的宴會後遭到謀殺，而將刀子刺入他身側的，正是曾任尼西亞總督的阿爾斯蘭。查卡對小亞細亞的突厥人已經沒有價值了。[40]

拜占庭的國運大幅振興，促使基利傑・阿爾斯蘭主動找皇帝談和。安娜・科穆寧寫道，「這些協商都獲得成功。」雖然她沒有詳述協議內容，但是從「海岸省分重獲和平」這一事實，足見拜占庭帝國在小亞細亞的運勢已突然且明確的好轉了。[41] ❶

如今，東方行省最重要的城鎮與地區重回帝國手中。雖說要將突厥人完全逐出小亞細亞還有許多工作待做，但皇帝也必須務實考慮一次可以收回多少領土。他必須找到夠多他能信任的官員在這裡重新樹立權威，但除此之外，他還必須確保一〇九七到九八年間的斬獲能夠長久穩固。當然，隨著十字軍離開尼西亞持續推進，突厥人也有可能捲土重來，再度對尼西亞以及這個地區造成壓力。因此，與基利傑．阿爾斯蘭達成協議是阿列克修斯樂見的發展，使他有餘裕在西小亞細亞好好重建帝國勢力，也鞏固他自己獲得改善的處境。

皇帝精明的利用了十字軍的實力，獲得的好處有直接的——收復尼西亞——也有間接的，而這是透過十字軍對於西小亞細亞的突厥勢力所造成的廣泛壓力。然而諷刺的是，基利傑．阿爾斯蘭雖然與阿列克修斯達成和解並為此放棄了一片廣袤領土，這卻對十字軍產生負面影響，因為突厥人的注意力現在全都集中在他們身上了。

從尼西亞啟程後，西方軍隊兵分二路，一路由博希蒙德、譚克雷德和諾曼第的羅伯領軍；另一路則有弗蘭德的羅伯、土魯斯的雷蒙、韋爾芒多瓦的休和庇伊主教。把軍力一分為二有實際原因。雖然截至目前的物資提供都由皇帝確保無虞，但是龐大的軍隊一旦開始移動

❶ 第十二章注釋84所指段落。

就使得補給成為巨大的挑戰，尤其是在安納托利亞中部高原盛夏時的炙熱高溫下。

七月伊始，才開始行軍沒幾天，博希蒙德就注意到他帶領的先頭部隊接近多里萊昂鎮（Dorylaion）的廢墟時，有突厥探子尾隨他們。他立即派人帶話給主力部隊，但是他被基利傑．阿爾斯蘭所指揮、正前往攻擊西方騎士的龐大突厥軍隊所突襲。隨著敵人展開攻擊，「像狼一樣呼號並射出漫天弓箭」，震驚與恐懼的情緒在十字軍戰士之間瀰漫開來。[42]

突厥人發出的聲音令人驚恐。「他們開始念念有詞並大聲叫喊，用他們的語言說著我聽不懂的鬼話」，一名親歷者寫道。他們很可能是在大喊Allahu akbar!——「真主至大！」然而讓西方人害怕的不只是他們發出的聲音。他們的攻勢如此猛烈，使得遠征的隨行神父只能在泉湧的淚水中向上帝祈禱，因為他們確定自己死期不遠了。[43]「接下來我能說什麼？」另一名西方人寫道，「我們像圍欄中的綿羊聚集在一起，因為恐懼而顫慄，四面八方都被敵人包圍了，我們無處可逃。我們心知這是因為我們的罪愆所致……如今我們已毫無生還的希望。」[44]

博希蒙德一行人被馬背上的弓箭手包圍，最後退到了附近的一條河畔。但也幸虧如此，因為對身著金屬甲冑並以沉重刀劍戰鬥的騎士，飲用水的取得有時攸關生死。此外，突厥馬匹也不善於在溼潤的草澤上行走。

後撤到對他們較有利的地勢後，儘管死傷慘重，十字軍士兵仍堅守陣線，奮勇進行最後一搏，直到援兵抵達。博希蒙德的戰術與維持士兵紀律的能力，說明了這名諾曼人領袖為什麼愈來愈受遠征軍一般士兵的愛戴。他鼓勵手下堅守陣地，並且在與敵人的第一次重大遭遇戰中以身作則。十字軍沒有喪失信念：「我們沿著陣線傳遞一個祕密訊息，讚美上帝並提醒彼此，『全體團結堅守陣地，相信基督，相信聖十字終將得勝。今日，上帝應允，你們都將獲得豐厚的戰利品！』」[45]看來，支撐這些騎士的不只是信仰。

隨著布容的高佛瑞、土魯斯的雷蒙與韋爾芒多瓦的休所率部隊的分遣隊抵達，強弱的平衡開始向西方人傾斜。庇伊的阿希瑪爾出現後情勢更是發生決定性的轉變，主教突襲並放火燒了突厥人的營地，然後從後方攻擊敵人。這在突厥人的攻擊部隊中造成混亂，士兵開始四散。這場戰役本來可能讓十字軍運動在恥辱中提前結束，最後卻變成一次輝煌的勝利。難怪有些評論者認為這也是代表上帝恩典與保護的跡象：「在接下來那天和第三天，突厥人持續逃離，這是上帝造成的偉大奇蹟，不過並沒有人追擊他們，除非是上帝自己。為這場勝利而欣喜的我們感謝上帝。是他的意志使我們的旅程沒有變成徒勞，而是變得更為輝煌繁盛，為著屬於他的基督信仰。」[46]

儘管如此，突厥人讓十字軍深感驚異：他們馬術精湛，勇猛善射，軍事能力高超，贏得了西方人的欽佩。有些十字軍士兵為他們不是基督徒而感到可惜：「（突厥人）有個說法，即他們與法蘭克人系出同源，而只有法蘭克人與他們自己是天生的騎士。真確無比而沒人可以否認的是，如果他們堅守對基督與基督教的信仰……你找不到比他們更強壯勇猛或技術高超的士兵；然而在上帝的恩典下，他們被我們的士兵擊敗了。」[47]儘管諸騎士不得不欽佩敵人——基利傑．阿爾斯蘭被稱為「非常高貴的男子，可惜是個異教徒」——但是突厥人對遠征造成的威脅畢竟壓過了這些好感。[48]正如阿列克修斯在君士坦丁堡就提醒過的，突厥人是勇猛可畏的戰士，除非在戰鬥時保持嚴格紀律，十字軍將慘遭屠戮。[49]

在多里萊昂成功抵禦攻擊後，眾騎士繼續踏上穿越安納托利亞中部的征途。他們進展很快，一路上沒有遭遇真正的抵抗，因為碰到的突厥人都默默消失，不敢與他們交戰。隨著十字軍逼近現代土耳其北海岸的赫拉克萊亞（Herakleia），敵人逃走的「速度就像用強勁手力射出的箭離弦一般飛快」。[50]無人抵抗是因為西方騎士在多里萊昂的驚人勝利。一名阿拉伯文作者指出：「當消息傳來，伊斯蘭大業遭到令人蒙羞的挫敗時，人們變得焦慮異常，也愈發恐懼和擔憂。」[51]

軍隊在小亞細亞如入無人之境的繼續行進，塔提基歐斯也沿途收復具有戰略重要性的城鎮。這些城鎮都是事先鎖定的，因此，這名拜占庭指揮官沒有帶十字軍走最直接的路線前往聖地，而是經過一連串可作為據點的地方，未來可從這裡發動征服行動。其中一地是普拉森夏，此處位於凱撒里亞（現代的開瑟利，Kayseri）東邊，於一〇九七年秋天收復。依照十字軍與皇帝之間的協議，這座城鎮交由一名帝國總督接掌，在此例中是一〇八〇年代中期開始為阿列克修斯服務的彼得・阿里法斯。如今擔任十字軍聯繫人要角的彼得展開了穩固普拉森夏的工作，不過，根據一名評論者所記載，他是「以對上帝與聖墓的效忠」，而非以皇帝之名進行這件事。[52]

隨著十字軍東行，其他地點也在類似的安排下交由拜占庭人掌控。小亞細亞東南部的一片領域交由某個名叫西緬（Simeon）的人指揮，他誓言保護這裡不受突厥人攻擊。[53]另有一人名叫韋爾夫（Welf），在一小隊十字軍抵達以評估南部海岸的情勢時，這名勃艮第人已經將突厥人逐出亞達納並控制了這座城鎮。與彼得・阿里法斯一樣，他也是為帝國服務的西方人，在十字軍穿越小亞細亞的同時，為拜占庭收復城鎮。[54]

布容的鮑德溫（高佛瑞的弟弟）以及譚克雷德參與的兩次進襲似乎也以收復城鎮為目的。一〇九七年秋天，鮑德溫在十字軍領導層同意下，脫離遠征主力，進入西里西亞。譚克雷德在大約同時出發——但是並未獲得同意。他聲稱已決定自行前往安條克；事實上，他想去看鮑德溫在玩什麼花樣。[55]

兩名男子都以小亞細亞東南沿海富裕而有戰略意義的塔爾索城為目標後，很快就爆發了衝突。譚克雷德首先抵達，在做出一連串切中要害的威脅之後，不費一兵一卒就在城牆上揚起了他的旗幟。鮑德溫在不久後抵達，立刻用自己的旗幟取代了譚克雷德的旗幟。隨著譚克雷德先後進襲亞達納與馬米斯特拉，而鮑德溫緊隨在後，兩名男子間的敵意持續升高。最後，他們的部隊爆發正面交鋒，譚克雷德的奇襲輕易被鮑德溫的士兵擊退。[56]

這則插曲很難詮釋；它通常被解讀為追求個人利益的例子，兩名男子都想利用十字軍運動期間出現的機會為自己牟利，繼而為爭奪戰利品而爭鬥。事實上，要尋找可能的解釋，我們必須再一次將眼光轉往君士坦丁堡。

鮑德溫在首都引起了皇帝注意，就是他斥責了膽敢坐在皇帝寶座上的自大騎士，讓阿列克修斯留下深刻印象。《阿列克修斯傳》全文引述了他的話：「你絕不該做出這種事，尤其是在承諾成為皇帝的臣屬之後。羅馬皇帝不讓臣民與他們同坐。這裡的常規如此，身為宣誓效忠陛下的臣屬，就該遵循本國規範。」[57]

阿列克修斯本來就在尋覓能夠信賴的西方人。連藍眼睛、臉部光潔無鬚、在拜占庭帝國讓人聞風喪膽的博希蒙德，都曾在皇帝尋找可在十字軍運動期間委以重任的指揮官時受到審慎考慮。鮑德溫看似完全符合標準。因此，他會受命指揮前往海岸的軍力，並且進攻塔爾索以及小亞細亞東南隅，絕非偶然。拿下塔爾索，是十字軍進攻下一個目標安條克的重要前導。塔爾索是擁有天然良港的重要據點，突厥人很可能會在西方人抵達後從此處侵擾敘利亞沿岸地區，威脅從小亞細亞南部以及賽普勒斯通往安條克的補給線。阿列克修斯已經在建立賽普勒斯成為供應十字軍物資的主要基地。遠征軍要在敘利亞取得成功，東地中海的海上交通就必須受到保護。攻下塔爾索以及鮑德溫瞄準的其他城鎮——比如馬米斯特拉——是收復安條克的整體計畫重要的一環，直到不久以前，這座城市一直是拜占庭帝國東部最重要的城市。

因此，派遣鮑德溫負責攻下塔爾索與其腹地的其他城鎮，與圖利個人無關，而是在皇帝指示下執行的進襲。也因此，鮑德溫才會獲同意脫離由塔提基歐斯率領的主力軍隊。這也能解釋鮑德溫為何堅決驅離譚克雷德。後者魯莽衝動而野心勃勃，是個難纏角色。鮑德溫最後訴諸武力是維持遠征架構完整的必要手段。

取得塔爾索、亞達納與小亞細亞西南隅的其他地點後，鮑德溫便將之交付給塔提基歐斯與拜占庭人。這也是為什麼在不到六個月之後，塔提基歐斯便能在離開十字軍營地尋找物資與援兵前，將這些城鎮交由博希蒙德掌控。[58] 鮑德溫展現出他願意積極捍衛阿列克修斯的利益，而很快的，亟欲逐出突厥人的其他城鎮與當地居民就開始以他為皇帝的代表，向他請求援助。重新加入主力軍隊後不久，鮑德溫又第二度脫隊，這次深入高加索地區。他受埃德薩總督托羅斯（T'oros）之邀前往該地，總督是拜占庭帝國所指派，根據當地來源記載，他已盡力守衛該城，「如獅子一般勇猛地」與突厥人戰鬥。[59]

鮑德溫被該地居民視為拯救者，受到熱烈歡迎。「我們通過亞美尼亞人的城鎮時，」一名目擊者描述，「驚奇地看到他們帶著十字架與旗幟出來迎接我們，親吻我們的雙腳和衣服，因為他們熱愛上帝，也因為他們聽說我們將保護他們，對抗壓迫他們多時的突厥人。」[60]根據對該城的哈蘭門上一段銘文最可能的解讀，居民這麼欣喜地迎接鮑德溫，想必是因為他們相信皇帝積極想要保護這片地區不受突厥人侵擾，正如他在十字軍運動前就迫切想做的一樣。[61]這也說明了埃德薩的居民為何提出願將該城一半的收入與稅賦交給鮑德溫。這不是為了讓鮑德溫中飽私囊；這些是要給皇帝的錢，只是依照傳統規矩交給他的代理人。[62]

埃德薩與普拉森夏和塔爾索一樣，位於可宰制一片廣大區域的戰略位置，而鮑德溫取得該城顯然也是整體計畫的一環。阿列克修斯正在東方建立一個網絡，由他信任的副手所掌控的關鍵城鎮與地點所組成。這樣的角色非常適合鮑德溫。虔誠且經驗與能力兼備的他，是世襲財產在十一世紀大幅縮減的三兄弟中最小的一位，啟程前往耶路撒冷前賣掉了他持有的幾乎所有土地。與其他一些參與者一樣，他不僅視十字軍運動為前往耶路撒冷的朝聖之旅，也是在東方建立新生活的機會。

鮑德溫正式代表君士坦丁堡接管埃德薩。我們知道這點，不只是因為他開始穿著拜占庭服裝並依照當地風尚開始蓄鬍，也因為其他更實質的線索。舉例而言，適應了在埃德薩的新職後，鮑德溫巡視當地時，總會有兩名小號手策馬先他一步抵達，宣告他即將蒞臨。鮑德溫出行時搭乘馬車，車上金色盾牌上的圖案清楚顯示了他所代表的權威：君士坦丁堡的帝國之鷹圖徽。[63]

鮑德溫獲任為阿列克修斯在埃德薩與周圍地區的代表，通過授與他doux（總督）❷的官方職銜而正式確立。這也是為什麼此時期的拉丁文獻稱鮑德溫擁有公爵爵位——他在家鄉時並沒有這個頭銜。[64]鮑德溫在埃德薩的職責，也說明了為什麼後來他不願離開該城重新加入十字軍：那裡有他無法拋下的責任。[65]他在來自英格蘭的妻子高德薇爾死去後，與當地一名顯貴者的女兒成婚，這點也顯示他已在當地扎根。[66]簡而言之，對阿列克修斯收復拜占庭帝國東疆的宏大計畫而言，他是絕佳的副手人選。

鮑德溫在擴張皇帝權威上屢有斬獲的同時，其餘的十字軍部隊繼續朝東方前進。一〇九

❷譯注：doux在拜占庭使用的希臘文中亦有公爵之意。

七年十月，他們終於抵達了偉大的城市安條克。這座城市不僅固若金湯，還擁有絕佳的地理位置：兩側背山，西邊還有俄倫特斯河（Orontes River）形成的又一道天然屏障。保護安條克的城牆高達二十公尺、厚二公尺，還有好幾座塔樓，下方有何攻擊行動皆可一覽無遺。[67]

令人擔憂的不僅是安條克的地理位置和防禦工事，還有它的規模。環繞該城的城牆綿延五公里，包圍的區域面積約達一千五百英畝（相當於六平方公里）。一名觀察者描述，只要居民糧食供應充足，這座城要守多久都可以。[68] 在這麼大的一座城市中，光是在其牆內種植的糧食幾乎就足以無限期供養它的居民。

安條克總督亞吉・西揚對該城的防禦信心滿滿，在遠征軍抵達後並沒有積極對抗。這給了眾騎士珍貴的時間，得以仔細調查該城，也能在漫長征途後休息整頓。此外，十字軍抵達安條克的時間正好，盛夏的酷熱已經消退，而食物供應充足。他們欣喜的看到「結實累累的葡萄園，貯滿了玉米的地穴，長滿果實的蘋果樹，以及其他各色好吃的東西」。[69]

起初，整個場景有種奇異的日常感。城內居民如常生活，似乎毫不擔心城外有一支大軍；而前來攻城的人則開始擬定計畫，對前方的危險與壓力渾然不覺。正如土魯斯的雷蒙的隨行神父語帶惆悵所寫，一開始，西方人「只吃肉品最好的臀部和肩胛部位，對胸肉不屑一顧，視穀物和葡萄酒為稀鬆平常。在這段好時光裡，只有牆上的守望者讓我們想起躲在安條克城內的敵人」。[70]

十字軍在周圍區域安頓下來，取得了該城在聖西緬的港口，以打開通往賽普勒斯的海上補給線；阿列克修斯恢復對賽普勒斯的管轄權之後，指派了一名新任的拜占庭總督，負責監督為騎士提供物資的工作。[71] 由於塔爾索和其他沿岸城鎮已經收復，不論是來自賽普勒斯或其他地方的海上交通都暢通無阻。

如今，十字軍嘗試對安條克實施封鎖。雖然這一開始影響了城內的物價，但是該城的地理位置和規模，使得要將它完全封鎖近乎不可能。有一名穆斯林史家即指出：「油、鹽和其他必需品在安條克變得價昂而無法取得；但是偷運入城的量實在太大，使得這些東西又再度變得便宜。」[72]

圍城無效是一個問題，另一個問題是，對進攻者而言，生活條件迅速惡化。對任何一個以龐大目標為圍攻對象的軍隊，找到足夠食物和牧草地都是個問題。光是一匹馬，一天就需要五到十加侖的淡水、充足的乾草，還有大片牧草地。安條克城外到底有多少馬匹很難準確估算，但應該有數千匹，而領軍的貴族每人應該都帶了好幾匹坐騎。供養這麼多馬匹，更別提騎這些馬的人，不論是花費與實務上的困難都極為可觀。

十字軍抵達安條克的幾週之後，補給開始短缺，顯示大事不妙。他們初到時豐美多產的土地很快就被剝削一空。到了年底，生活條件變得極度惡劣。如夏特的弗爾切所描述：「接著，飢餓的人們吃掉了還在田中生長的豆莖、沒有加鹽的多種藥草，甚至薊草都吃，但是因為缺乏木柴而未烹煮完全，導致吃下的人舌頭受傷。他們也吃馬、驢、駱駝、狗甚至老鼠。更窮的人則連獸皮還有在糞肥中找到的穀粒都吃。」[73]

到了十一月中，為了尋覓食物——或其他原因——離開營地保護的人，都要冒著極大風險。年輕騎士盧森堡的艾伯拉爾德（Abelard of Luxemburg）「是位出身高貴且有皇家血統的年輕男子」，他被人發現「與某位出身高貴且美麗的女士，在一座長滿蘋果樹的享樂花園裡玩骰子」。他遭到伏擊並當場被砍去頭顱，他的同伴遭突厥人擄獲並反覆侵害後亦遭斬首。他們兩人的頭顱接著被投石器拋入十字軍營地。[74]突厥人也以另一種強烈的方式展現他們的信心：他們將安條克牧首約翰．奧克塞特頭下腳上懸吊在城牆上，用鐵塊捶打他的腳，而這一切都在西方軍隊目視及耳力能及的範圍內。[75]

食物短缺後，疾病緊接著而來。根據埃德薩的一名編年史家所寫，多達五分之一的十字軍士兵因飢餓與疾病而死於安條克城外。[76]由於營帳分布密集，感染在日趨營養不良而虛弱的部隊間迅速蔓延。水源則攜帶致命的斑疹傷寒與霍亂病菌。因為下不停的雨而腐爛的營帳，對於提振士氣和阻斷疾病傳播也毫無幫助。[77]

情勢在一〇九七年耶誕節過後不久進一步惡化：鄰近的大馬士革統治者杜卡克（Duqaq）率領大軍前來援助安條克。也是十字軍的運氣好，外出覓食的博希蒙德和弗蘭德的羅伯看見杜卡克的先頭部隊，並決定與敵人交戰。西方騎士數量遠遠不及對手，但是他們守住陣列，並且靠著突破敵方陣線而避免了被杜卡克的人馬包圍。[78] 十字軍的反抗對突厥人的士氣產生了出人意料的影響。杜卡克前往安條克時，預期要一舉解決已經兵疲馬乏而毫無掩護的西方軍隊。但是博希蒙德和弗蘭德的羅伯在攻擊下展現出驚人的決心和紀律，讓杜卡克和其手下大受驚嚇。因此，與其繼續前往安條克，杜卡克決定打道回府，也使西方騎士深感意外。在安條克進攻十字軍的第一支穆斯林大軍，就這樣在第一時間鳴金收兵。

西方陣營可以鬆一口氣的感覺沒有維持太久。不到一個月後的一〇九八年初，探子回報又有一支援兵到來，正在阿勒坡總督里德旺（Ridwan）領軍下迅速逼近。十字軍主要領袖商議後決定，由大約七百名騎士迎戰阿勒坡來的部隊，其餘遠征軍則待在安條克，繼續盡可能維持圍城攻勢。

一〇九八年二月八日，博希蒙德、弗蘭德的羅伯與布魯瓦的史蒂芬在夜色掩護下離營。[79] 遭遇阿勒坡軍隊時，博希蒙德再次於戰鬥中扮演領導角色。與對上杜卡克軍隊時的情形一樣，西方騎士的數量還是遠遠少於突厥人。博希蒙德堅守不讓，並鼓勵周圍的人：「像個男子漢一樣以最高速衝鋒，為上帝與聖墓英勇作戰，因為你們真實知道，這不是一場肉體之戰，而是精神之戰。所以要非常勇敢，成為基督的捍衛者。安心的去，願主護衛你！」[80]

博希蒙德強烈的決心激勵了他的手下，也驚嚇了他的敵人。但是十字軍的戰術也非常重要。西方騎兵有一部分躲藏起來，等待好時機對敵人發動奇襲。他們挑的時間再完美不過，成功將突厥人分散為一個個小群體，再各個擊破。十字軍發動反制攻擊後，里德旺的部隊潰不成軍。再一次的，十字軍在機會渺茫的情況下，獲得了奇蹟般的勝利。

率領這次勝仗的指揮官地位大幅上升。土魯斯的雷蒙因為健康不佳而未能參與，負責領導留守安條克的部隊。塔提基歐斯與拜占庭部隊對於擊敗大馬士革與阿勒坡的總督同樣毫無貢獻。另一方面，博希蒙德的表現則激勵人心。一名目擊者描述：「博希蒙德受到十字架的全面保護，向突厥人衝鋒的時候，他像一頭餓了三四天後從洞穴裡出來的嗜血獅子，衝入了疏於保護自己的羊群，撕咬著四處奔逃的綿羊。」[81] 這是對他個人崇拜的開端，此後多年間將發揮強大的力量。

里德旺軍隊的潰敗大大提振了十字軍的士氣，也大大震驚了城內的居民，他們從城門就能看到插在長桿上的突厥人頭顱。這可怕的畫面提醒他們，如果他們繼續堅守城市將面臨何種下場。[82]

在他們與基利傑．阿爾斯蘭、杜卡克和里德旺的遭遇戰中，十字軍已經三度與災難擦身而過。雖然他們每一次都僥倖逃過，但是面對其後而來的軍隊，他們成功的機率卻愈來愈小。尼西亞、大馬士革與阿勒坡的總督也許失敗了。但還有其他地方統領，更別提強大的巴格達蘇丹以及開羅的維齊爾[3]了，他們遲早會出手干預。重點是，十字軍能否在好運用完前攻下安條克。

[3] 譯注：vizier，此處指伊斯蘭法蒂瑪王朝的宰相。

# 第十章
Chapter 10

# 十字軍運動的靈魂之爭
The Struggle for the Soul of the Crusade

即使擊退了里德旺，十字軍仍暴露於高度危險中。而圍城愈久，隨著人員因疾病而流失，西方軍隊的處境就愈不利。一〇九八年前半的安條克奪城戰，如今也在遠征軍領導層之間引發了危險的激烈紛爭。東方與西方間小心維持的利益平衡——拜占庭要收復失土，十字軍為基督教而出征——則因為士氣低落與安條克圍城期間浮現的個人野心衝突，難以繼續保持。

為了打破僵局，庇伊的阿希瑪爾敦促騎士們禁食三天，並繞著城牆以肅穆的隊伍行進。他下令軍中應該更常做彌撒和誦念聖經詩篇，並提議所有人剃掉鬍鬚以改善命運。[1] 他也認為穿戴十字架的十字軍士兵太少，堅持所有人的衣服上都應該有這個象徵圖案。[2] 對這位主教來說，營地裡的深刻苦難與十字軍不夠虔誠的表現之間有明確關聯。

隨著士氣急遽下降，逃兵在普通士兵間也愈來愈常見。十字軍領導層對逃兵採取強硬態度，任何人若被發現試圖逃跑都會受到嚴厲懲罰。隱士彼得、木匠瓦特（Walter the Carpenter）與格蘭特梅斯尼爾的威廉（William of Grantmesnil）試圖潛逃時被譚克雷德逮到，遭他不留顏面的教訓了一頓：瓦特被迫「像垃圾一樣」躺在博希蒙德的帳篷地上，然後當著所有士兵的面被公然責罵。[3] 在圍城時背棄軍隊的人都該丟到汙水溝裡，一名評論者寫道。[4] 十字軍陣營中的士氣低迷已極，導致連領導層都立下誓言，他們彼此承諾至少會留到攻下安條克為止。[5]

這些承諾是將最高階的戰士凝聚起來的方式，因為其中有些人已經開始對圍城產生疑慮。比如博希蒙德在封鎖早期就曾威脅離開，他抱怨自己有太多部屬喪生，也表示他的財力不足以在食物價格飆漲後供養自己的部隊。[6] 其他人沒有那麼直接。布魯瓦的史蒂芬退至塔爾索，表面上是為了休養以恢復健康——但這只是委婉說法，實際上是他無法承受在安條克的艱苦生活。[7] 諾曼第的羅伯也想在比較舒服的環境中靜觀其變，在一〇九七年耶誕節時已經後撤到小亞細亞南岸一個比較宜人的地點。[8] 雖然他在一再敦促下才回到圍城地，但至少他沒有拔營返鄉。當代一名編年史家指出，有鑑於羅伯向來意志薄弱、揮霍無度、熱愛美食且懶散好色，他沒有直接放棄、回到諾曼第，已夠讓人嘖嘖稱奇了。[9]

燃眉之急是為十字軍提供物資。附近的塔爾索已在一〇九七年由效忠拜占庭的軍隊收復，南部海岸由突厥人控制的最後一座海港勞迪基亞也是。如今，阿列克修斯將勞迪基亞建立為安條克主要的補給基地，由賽普勒斯運來的「葡萄酒、穀物與牛隻」以此為集散地。[10] 補給作業由該島總督尤馬提歐斯．菲羅卡列斯負責，一〇九八年春天，他也接管了勞迪基亞。[11]

然而，儘管海盜襲擊的威脅已幾乎消失，賽普勒斯提供的物資並不足以在貧瘠的冬季餵飽數以千計的士兵和馬匹。這個困境有兩個解決之道：大幅改善補給線，或增加圍困安條克的士兵人數，使該城能真正被孤立起來，結束圍城。正如盧加的布魯諾（Bruno of Lucca）將東方情勢轉達給他家鄉的居民時所寫，十字軍包圍了安條克，「但不是很徹底」。[12]

採取行動的責任落到了塔提基歐斯肩上。這位拜占庭指揮官一路上負責為十字軍提供軍需，並確保前往安條克的進程順利。一〇九八年一月底，他離開遠征隊伍，承諾將派來「載滿玉米、大麥、葡萄酒、肉類、麵粉與各種必需品的許多船隻」。然而，雖然他將個人物品留在營地，他卻沒有回來。[13]

塔提基歐斯的離去成為臭名昭彰之事，日後更被用來證明他——因而也擴及皇帝阿列克修斯——背叛了十字軍，留下他們獨自面對在安條克的命運。一名編年史家寫道，他出發時「意圖欺騙……說是要將他承諾提供援助的訊息帶去，但他並未真的這樣做，因為他再也沒有回到安條克」。[14]用圍城期間也在軍中的阿吉列的雷蒙的話來說，塔提基歐斯離開時「受到上帝詛咒；他（不返回軍隊）的懦弱行為，為他自己和他的手下帶來了永恆的恥辱」。[15]「他是個騙子，」《法蘭克人言行錄》的作者如此斷言，「永遠都是。」[16]

這些評斷並不公允。塔提基歐斯離開的幾週後，在一〇九八年三月四日，一支船隊抵達聖西緬港，帶來必要的食品和物資，以及用來對付安條克堅固防禦工事的援兵和材料。這支船隊抵達的時間不是偶然。與船隊同行的盧加的布魯諾指出，船隻為英格蘭籍，這也不是偶然；阿列克修斯在收復勞迪基亞後在那裡設置了一隊英格蘭駐軍，而如今帶著緊急物資來到安條克的，應該就是這些人。[17] 塔提基歐斯實現了他的承諾。

這一點並未受到十字軍和為他們寫史者所承認，因為當時拜占庭帝國在遠征中的角色已經引發了疑慮。其一是，塔提基歐斯這麼一走，如果十字軍真的攻克安條克，若要依照他們在君士坦丁堡對阿列克修斯的誓言，將這座城市交還給拜占庭，屆時將由誰來接管都不清楚。這導致了西方軍隊的不安，他們不僅開始質疑拜占庭是否對這場軍事行動失去信心，也質疑當初為什麼要對安條克發動圍城，讓西方人付出這麼高昂的代價。[18] 安條克對基督教確實有意義，它畢竟是聖彼得最初的主教教座。但是攻下它與解放聖墓沒有任何關聯；為什麼不擱下安條克，直接前往耶路撒冷呢？

看來，十字軍儘管受盡苦難但依然待在安條克的原因是，他們受到對皇帝的承諾所束縛，而皇帝雖然人在遠方，卻是這場遠征的領導者。由此可見，皇帝堅持要他們立下的誓言非常有效，它使十字軍領袖必須服從阿列克修斯的權威，也讓他有權力設定遠征的軍事和策略目標。皇帝顯然相當放心，不認為有必要派塔提基歐斯返回西方人的營地，或是派一名高階官員代表他前去，以確保西方人遵守義務。

皇帝會這麼想，有一個原因是他嚴重誤判了博希蒙德。在君士坦丁堡，博希蒙德亟欲將自己定位為皇帝最好的搭檔，是他理想的左右手，能維護皇帝的最佳利益，並且為他與遠征的其他主要領袖居中調解。他也不只一次代表阿列克修斯成功介入。[19]不過，如果皇帝認為博希蒙德會繼續擔任他忠誠的代表人，那他錯了。

一〇九八年春天塔提基歐斯走後，十字軍中從此沒有任何拜占庭權威的代表，博希蒙德從中看到絕佳機會。他開始提出關於安條克未來的新協議——而且與阿列克修斯無關。他的提議相當激進：對皇帝的誓言是無效的，他說，因為阿列克修斯並未實現他那一方的承諾。皇帝沒有親自與十字軍同行；他派遣與騎士同行的少數軍力也已經撤退；他未能在需要的時候提供軍事援助；而且他沒有持續為騎士提供補給。簡而言之，他是個背信者。[20]

博希蒙德的結論是，不應將安條克交給阿列克修斯。他提議，誰能夠突破城牆，攻下城市，誰就有權以個人身分控制它。雖然其他領袖對這個諾曼人的野心抱著戒心，不太理會他，但他沒有放棄。一〇九八年五月底，他再度將安條克問題提出討論。

這一次他的聽眾比較願意聆聽了。十字軍營地的條件沒有改善，而攻城也毫無進展。此外，消息傳來，野心勃勃的摩蘇爾（Mosul）總督克博嘉（Kerbogha）正率大軍逼近，打算一舉擊敗西方人。克博嘉的軍隊物資豐富，拉丁與希臘文獻因而都認為一定是由塞爾柱蘇丹巴爾基亞魯克本人所資助與派遣。[21]安條克的緊張局勢來到最高峰。

有關克博嘉的動向與目標的情報實在太令人憂心，導致西方陣營領袖會面商討後，決定將消息對部隊保密，以防太過打擊士氣，引發大規模逃兵。在如此危急的狀況下，博希蒙德又重提安條克未來的問題似是搞錯場合了；面對被徹底消滅的可能，這個諾曼人仍持續質疑誓言的法律效力，並針對該城的控制權以及戰利品分配提出要求。博希蒙德似乎知道一些其他領袖不知道的事情。

事實上，博希蒙德已與一名敵方隊長菲魯茲（Firouz）達成祕密協議，將由負責守衛安條克城牆某座防禦塔樓的菲魯茲放十字軍進城。有些見證者說博希蒙德擄獲了菲魯茲的兒子為人質。其他人認為菲魯茲是受上帝啟發，在靈視中收到將安條克交給基督徒的指示；或者他是亞美尼亞人，因為突厥人未善待城內居民而心有疑慮不滿；又或者他無法抗拒豐厚報酬的承諾。[22] 無論如何，博希蒙德握有一張王牌——而且沒有讓其他領袖知道。他與菲魯茲的談判也受益於兩人都會說希臘語，後者是因為住在曾由拜占庭統治的安條克，前者是因為在義大利南部長大——雖然，如安娜．科穆寧暗中嘲諷時所說，博希蒙德的希臘語口音很重。[23]

在克博嘉大軍壓境下，博希蒙德對於安條克前途的建議再度被提出討論。十字軍領袖中最財大勢大的土魯斯的雷蒙斷然否決，他認為那是公然背棄他們在君士坦丁堡對皇帝立下的誓言。[24] 當初是雷蒙最不願意接受阿列克修斯的種種要求；現在是他最不願意打破這些承諾。

雖然其他十字軍領袖多半也對博希蒙德的提議心有疑慮，最後他還是取得了一些人支持，雖然加了很多但書：如果安條克由單獨一位領袖攻下，該城可以歸他控制。然而，這只是有條件而暫時的：該城的控制權最終還是要讓給拜占庭。這個協議以書面仔細記錄下來。[25]接著，他們將注意力轉向全面攻擊安條克之前的準備——這將是在克博嘉的大軍抵達前的孤注一擲。

領袖會議四天後的一〇九八年六月二日，十字軍展開攻擊。首先由一支大型分隊假意離開，以減低該城駐軍的防備心。接著，這些騎士在夜色掩護下悄悄潛回，在聖喬治門旁與弗蘭德的羅伯與布容的高佛瑞領軍的另一個分隊會合。另有一支較小隊伍與博希蒙德在菲魯茲指揮的塔樓旁就定位。

確認四下無人後，博希蒙德隊伍的第一批人爬上已經架好的梯子，直達城垛最上方。菲魯茲已依照事前約定在那裡等待。接著他絕望的驚呼：Micro Francos echomé! 意思是「這裡才幾個法蘭克人！」在他看來，十字軍兵力根本不足以攻下這座城市。[26]

在黑暗中爬梯子本非易事，讓事情更棘手的是，有太多攻擊者心急躁進（包括夏特的騎士弗爾切），想要同時沿著梯子往上爬。[27]這麼多人的重量導致梯子往後傾倒，造成一些人受傷，還發出巨大的聲響。不過他們運氣好，也有人說是上帝保佑，一陣強風掩蓋了聲音，而梯子再一次架好後，攻城者又迅速開始往上爬。[28]在城頂集合後，十字軍士兵沿城牆上方默默前進，一路上殺掉遇到的人，直到來到定位，可以發信號給在下方等待的高佛瑞與弗蘭德的羅伯，通知他們對某道城門發動強攻的時間已到。[29]

突破城門後，十字軍川流而入安條克，一路劈砍，深入城內，而從睡夢中被驚醒的居民則一臉茫然。博希蒙德只專注於一件事：盡快在城牆最高處立起他的戰旗。這將顯示安條克已被攻陷，如今為基督徒所掌握。但這也是對其他十字軍將士宣告，安條克是由博希蒙德所攻下；即使仍在鏖戰中，他已經在想著戰後之事了。[30]

隨著安條克其他城門被非穆斯林居民打開，情勢很快倒向對十字軍有利的一邊。士兵在城內沿街戰鬥前進，有些居民直接承受了他們的激烈攻勢，許多基督徒在過程中被殺身亡。黑暗中，充滿恐懼和亢奮的士兵沒有時間分辨敵我。安條克受到的強攻慘烈異常。之後多日，死者橫陳街頭，腐爛的屍體在初夏的暑氣中發出惡臭。「城內所有街道都布滿屍體，」一名目擊者描述，「惡臭使得沒人能忍受待在那裡，也沒人能在城內狹窄的路徑上行走，除非踩過死者的屍體。」[31]

安條克的指揮官亞吉．西揚倉皇出逃，躲到鄰近的山脈中。三名當地基督徒認出他，把他從騾子上拉下來，用他自己的刀將他斬首。他的頭很好認：很大、耳毛很多，還有長及腰的鬍鬚，這顆頭顱被當作戰利品帶回安條克，獻給十字軍。[32]

經過漫長痛苦的八個月後，安條克終於在一〇九八年六月三日陷落——不過城內最堅固的堡壘尚在堅守。數千名十字軍士兵死於圍城期間，另有無數傷者。還有其他人逃兵返鄉。儘管如此，這場圍城終於以勝利終結。然而，攻入城內的人沒時間享受他們的成功；克博嘉的軍隊就在次日抵達。

克博嘉的軍力遠超過先前大馬士革與阿勒坡總督所召集的軍隊。克博嘉不急著進攻，而是審慎部署資源，在城牆邊紮營，並與堡壘的防禦者聯繫。確認過十字軍已兵疲馬乏、人員嚴重折損而心懷憂懼後，他下令堡壘駐軍發動猛烈攻擊。

十字軍抵擋了最初的攻勢後，克博嘉決定進行封鎖，緩慢的扼殺這座城市。之前的圍城者如今成了被圍者。安條克與外界的通訊被截斷，不過，就在克博嘉的大軍抵達前，一支使節團剛啟程，帶著要給拜占庭皇帝的迫切求助訊息。之後所有突破封鎖的嘗試都被突厥人輕易解決。

克博嘉的封鎖很快產生效果。被圍數月後，城內物資早已用罄。「我們的士兵吃馬肉和驢肉，彼此買賣，」一名編年史家描寫，「一隻母雞要價十五先令，一顆蛋二先令，一顆胡桃一便士……饑荒嚴重到士兵把無花果、藤木、薊草和各種樹木的葉子煮來吃。其他人將馬、駱駝、驢子、牛和水牛乾掉的皮煮來吃。」[33]難以消化的植物經採集煮食之後，往往導致吃下者中毒。有人改吃鞋子和其他皮革製品；另有些人喝自己馬匹的血。[34]對一些人而言，比如夏特的弗爾切，這一切苦難有個顯而易見的解釋：在攻城前後，許多十字軍都與當地女性發生性關係。如今上帝在懲罰他們的淫亂。[35]

此時，十字軍比遠征期間的任何一刻都需要奇蹟——奇蹟也真的發生了。一位名叫彼得．巴托洛繆（Peter Bartholomew）、沒沒無聞的人物求見土魯斯的雷蒙和庇伊主教，告訴他們數月來聖安德魯持續向他顯靈，揭露刺入基督側腹的長矛所藏地點。軍士在彼得的指引下於城內搜尋後，最後在安條克聖彼得教堂的地底下，找到一截聖矛。[36]這個發現大大提振了低迷無比的士氣。對十字軍而言，找到這麼重要的聖髑，尤其它又代表了受苦受難，似乎意義重大——雖然後來的評論者對其真實性嗤之以鼻。這個發現在關鍵時刻堅定了決心，當時，騎士們本已「無力再承受這些苦難並堅守下去；於是領導與部眾共同商議，寧可戰死沙場也不要殞命於悲慘的饑荒，如此一日日虛弱下去，直到臣服於死亡」。[37]

遠征領袖如今決定與敵人正面交鋒。他們傳令下去，雖然食糧已幾乎耗盡，但應盡可能提供飼料給馬匹以增強其體力。迎戰突厥人之前的那三天，十字軍參與肅穆的行進，慶祝聖餐禮，向神父告解。[38]然後，在一〇九八年六月二十八日，西方軍隊走出安條克，從橋門

（Bridge Gate）渡過俄倫特斯河，在城牆前分散為四支隊伍。這完全出乎克博嘉預料。聽說對方發動了防禦突擊時他正在下棋，為確認消息並思考如何回應，又使他喪失了寶貴先機。他根本不敢相信有人會這麼勇敢——或愚蠢——居然試著從城內突圍而出。[39]

此時，十字軍運動有可能就此土崩瓦解。安條克可說毫無防禦，只剩下一小支部隊，由再一次因病留守的土魯斯的雷蒙指揮。能夠阻擋堡壘內的突厥駐軍重新奪回安條克的，只剩下與他一同留守的二百名騎士。另一方面，克博嘉則毫無作為，未能在十字軍渡河而最為脆弱時發動攻擊。[40]

克博嘉終於下令攻擊時，西方騎士又一次在關鍵時刻守住了隊形。這在克博嘉的軍隊間引發恐慌，何況西方人因先前勝仗而贏得的名聲本已讓他們聞風喪膽。十字軍嚴守紀律，只派遣小隊人馬深入敵軍中心，以騎兵的重裝攻擊迫使其隊伍四散。克博嘉的部隊開始潰逃，而根據一名目擊者所說，指揮官也像一頭鹿一般，一溜煙逃走了。他的營地與裡面的一切都被擄獲，包括多名突厥婦女，她們是克博嘉預期將收復安條克並擊潰十字軍，為了事後的慶祝活動而隨軍帶來的。西方人沒有侵犯這些女性，夏特的弗爾切寫道：「但他們將長矛刺入了她們的肚腹。」[41]

本來看似耶路撒冷遠征的終局之戰，突然間成了它最光輝的時刻。十字軍對抗克博嘉大軍的成功實在太令人驚奇，連目睹者都很難明白這場勝利是怎麼來的。根據參與戰鬥的阿吉列的雷蒙描述，克博嘉會潰逃，是因為上帝在基督教軍隊的身上降下一陣神聖的雨水，為他們注入了恩典、堅毅和對敵人的仇恨。[42]另一名目睹者也認為有神聖力量介入，無數帶著純白旗幟的超自然騎士現身，在聖喬治、聖莫可里斯與聖德米萃歐斯帶領下與十字軍並肩作戰。[43]還有一名編年史家認為，帶來勝利的是聖矛，因為克博嘉一看到便心生恐懼，逃之夭夭。[44]當代的阿拉伯人則較有洞見。根據他們描述，克博嘉自尊自大，個性和行為都讓其他埃米爾很難喜歡他；他拒絕讓他們殺掉被俘的騎士尤其招人討厭。此外，他自己軍隊內部的敵人也導致他輸掉這場戰役，因為他們曾立誓只要一有機會就背叛他。[45]

克博嘉軍隊的潰逃對十字軍而言也許像個奇蹟，但是他們的勝利也有比較平凡的原因。在突厥軍隊間迅速瀰漫的混亂情況，是領導無方與溝通不良的結果。這又轉變為恐慌，因為十字軍的活動雖然有限，在某些情況中只是堅守陣線，卻產生了穆斯林軍隊正逐步敗退的印象。在戰鬥的混亂中，馬蹄揚起沙塵，空氣中充斥著金屬撞擊的聲音和戰呼聲，本就情緒不穩的突厥軍隊受害於自身的龐大，戰場上多名將領一方面試著確認情況，一方面還要設法接到克博嘉的指令。

十字軍部隊則調度靈活、紀律嚴明而領導有方，靠著嚴守隊形的能力獲得了截至當時最驚人的成功。西方人如今已擊退了三支穆斯林大軍，鞏固了對安條克的控制。他們已無所畏懼，不再需要上帝與他們真實同在的更多跡象。聖城會回到基督徒手中是理所當然的事。

安條克一戰後，十字軍領袖估量了眼前的情勢。他們決定等到冬天再南進耶路撒冷，讓遠征軍有時間重整並恢復元氣。讓士氣更為高昂的是，克博嘉遭擊敗後，安條克的堡壘駐軍投降，而周圍地區的居民也支持十字軍，開始供養這座城市的新主人。

然而，延緩進軍耶路撒冷的決策背後，還有爭取時間休養生息以外的原因。編年史家阿吉列的雷蒙認為十字軍應該繼續挺進。他深信如果他們直接揮兵攻打聖城，一定無人可擋，因為在克博嘉的挫敗後，敘利亞和巴勒斯坦的人口必然恐懼而衰弱，若西方騎士現在就踏上征途，沒人敢朝他們丟一顆石頭。[46]事實上，導致延遲的是安條克前途的混沌不明和對此的意見分歧。攻下該城後，占領的實務工作開始造成十字軍的負擔。該如何維持對這座城市以及其他城鎮、要塞與地點的控制？當地人該給予十字軍多少食物與合作才合理——尤其考慮到他們是穆斯林？誰能對拜占庭邊疆以外的城鎮宣告個人領主權？遠征的整體目標僅僅是解放耶路撒冷——還是有其他該考慮的目標？擊敗克博嘉後的那幾個月，就花在十字軍首役的靈魂之爭上。

這場危機的中心是博希蒙德和土魯斯的雷蒙之間逐漸出現的對立情勢，前者強烈要求對安條克行使個人控制，後者則堅持必須遵守對阿列克修斯的誓言，並堅決認為應該保留遠征的武裝朝聖性質，而非軍事征服行動。這導致了一場僵局。博希蒙德不願離開安條克；雷蒙則拒絕在博希蒙德放棄個人控制權以前啟程前往耶路撒冷。

十字軍開始分崩離析。遠征領袖先前展現了絕佳的團結精神，不管是在戰場上還是諮議會中。但是攻下安條克之後，互不相讓的企圖心威脅整場行動的存續。擊敗克博嘉後，領袖群做了一個極不尋常的宣告，讓所有參與者自由選擇要加入哪一名領主麾下；這等於公開承認了遠征的分歧之深。這也表示所有在西方備受重視的傳統連結、義務和忠誠不僅發生鬆動，而是整個免除了。這戲劇化的大轉變主要對雷蒙有利；他得人心，有著正直的好名聲，對尚未加入他麾下的人很有吸引力。[47]加入他旗下的包括《法蘭克人言行錄》的作者，他隨博希蒙德從南義大利前來，但是因為進軍耶路撒冷一再延宕而心生不滿求去。

其他十字軍參與者也想從分崩離析的情勢中牟利。不少騎士與步兵在對安條克的長期圍城之後一貧如洗，在鮑德溫承諾的金錢報酬下前往埃德薩加入他的行列。[48]另一方面，鮑德溫的兄長高佛瑞則攻下當地的要塞與城鎮，例如泰勒巴什爾（Tell-Bashir），對居民徵稅並與屬下分享。[49]這讓他更受歡迎，並吸引其他人加入旗下。連低階騎士都抓住機會。雷蒙．皮雷（Raymond Pilet）以可輕易斬獲戰利品為號召，聚集了一隊部眾，前往肥沃的賈巴爾蘇馬克高原（Jabal as-Summaq plateau）。雖然一開始獲得成功，但這支隊伍的下場悲慘，在一〇九八年七月魯莽地對瑪阿拉特安努曼鎮（Maarrat an-Numan）發動攻擊後幾乎全數遭殲滅。[50]

十字軍首役徹底失控。如今需要的是強固有決斷力的領導層，然而異議開始湧現，一開始在私底下，而後公然表達。謠傳低階士兵可能會憤而採取行動，拆毀安條克的城牆，好讓領導群恢復理智。很難想像還有什麼行動會比摧毀他們以高昂代價贏得的這座城市更戲劇性了。不過，他們的憤怒情有可原：問題的根源正是環繞安條克而起的爭執。[51]

為了打破僵局，十字軍轉而尋求皇帝阿列克修斯的協助。如前文所述，克博嘉逼近安條克時，布魯瓦的史蒂芬率使節團前往求見皇帝，懇求他帶領帝國軍隊馳援西方部隊。史蒂芬在菲洛梅利翁（Philomelion）找到阿列克修斯，請求私下會面。在他描述下，情勢簡直不能再更嚴峻了：「我實在的告訴您，安條克雖然攻下了，但是堡壘尚未陷落，而我們的士兵都被嚴密包圍；我想此時他們應該都已死於突厥人手下。因此請盡快撤退，免得他們也追上您。」[52]史蒂芬與其他人指出，克博嘉的軍隊很可能已經抵達安條克，屠殺了受圍的騎士。安條克可能已重回突厥人手中，而十字軍運動也走向血流成河的終局。這當然無法說動皇帝親征馳援十字軍。拜占庭在一〇九七至九八年的軍事活動取得成功後，已經針對西小亞細亞與基利傑．阿爾斯蘭達成協議，皇帝因而下令帝國軍隊班師回君士坦丁堡。[53]

十字軍對皇帝的決定並不知情，因而在安條克陷落後，阿列克修斯很快將抵達東方的謠言流傳了好幾個月。[54]與此同時，由於並無高階的拜占庭代表派駐當地，產生了權力真空。在尼西亞和其他地方，拜占庭指派的代表如曼努埃爾．布圖米特斯、彼得．阿里法斯、勃艮第的韋爾夫和布容的鮑德溫出面控制了局勢。但是安條克沒有這樣一個人物，而少了皇帝的指示和引導，十字軍茫然不知所措。

為打破僵局，十字軍又派遣第二支使節團求見阿列克修斯，這次也由軍中的高階人物率領，目的是說服這位拜占庭君主前來領導遠征。一〇九八年夏末，「我們的領導者，高佛瑞公爵、聖吉勒伯爵雷蒙、博希蒙德、諾曼第伯爵、弗蘭德伯爵和其他人，派遣出身高貴的騎士偉大的休（Hugh the Great）前往君士坦丁堡面見皇帝，請求他前來掌管城市，並履行他對他們承諾的義務」。[55]雖然有一個來源指出韋爾芒多瓦的休在君士坦丁堡與阿列克修斯會面時的表現很不友善，但他態度和緩的可能性應該更高。不過，不管態度溫和與否，即使韋爾芒多瓦的休確曾提到皇帝若不親臨安條克領導遠征，後果將很慘重，這話也沒有多少效果。阿列克修斯始終沒有前往東方。[56]

若皇帝果真去了，也許能夠打開阻礙十字軍運動進展的僵局。他也很可能得以化解對他日漸升高的敵意。攻下安條克的幾週後，指出聖矛地點的彼得．巴托洛繆又開始出現靈視。

這次，聖安德魯告訴他不應讓拜占庭人接管安條克，因為若真如此，他們會像在尼西亞一樣，褻瀆這座城市。[57]對阿列克修斯與拜占庭的態度日趨負面。

在這樣的情況下，庇伊的阿希瑪爾在一〇九八年八月一日死於熱病更是雪上加霜。庇伊主教不僅是教宗在遠征期間的使節，也以他的勇敢無畏贏得了其他領袖與低階士兵的敬意。譚克雷德送了七十顆突厥人頭顱給他時他喜形於色，這也讓他更得人心。[58]詩歌《安條克之歌》（*Chanson d'Antioche*）記錄十字軍首役的榮光，歌中也描述了當騎士配著葡萄酒大啖突厥人屍體時，阿希瑪爾與人群一起興奮的觀看。[59]

原本，皇帝雖然不在，主教或可緩和十字軍陣營的緊繃情緒，就像他在圍城碰上低潮時曾提出如何消解上帝的怒氣，而這些建議也獲採納實行。[60]身為教宗的代表，庇伊主教是東西方之間的橋梁，十字軍的「統領和牧羊人」，也是一股平和的力量。「為上帝與人類所愛，在所有人心中都完美無瑕」的阿希瑪爾，死在最不湊巧的時機。[61]

一〇九八年九月十一日，教宗烏爾班二世收到一封信，署名的是遠征軍的高階人物，包括博希蒙德、土魯斯的雷蒙、布容的高佛瑞、弗蘭德的羅伯和諾曼第的羅伯。信中指出，雖然突厥人與異教徒已被壓抑，但要征服異端者並無可能，包括亞美尼亞人、雅各派（Jacobites）、敘利亞人——還有希臘人。[62]

這是十字軍運動關鍵的一刻。不再指望皇帝後，西方人領袖轉而尋求教宗的領導，懇求他前往東方加入他們。「如此一來，你將能完成耶穌基督的遠征，這場遠征由我們展開而由你的講道傳布。因此，兩個耶路撒冷的大門都將由你打開，解放聖墓，並讓基督教的名高於所有其他信仰。如果你前來加入我們，一起完成這場由你開啟的遠征，全世界都將服從你……阿門。」[63]

信的最後一段講得更直接：皇帝不僅因為為遠征做得不夠多而受到譴責，更被指控積極嘗試破壞這場行動。「你應該將〔我們〕與不公義的皇帝分離，」十字軍領袖群寫道，「他從未實現對我們的許多承諾。事實上，他以所有能用的手段阻礙和傷害我們。」[64]然而，教宗和阿列克修斯一樣無意參與遠征。他派了高階教士比薩的戴姆博特（Daimbert of Pisa）填補阿希瑪爾留下的空缺。

與此同時，安條克的情勢沒有多少進展。攻城成功後的數月期間，博希蒙德玩的是一場逞勇鬥狠的遊戲，一有機會就挑釁雷蒙，好遂自己的意。雷蒙對瑪阿拉特安努曼展開攻勢時，博希蒙德急忙趕赴該鎮，防止雷蒙攻下這座城鎮後以此為據點征服附近更大的區域。經過漫長艱難的包圍才終於攻下該鎮後，博希蒙德隨即厚顏占領了瑪阿拉特的部分地區，拒絕交給雷蒙，以此作為在安條克交涉時的籌碼。

調停兩名十字軍領袖的努力以失敗收場。他們兩人在安條克的聖彼得大教堂會面時，雷蒙嚴肅的複述了對阿列克修斯的誓言，強調這樣的承諾不能隨一時興起而收回。博希蒙德則拿出十字軍領袖在強攻安條克之前達成的協議，指出這同樣具有效力。土魯斯伯爵再度強調「我們曾對著聖十字架、荊棘冠和許多聖物立誓，不會在缺乏皇帝同意下控制他領土內的任何一座城市或堡壘。」[65]他提議兩人聽從同為領袖的布容的高佛瑞、弗蘭德的羅伯與諾曼第的羅伯的評斷，條件是博希蒙德將必須與他們同往耶路撒冷。換句話說，只要這個問題日後能夠解決，他願意妥協。[66]

這聽起來很合理——但許多人也覺得兩方的主張都有道理。他們立下的誓言清楚確鑿，然而，阿列克修斯似乎也並未履行協議中他那一方的責任。隨著士兵日益感到不耐，博希蒙德察覺到自己最好的策略就是按兵不動。最終，他拒不妥協的態度奏效。一〇九九年初，土魯斯的雷蒙終於放棄抵抗博希蒙德的要求，準備在他不同行的情況下前往耶路撒冷。

然而其他領袖將博希蒙德的手段看在眼裡，有樣學樣，要求富裕的土魯斯伯爵給他們一些好處，換取他們繼續踏上征程。雷蒙付給布容的高佛瑞和諾曼第的羅伯一萬索利都斯幣（solidus）、弗蘭德的羅伯六千索幣，和譚克雷德五千索幣，這些可觀的款項顯示，他們已經學到，要他們配合前往耶路撒冷可以，但是要接受他們索求的代價。遠征初始時的理想性格，已經被更務實的態度徹底取代：遠征聖地要預收費用，誓言可以單方宣告不再適用——而精神上的獎勵即使未被徹底揚棄，也伴隨著對物質利益的要求。自從攻下安條克以後，遠征多了一個明顯不同的新面向。[67]

前往耶路撒冷的旅途中又碰上其他困難。經過一〇九八至九九年那個冬天漫長圍城攻下瑪阿拉特安努曼之後，十字軍經歷的物資匱乏，比一年前安條克之役時的悲慘景況還要惡劣。絕望之下，飢餓、虛弱而再也沒什麼禁忌的十字軍士兵，據說從穆斯林死者身上割了臀部的肉來吃。而士兵的飢餓如此之甚，許多人連肉都還沒煮熟就急著想拿來吃了。[68]

在通往耶路撒冷的途徑上握有領土的當地統治者，聽說了十字軍如何擊敗杜卡克、里德旺和克博嘉的軍隊，也收到他們殘酷手段的消息——比如在瑪阿拉特，被俘者因為被懷疑吞下金幣而遭開腸剖肚——因而在西方軍隊逼近時焦慮地與他們談和。比如夏薩（Shaizar）、荷姆斯（Homs）、賈巴拉（Jabala）與的黎波里的埃米爾都送了奢華的禮物給土魯斯的雷蒙，希望贏取他的善意，並防止自己統治的城鎮遭到攻擊。[69]

十字軍抵達阿卡（Arqa）後進展大幅減緩，對該鎮進行了漫長的三個月包圍。此時，阿列克修斯已經得知十字軍在安條克倖存下來——以及對他的態度轉變。當他發現他們拒絕將安條克與其他拜占庭過去的領土歸還後，他派遣使節前去，針對他們公然違反誓言表示不滿。

使節還告訴西方領袖，皇帝將在一〇九九年六月二十四日加入遠征，十字軍應停留在當地等待他到來。這在西方軍隊間引發辯論，樂見阿列克修斯與援兵到來的人，與不再願意和拜占庭合作的人之間迅速產生分歧。儘管使者暗示將有大量贈禮，已經與皇帝站在對立面的一方也不為所動。[70]

也許是受到阿列克修斯加入遠征的可能刺激，十字軍決定往耶路撒冷前進以取得更有利的形勢，因為就在一〇九九年五月初，他們放棄包圍阿卡，全速往耶路撒冷推進。過去十八個月，遠征的規模、目標與本質都改變到讓人不復辨認，此時，十字軍突然間又重拾了遠征最初的使命。

# 第十一章

Chapter 11

# 十字軍運動瓦解

The Crusade Unravels

經歷重重波折之後——在安條克的疾病與匱乏，戰鬥與長征途中的無數傷亡，還有讓因為戰爭而變得心如鐵石的士兵吃人肉的惡劣條件——十字軍部隊在一〇九九年六月七日抵達耶路撒冷時自然是歡欣鼓舞。一名編年史作者描述了軍隊抵達目的地時喜極而泣的情景。[1]

然而要做的事還很多。耶路撒冷防守嚴密，擁有高大的城牆與防禦工事，還有已經為西方騎士的到來備戰數月的守軍。十字軍召開會議商討如何攻城時，患上急性痢疾的譚克雷德衝到附近一座洞穴；在那裡，他看到一堆建造圍城器械的設備，是過去攻城的遺跡。這又是十字軍運氣絕佳的一刻。[2]他們在當地收集可用的材料，後來又接獲消息，有六艘熱那亞船隻在雅法靠港，帶來物資與補給品，以及繩索、錘子、釘子、斧頭和小斧。[3]雖然將這些材料帶回營地必須穿過敵方領土，來回八十公里，但這仍然是天賜贈禮，決定了整場遠征的成敗。[4]

儘管西方騎士打了許多勝仗，建立起令人聞風喪膽的名聲，但耶路撒冷的守軍也有充分理由相信他們能擊退進攻者。耶路撒冷與安條克一樣，受到令人卻步的防禦工事保護。除此之外，儘管進攻的軍隊依然規模可觀，但是在過去兩年來因為士兵戰死或病死，已經縮小許多。根據估計，抵達耶路撒冷時，西方軍隊的人員已經減少到原本的三分之一。[5]十字軍在城外的艱困處境，應該也讓聖城的居民稍感安心。這一次，主要問題不是糧食。如夏特的弗爾切所描述：「我們的人員並不缺乏麵包或肉品。然而由於此地乾燥，沒有給水也沒有溪流，我們的人員和牲口都苦於無水可飲。」[6]

面對即將到來的攻擊，耶路撒冷城外的水井都預先被堵死或下了毒，導致要來回近二十公里才能從最近的水源取回淡水。十字軍將牛皮與水牛皮縫製成袋，以嘗試安全大量的運水。勇於外出尋水的人都有遇襲的風險。而取水者回到營地時往往遇上激烈的爭吵，因為口渴與高溫都令人難耐。有些人視外出取水為賺錢機會，認為自己應得的不只是同僚的感謝與欽佩，堅持他們必須用錢買水。結果是，水並未公平分享，而是以高得離譜的價格出售。對有能力或願意付錢的人而言，也不總是物有所值：有時取回的水汙濁泥濘，偶爾裡面還有水蛭。骯髒的水會引發疾病；根據目睹者描述，喝下不潔的飲用水會導致喉嚨與腹部嚴重腫脹，且往往讓人在痛苦難當中死亡。[7]

沒錢跟黑心同僚買水的人，只有少數其他選擇。其中一個就是位於耶路撒冷城外的西羅亞池（Pool of Siloam），有天然泉水注入並可以安全飲用，有時候可以在那裡找到水。但前往水池又是另一回事：由於靠近耶路撒冷的城垛，從牆上精準射出的一箭就可能致命。[8] 另外還有遇到伏擊的風險：有些冒險前往的十字軍戰士遭到攻擊殺害，其他人則在被俘後從此消息全無。[9]

讓耶路撒冷居民安心的，還有開羅強大的維齊爾❶阿夫達（al-Afdal）捎來的訊息，指出他將前來馳援，只需十五天即可趕到。這個消息是他的一名信使遭俘後在酷刑下所吐露，在十字軍之間引發憂慮。他們的擔憂在一名養鷹人攔截了一隻信鴿後更為加深。信鴿攜帶的紙條中將西方騎士形容為魯莽衝動而紛亂無序，鼓勵阿克雷（Acre）與凱撒利亞的穆斯林總督攻擊十字軍，並強調若他們照做，將可輕易有所斬獲。[10]

西方人的反應是加速攻城的計畫。他們在一〇九九年七月八日舉行了肅穆的遊行，由騎士背負十字架赤足圍繞耶路撒冷城牆行走，懇求上帝幫助和垂憐。城內居民利用這個場合練習打靶，對繞城行走者射箭。在他們眼中，這支骯髒邋遢而四面楚歌的西方軍隊似乎不足為懼。[11]

然而，十字軍並非只仰賴天助獲得成功。他們快速建造了兩座攻城塔，建好後立即靠著城牆架起，一座在城南，一座靠近防禦城西的四方塔（Quadrangular Tower）。攻城塔的建造與架設都在城內駐軍嚴密監視下，並據以強固防禦工事和部署資源。[12]

在七月的酷熱中，十字軍又祭出一招絕妙的戰術，為他們帶來決定性的優勢。搭建在四方塔附近的圍城塔，在七月九日趁夜拆除後重新架設在城北處，那裡被認為防禦較弱，而且地勢平坦。[13]耶路撒冷攻城戰如今正式展開了。十字軍快速將一條防禦壕溝填滿，也拆除了一段外牆。投石機提供了重要掩護，十字軍中的弓箭手也對守城者射出了滿天箭雨，形成掩護。一座巨大的撞城錘在防禦工事中製造了破口，大到足以讓攻城塔通過並靠到主牆上。十字軍沒有浪費寶貴時間將撞城錘往後拉以讓出空間，而是直接把它放火燒了。在敵軍的猛烈火力下，攻城塔被拉到定位，工兵開始從下方挖掘城牆。其他人則爬到攻城塔頂端，與防衛城牆的守兵作戰，不久後就在城垛口攻占位置。[14] 突然間，耶路撒冷搖搖欲墜。

突破城北防禦工事進展快速的同時，十字軍在城牆南段也同步發動攻勢。建造精良而牢固的另一座攻城塔已經靠著城垛架好。然而事實證明，它的價值不在於其攻城效率，而在於能夠吸引敵方火力，分散對其他地方攻勢的注意力。守軍判斷城南較易受到攻擊，因而將資源集中在該處：耶路撒冷城內十五座投射器中有九座部署於保護南面的位置。其他用來將燃燒的脂肪、樹脂、瀝青和毛髮朝基督徒軍隊拋射的器械，也都集中於此。守軍在城牆南段的防禦成功，圍城塔被放火燃燒，造成西方軍隊可觀的傷亡人數。守軍的反制攻擊極為有效，使得土魯斯的雷蒙指揮下的十字軍戰士一度考慮撤退。在收到他處攻擊進展順利的消息後，他們才再度展開攻勢。就在城南的圍城塔付之一炬，而西方騎士遭到雨點般落下的投射物、油脂與利箭攻擊時，消息傳來，十字軍已經突破了北邊城牆，正湧入城內。

❶ 譯注：維齊爾是穆斯林國家的高階行政官員，相當於宰相、大臣。

耶路撒冷城內的抵抗立即瓦解。為了自保，指揮官伊夫提卡爾・阿德—道拉（Ifikhar ad-Dawla）與西方領袖達成條件，交出聖城的控制權，換取安全前往堡壘，打算在那裡等待開羅的維齊爾率眾到來。十字軍遵守協議，讓他與眾妻妾和少數其他人安全無損的離開耶路撒冷。[15]不過，這名穆斯林指揮官想必仍心存憂慮，因為瑪阿拉特安努曼總督在一〇九九年春天也曾與博希蒙德達成類似協議，卻在離城時慘遭屠戮。[16]

十字軍在一〇九九年七月十五日攻陷耶路撒冷。拉丁文獻對西方人湧入城中後的作為，描述得毫不保留：「有些異教徒被仁慈的斬首了，其他人則被塔樓射出的箭射穿，還有人遭到漫長的折磨，在熾烈的火焰中被燒死。頭顱和手腳堆積在房宅中與街道上，士兵與騎士踩著屍體來回往返。」[17]

屠殺的規模之大，讓即使是最正面以對的目睹者也為之震驚：「幾乎整座城市都充滿了屍體，倖存者只能將死者拖到城門前，堆成像房子一樣的一個個小山。從來沒人聽過對異教徒的這種屠殺，他們的屍體在金字塔般的柴堆上被焚燒，除了上帝，沒人知道到底有多少死者。」[18]

另一名當時不在場的作者也描寫了十字軍攻城的駭人情狀。「若身在現場，你的雙腳到足踝處都將染上死者流的血。我能說什麼？無人倖免。婦女和小孩都不放過。」[19]耶路撒冷陷落的相關描述都戲劇化而陰暗悲慘。但是許多勝利者敘事中的強烈用語和意象也可能是刻意為之——《啟示錄》的風格尤其提供了參照點，用來強調基督徒勝利的重大意義。[20]

儘管如此，其他來源也透露了耶路撒冷陷落後的一些景象。有位驚駭的穆斯林作者宣稱，光是在阿克薩清真寺（al-Aqsa mosque）就有七萬人遇害，包括伊瑪目、學者和義人在內。[21] 猶太人也在為基督被釘上十字架復仇的呼聲中遭到屠殺。十字軍似乎沒心情慶祝，而是要算舊帳。[22]

有些人造訪了聖墓，以感謝上帝終於帶他們抵達終點。但是許多人有其他優先要務。對戰利品的胃口似乎永不饜足。十字軍聽到謠言，說穆斯林將最珍貴的財產吞下肚以免被劫奪。「你如果看到該會多震驚，」夏特的弗爾切寫道，「我們的騎士侍從與馬夫在發現了撒拉森人的奸計之後，把剛殺死的人開腸剖肚，好從他們的腸子裡取出他們還活著時從噁心的喉嚨吞下去的貝贊特（bezant）金幣！幾天後，為了同樣的原因，我們的人員將屍體高高堆起，燒成灰燼，好找到更多金幣。」[23]

進入耶路撒冷的人恣意奪取財產；許多先前財務窘迫的十字軍士兵，突然間就在基督教世界最重要的城市裡有了房子。[24] 最後，經過兩天的血洗和混亂後，遠征領袖決定清走街道上的屍體以防止疾病蔓延。隨著嗜血的狂熱消退，十字軍對待城內居民變得較為自制。一名猶太評論者甚至認為十字軍比先前的穆斯林領主要好——至少這些新的領主會給他們食物和水喝。[25]

耶路撒冷終於回到基督徒手中。這是一趟野心之大幾乎難以想像的旅程的最高潮，在前所未見的規模和組織下，數萬男子穿越歐洲與小亞細亞，在機會渺茫而條件惡劣驚人的情況下參與了這場遠征。為可觀的軍力維持食物與飲水供給的後勤作業，還要同時維持秩序和紀律，是艱鉅的挑戰。在他們未曾體驗過的艱難酷熱地域中，十字軍士兵進攻了許多防禦嚴密的要塞、村鎮與城市。這個成就無可否認——他們在兩年間征服了東地中海最大的三座城市，也是基督信仰的基石：尼西亞、安條克和耶路撒冷。

對於在一〇九六年離開西歐的人，第三座、也是最後一座城市，是最重要的一個。攻下耶路撒冷是非凡的壯舉，見證了十字軍的決心、能力和堅忍。他們全都承受了艱辛、緊張和恐懼；許多人沒能活到此刻。這是該歡慶的時候。

「耶路撒冷被攻克後，看到朝聖者在聖墓前敬拜，大家拍手歡慶，唱著給天主的新歌，這一幕令人滿足，」該城陷落時也在場的阿吉列的雷蒙說，「他們的靈魂對勝利凱旋的上帝獻上讚美的祈禱，無法以言語解釋。新的一天、新的喜悅、新的長久幸福，我們辛苦和熱愛的回報，為所有人激發了新的祈禱和歌曲。我確信，這一天將在往後的世紀裡為人歡慶，它將我們的悲傷掙扎改寫為喜悅歡欣。我更要說，這一天終結了所有異端信仰，確認了基督宗教，並恢復了我們的信仰。『這是耶和華所定的日子，我們在其中要高興歡喜，』這是應該的，因為在這一天，上帝照耀賜福給我們。」[26]

攻克耶路撒冷之後，十字軍面臨困難的決定。該如何治理這座城市；該如何與當地人口接觸及互動；如果需要仰賴拜占庭帝國和皇帝阿列克修斯，要到什麼程度；如何供給這座城市和它的新主人；未來會碰到哪些反對勢力？西方人意識到，必須採取一些措施，才能確保攻克這座城市不是一時的勝利，而是基督教長久統治的基礎。

他們沒有太多時間爭論。耶路撒冷與周圍地區必須迅速獲得確保，因為城市仍被洗劫之際消息便已傳來，一支大軍正從開羅朝他們而來。十字軍領袖採取的第一步，是在攻下耶路撒冷的一週後會面商討，提議選出他們之中最富有、最有資格也最虔誠的人成為該城的君主。建立王室政體當然有一部分是在複製眾騎士最熟悉的政治體制。但是將權威全部授予一人也有特定用意：避免攻陷安條克之後讓遠征軍深受困擾的分裂與缺乏決斷。土魯斯的雷蒙是顯而易見的人選。然而，讓十字軍領袖群出乎意料的是，雷蒙拒絕了；虔誠的他回應，君王頭銜只適合上帝之子，至少在這座最神聖的城市應是如此。這樣的虔敬當然很好，但是十字軍也體認到權威式領導的必要性。如果雷蒙不願擔任這個角色，還有誰適合？

布容的高佛瑞在遠征期間亦表現出色；他一直勤奮可靠，而也許最重要的一點是他不會引發爭議。他在君士坦丁堡因為立誓一事與皇帝的爭論顯示，必要時他可以堅守立場，而他在遠征結束後顯然打算待在聖地，這一點也對他非常有利。高佛瑞並沒有推辭。但是他知道雷蒙反對國王這一頭銜，精明的迴避了這個問題。一〇九九年七月二十二日，高佛瑞被任命為聖墓保衛者（Advocate of the Holy Sepulchre）。接下來，他就要著手將西方來的征服者變成定居者了。

十字軍攻克耶路撒冷的餘波不僅在歐洲迴盪，在當地也造成深遠影響。數世紀以來，耶路撒冷一直是穆斯林、猶太人與基督徒的家園，生產橄欖油、香料、大理石和玻璃，並外銷到地中海各地。這裡也是伊斯蘭重要的朝聖中心；根據十一世紀的一名訪客所說，來到耶路撒冷的穆斯林朝聖者數以千計，因為對他們而言，這裡遠比麥加容易抵達。[27]

基督徒的征服大幅改變了耶路撒冷的社會、種族與經濟結構。穆斯林逃離耶路撒冷與巴勒斯坦的其他城鎮和地方，留下了所有帶不走的東西。[28]這導致該地區聞名的油品、陶瓷、醃漬水果與其他商品的生產戛然而止。然而，除了恢復經濟生產外，還需要建立新的連結，以取代先前主導了黎凡特地區對外貿易往來、主要由穆斯林建立的連結網絡。熱那亞與威尼斯商人樂於接手，為自己談到了非常優惠的條件。這些義大利城邦為新的十字軍殖民地供應物資，換得在地中海東岸主要城市的專屬區與大片地產，包括在安條克、耶路撒冷與後來的提爾，即聖城的主要港口。[29]

然而，當務之急是鞏固對聖城的長久統治。一〇九九年春天，十字軍在南下途中接見了開羅法蒂瑪王朝（Fatimids）派來的使節，他們提議雙方結盟對抗遜尼派的突厥人。[30]雖然十字軍沒有直接拒絕這項提議，但隨著他們持續朝耶路撒冷推進，法蒂瑪王朝已了然於心。由維齊爾阿夫達率領的大軍在十字軍抵達聖城時已經朝北方開拔，並於八月初抵達。八月十日，騎士從耶路撒冷策馬而出，在阿什克隆（Ascalon）附近迎戰敵方，攻了法蒂瑪王朝的軍隊一個措手不及。隨後，許多人在恐慌中試圖藏身樹間，卻像鳥一樣被箭射中，或是被騎士的長矛刺穿。又一次，騎士的紀律讓他們贏得看似不可能的勝利，擊敗了軍力遠勝於他們的敵手，將阿夫達的軍隊驅散並擊退到阿什克隆城內。不久，士氣低迷的倖存者就從那裡揚帆返鄉了。[31]

儘管打了勝仗，十字軍定居的最初階段卻風雨飄搖，一〇九八至九九年間攻下的城鎮幾乎無時無刻不受到穆斯林軍隊的威脅。為了緩解這樣的情況，十字軍領袖緊急向歐洲求援。一一〇〇年春天，在庇伊主教死後被派來東方代表教宗的比薩大主教戴姆博特寫信「給日耳曼地區所有的大主教、主教、王公貴族與天主教徒」，懇求他們派援兵前往聖地，協助基督徒保有他們攻下的城鎮與領域。[32]

這些籲求獲得熱烈回應，畢竟歐洲許多人都沉浸在十字軍攻克耶路撒冷的消息和其參與者的豐功偉業中。這些攻下聖城的英雄如今處境惡劣的情況，激發了新一波武裝男子在一一〇〇年前往耶路撒冷。來自倫巴迪（Lombardy）、勃艮第、亞奎丹和奧地利的部隊在次年春天抵達拜占庭帝國，同行者還有參與了最初的遠征但是在抵達耶路撒冷前就返鄉的幾名騎士，如韋爾芒多瓦的休和布魯瓦的史蒂芬。

新的十字軍參與者一心想仿效前輩的事蹟，在一一〇一年初夏於尼科米底亞附近集結。他們忽視皇帝阿列克修斯的建議，沒有以最直接的路線穿越小亞細亞，而是深入突厥人控制的領域。抵達帕弗拉戈尼亞的莫西凡（Mersivan）之後，他們遭到率領突厥大軍的基利傑・阿爾斯蘭攻擊，幾乎全軍覆沒。倖存者中包括護送新血部隊前往耶路撒冷的土魯斯的雷蒙，他和其他人一起返回了君士坦丁堡。鞏固東方基督教陣地的嘗試以一敗塗地收場。[33]

十字軍在聖地處境脆弱的長期問題，因為高佛瑞之死而更為凸顯。他死於一一〇〇年夏天，與十字軍攻克耶路撒冷相距幾乎剛好一年。[34]大約同時，博希蒙德在梅利第尼附近的戰場上被一名突厥埃米爾所擒獲。[35]這使得西方陣營少了一些最高階也最受敬重的人物，更進一步削弱了十字軍抵擋穆斯林鄰居的能力。

讓局勢更為動盪不安的是野心勃勃的譚克雷德，他很快繼承了舅舅博希蒙德在安條克的領袖地位；另一個人是比薩大主教戴姆博特，他在抵達東方後成功讓自己獲宣告成為耶路撒冷牧首。[36]眼看高佛瑞死後與博希蒙德遭俘後出現權力真空，這兩人於是企圖掌控耶路撒冷。此舉受到聖城內一個重要派系反對，他們派出一個使節團到埃德薩求見鮑德溫，要求他速速前來接手他兄長的位置。[37]

傳統上，歷史學者鮮少關注使節團前往埃德薩的動機，然而對鮑德溫的籲請其實意義重大，因為其目的還包括與阿列克修斯修復關係。雖然十字軍在阿什克隆擊退了穆斯林軍隊，但新定居點承受的壓力是長期的。物資供給也有嚴重問題。從比薩、熱那亞與威尼斯而來的船隊，也許可以開啟通往基督徒控制的東方的新路線，但更重大的問題是要確保在征服耶路撒冷之後，源自拜占庭帝國控制的賽普勒斯與小亞細亞南部港口的供給線能夠維持暢通。在埃德薩，鮑德溫有效而可靠地履行了他身為皇帝代表人的職責，因而是協助與拜占庭重建關係的明顯人選。

鮑德溫指派親戚勒布爾的鮑德溫（Baldwin of Le Bourg）在他離開時代為治理埃德薩，隨後啟程前往耶路撒冷。抵達後，他竭盡全力反制在城內迅速升起的反拜占庭仇視情緒。一一〇〇年夏天，在戴姆博特和譚克雷德為首的這群人運作下，安條克牧首出逃至君士坦丁堡，他們另派一名拉丁教會領袖取代他的位置，進一步挑起了與拜占庭的對立。[38] 鮑德溫在十一月抵達耶路撒冷時，歡呼迎接他的人群中不只有西方人，還有希臘和敘利亞基督徒，其中原因不言可喻。[39] 一一〇〇年耶誕日，鮑德溫在伯利恆的加冕典禮中成為耶路撒冷國王；他的兄長高佛瑞就葬在聖墓的入口處。[40]

鮑德溫亟欲澆熄反拜占庭情緒並與皇帝修好，但是城內的緊張情勢持續悶燒，直到在鮑德溫強力遊說下，教宗派了一名教廷特使前往東方，在一一〇一年夏天免除了麻煩人物戴姆博特的職務。[41] 此後不久，鮑德溫攻下雅法，為十字軍提供了通往海岸的關鍵門戶。雅法被交託給布赫吉的歐多．阿品（Odo Arpin of Bourges）治理，而這並非巧合：這位騎士與阿列克修斯關係親近，在十二世紀初期更成為皇帝與法國中部的重要聯繫管道。與拜占庭帝國的關係又往正面邁出一步。[42]

次年春天，獲得拜占庭支持的需求變得更為迫切。一一〇二年夏天，又一支穆斯林大軍為將十字軍逐出耶路撒冷從開羅北上，在拉姆勒（Ramla）重擊西方人，擊潰了鮑德溫率領下既無準備、人數又遠居於劣勢的軍隊。雖然國王僥倖脫身，但是他處境之脆弱卻明顯暴露出來；仍由十字軍控制的城鎮只剩下日益單薄的守軍撐持，而經過戰場上的挫敗後軍力大幅縮減，增援兵力又付之闕如，情勢顯得黯淡不堪。[43]

與君士坦丁堡重建關係刻不容緩。罷黜反拜占庭的耶路撒冷牧首戴姆博特，並以較為溫順的年老法國神父埃夫赫瑪（Evremar）取代他，是修復關係的其中一步。[44]但關鍵的一步是派遣使節前往帝都，而其明確目標就是要確立與拜占庭的同盟關係。鮑德溫決心「以最謙卑的態度」與阿列克修斯接觸，「以溫和的懇求……請求君士坦丁堡的皇帝解救基督徒的慘況」。[45]他派遣高階官員帶著兩頭寵物獅子為贈禮前往首都求援，特別是針對來自賽普勒斯與帝國其他地方的物資供給。使節與阿列克修斯達成協約。皇帝要求他們保證將修復他與教宗之間的關係，因為先前有關他背叛十字軍的謠言導致了雙方關係破損。作為交換，皇帝誓言「對鮑德溫國王展現慈悲……以及尊重和敬愛」。好消息很快傳回耶路撒冷。[46]

阿列克修斯與十字軍和解也有自己的盤算。雖然博希蒙德被安納托利亞東部的突厥人所囚禁，已經無法生事，但是譚克雷德依然如芒刺在背。他以安條克為據點，在帝國位於西里西亞的新收復領土獲得重大斬獲，攻下了馬拉什之後，正進軍勞迪基亞。[47]這可能危及君士坦丁堡與耶路撒冷之間新締結的同盟關係，因此十字軍高層採取行動反制譚克雷德。一一〇二年，土魯斯的雷蒙試圖為皇帝增援勞迪基亞，但是沒有成功。[48]勒布爾的鮑德溫公開宣告與譚克雷德為敵，著手籌款支付博希蒙德的贖金，期望後者能返回安條克，以他的權威壓制他躁進好鬥的外甥。[49]

起初，事態正是如此發展。一一〇三年獲釋後，博希蒙德重新掌控安條克，將譚克雷德排除在權力核心之外，與埃德薩的鮑德溫建立友好關係，並且參加了在敘利亞北部的聯合攻擊。[50]然而，事情很快急轉直下。君士坦丁堡在一一〇三年末或一一〇四年初派遣的使節前來時，博希蒙德的態度暴躁無禮，使人擔憂他是否會配合拜占庭皇帝與耶路撒冷國王之間的協議。[51]獲釋之後，博希蒙德與其他西方騎士領袖之間的關係也開始惡化，因為他們並不認同他擴張領土的企圖。情況惡劣到有位目擊者寫道，十字軍騎士間的關係此時已經完全崩解。[52]

事情在一一〇四年初夏發生決定性的轉折。博希蒙德與譚克雷德從安條克領軍前往支援某次攻擊行動，帶領攻擊的是勒布爾的鮑德溫和來自埃德薩的一支分遣隊，目標是小亞細亞東南部的哈爾蘭。西方軍隊被徹底擊潰而鮑德溫遭俘之時，博希蒙德與譚克雷德只是從遠方安全的觀戰，之後便鳴金收兵——至少穆斯林文獻是這麼說的。[53]

哈爾蘭一役是十字軍的重大挫敗。鄰近的大馬士革有位編年史作者描述，基督徒因為這場敗仗而深感洩氣，決心受到動搖。穆斯林則因為這場勝仗而士氣大振，視之為運勢終於開始反轉的跡象。[54]不過，這個反轉的影響其實更為廣泛，因為聖地各個拉丁定居點之間微妙的權力平衡，以及這些定居點與拜占庭帝國間的關係，似乎都因此而受到了根本的動搖。問題有部分出在鮑德溫與其他駐守埃德薩的高階軍官遭俘後，譚克雷德隨即北上接管了這座城鎮。雖然埃德薩的居民似乎並未因此而感到太過不安，但是他的到來想必不為阿列克修斯所樂見——雖然皇帝自己也利用了混亂情勢，終於讓西里西亞和勞迪基亞重歸帝國管轄。[55]

不過，更嚴重的問題來自博希蒙德對哈爾蘭敗戰的反應。這位諾曼人似乎意識到，安條克已經穩固，埃德薩由他的外甥控制，受俘的鮑德溫不再能當絆腳石，而基督徒對耶路撒冷的掌控看來搖搖欲墜，這代表一個千載難逢的機會已經出現，博希蒙德可以成為所有十字軍城邦的主人。因此當勒布爾的鮑德溫的俘虜者與他接觸時，他拒絕支付贖金，反而再度對勞迪基亞發動攻擊，但還是無功而返。[56]一一〇四年秋天，他在安條克的聖彼得大教堂召集了隨從。「我們激怒了世界上最富有的兩大強權」，他說；然而，東方並無足夠軍力持續抵擋拜占庭與波斯帝國。「我們必須尋求海洋另一端的人幫助。高盧人必須被喚起行動。他們的勇猛將激勵我們，否則再沒有別的東西能夠。」博希蒙德將前往歐洲招募自己的軍隊。[57]他的目標鎖定耶路撒冷或君士坦丁堡——或許兩者皆有。

根據安娜．科穆寧的敘述，博希蒙德深信皇帝將為他在遠征期間的背叛而報復他，因此祕密返鄉。他甚至散播自己已經死亡的消息，還命人設計一具棺材，佯稱裡面裝的是他的屍體。他的船隻通過帝國水域時，他就躺在石棺裡，旁邊有一隻死雞，腐爛的屍身讓棺材散發出無可置疑而強烈的死亡氣味。[58]

在義大利登陸後，博希蒙德旋即開始為新的軍事遠征尋求支持，點燃了烏爾班曾在一〇九〇年代中期以高超手段引燃的同樣火種。那一次，對東方的危險、突厥人的橫行暴虐與東方教會困境的那些駭人描述，為的是幫助拜占庭帝國。這一次，卻是為了毀滅它。

# 第十二章
Chapter 12

# 十字軍首役的後果
The Consequences of the First Crusade

耶路撒冷遠征的參與者返鄉後備受榮耀。他們英勇事蹟的消息為人大肆頌揚。法國中部傳唱著關於十字軍功績與攻克耶路撒冷的歌曲，在這些歌曲的基礎上誕生了有關十字軍首役的連篇歌曲巨作，如〈安條克之歌〉與〈耶路撒冷之歌〉。[1] 十字軍的豐功偉業，也透過從耶路撒冷返鄉者的一連串宗教餽贈和建築修建在西歐受到紀念。弗蘭德的羅伯重建布魯日（Bruges）附近的一座修道院，並將之獻給聖安德魯，以感謝這位聖人一〇九八年在安條克的協助，幫助他們找到聖矛。[2] 十字軍參與者從耶路撒冷帶回來的無數聖物，不僅是遠征成功的實體證據，也體現了歐洲的教會與修道院和聖地間新建立的直接連結。[3]

返鄉的十字軍戰士充分利用了他們功績所帶來的政治資本。安朱的佛克五世（Fulk V of Anjou）、弗蘭德的羅伯與岡提耶堡的雷諾德（Rainold of Château-Gontier）只是其中三人，從聖城返鄉後，他們在簽署法令和憲章時都採用Jerosolimitanus❶的稱號。[4] 其他人則試圖透過返鄉騎士的名氣沾光。一一〇〇年代初，法王腓力一世讓他的四個孩子與著名的十字軍戰士，或曾一路打到耶路撒冷的主要人物的女兒聯姻。他的繼承人，即未來的路易六世，娶了賀歇福的吉伊（Guy of Rochefort）之女，吉伊曾參與一一〇一年的遠征，顯然也表現出色；[5] 國王的另一個兒子，芒特伯爵腓力（Philip, Count of Mantes）娶了圖索的吉伊（Guy of Trousseau）之女——不過，就算客氣的說，他在東方的軍旅生涯也稱不上出色。[6]

並非每個人都透過遠征受益。布魯瓦的史蒂芬和韋爾芒多瓦的休分別在攻克安條克之前與之後離開西方軍隊，送信給皇帝阿列克修斯，之後也都沒有重新加入十字軍，而是選擇返鄉。為了遵守抵達耶路撒冷的誓言，他們後來都再度啟程，參與了一一〇一年那次命運多舛的遠征，然而兩人都在抵達目的地之前死去。休受人頌揚為殉教而死的傑出軍人，[7]不過，布魯瓦的史蒂芬卻在關於十字軍運動的流行歌曲中備受嘲諷，被指為叛徒和跳梁小丑。[8]

許多十字軍成員沒能活著回家。雖然要估算遠征期間的死亡人數很困難，但是在啟程前往耶路撒冷的人當中，有很大比例在途中就因病死亡或戰死了；若將逃兵者也算進來，沒抵達終點的人可能多達總數的四分之三。[9]對於留在家鄉的人而言，面對所愛之人生死未卜是沉重的負擔。海諾特的鮑德溫（Baldwin of Hainault）在一〇九八年與韋爾芒多瓦的休一起被派去求見皇帝後卻消失無蹤，他的妻子艾妲聽說之後傷心欲絕。有消息指出他已遇害身亡，也有消息說他遭到俘虜但還活著。已窮盡所有調查管道的艾妲不願放棄，因此自己啟程前往聖地尋夫。這只是當時關於失去所愛之人的許多故事之一。[10]

在成功返鄉的人之中，博希蒙德最受矚目。他在十字軍運動期間的功績，尤其是他的勇

❶譯注：Jerosolimitanus指曾至耶路撒冷朝聖者。

猛善戰，讓他成為這場軍事活動的偶像。有關他面對基利傑・阿爾斯蘭、杜卡克、里德旺與克博嘉的軍隊時所展現的勇氣與決心的消息，讓他在還未抵達義大利海岸前就已經是傳奇人物。有許多稀奇古怪的故事，描繪他在十字軍攻克安條克與耶路撒冷之後的事蹟——他遭達尼什曼人俘虜囚禁後與十字軍同袍的祕密通訊；他追求俘虜者的女兒以獲得釋放；[11] 或是突厥人稱他為「基督徒裡的小天神」的故事。[12]

環繞博希蒙德和他冒險事蹟的個人崇拜會在遠征結束後不久興起，有一大部分可歸功於廣泛流傳的《法蘭克人與其他抵達耶路撒冷者言行錄》（*Gesta Francorum et aliorum Hierosolimitanorum*），作者據稱是遠征參與者，來自南義大利，在一〇九六年啟程前往東方，之後在安條克加入土魯斯的雷蒙的部隊。這本書在十二世紀初大受歡迎，而中心人物就是博希蒙德。[13]

這名諾曼人在一一〇五年末返回歐洲時，已經不只是一場凱旋歸來的遠征成員，而是其無可爭議的英雄人物了。他比其他領袖都有名氣，和同儕相比，他的功績受到更詳細的描繪，也引發更大的迴響。有些諷刺的是，耶路撒冷被攻下時，博希蒙德並不在場，因為他擔心失去對安條克的控制而拒絕離開。事實上，他到一〇九九年冬天才實踐了抵達耶路撒冷的遠征誓言，而且是與布容的鮑德溫一起南下，以防止這位阿列克修斯最主要的從屬趁他不在時對安條克有所圖謀。[14]不過這絲毫未減損他的名聲。

博希蒙德抵達義大利之後，獲得烏爾班的繼任者教宗賈利二世（Pope Paschal II）接見。在寫給教宗的信中。他自稱「安條克大公」，返鄉後也經常使用這個高等級的貴族頭銜。[15]未婚的博希蒙德成為歐洲最搶手的結婚對象，被視為中世紀早期騎士的典範：英俊、勇敢、富冒險精神、無私無我。

尚未婚配的女繼承人很快出列任他挑選。不該名列其中的一位是法王腓力一世之女，法蘭西的康絲坦茨（Constance of France），因為她與香檳伯爵（Count of Champagne）特華的休（Hugh of Troyes）已有婚約。然而以博希蒙德的聲望之高，康絲坦茨很快就拋棄了未婚夫，倉促宣告他並非良配——卻並未說明他因何受到這樣的羞辱。[16]康絲坦茨的父親未曾參與遠征，因此樂於沐浴在這位十字軍名將所映照出來的榮光中，很快同意了這場婚配。

博希蒙德不需多想就決定與康絲坦茨結婚。她是同輩中最有權力的女性，祖父母分別是法國國王、基輔公主、荷蘭伯爵與薩克森伯爵。一一〇六年春天，一場盛大的典禮在夏特大教堂舉行，出席者都是法國最有權力與聲望的人，包括曾在小亞細亞和敘利亞與博希蒙德並肩作戰的人——以及許多但願曾與他並肩作戰的人。[17]

博希蒙德逐漸成為勢不可擋的力量。婚禮前，他已開始為前往東方的新遠征招兵買馬。

教宗為這場軍事活動賜福，給予他可攜帶到戰場上的聖彼得旗幟，還派了教廷特使協助他爭取更多支持。[18] 根據一名作者所寫，教宗會支持博希蒙德討伐拜占庭，是因為聽了派去東方的教廷特使對阿列克修斯不滿的評語。[19] 不過，實情更有可能是賈利二世認可的並非對拜占庭帝國的全面攻擊，而是支援聖地的一次重大行動──至少起初是如此。教宗看來對希臘教會、拜占庭帝國或阿列克修斯並未懷抱敵意，而他提供的協助也應該以這樣的理解看待。[20]

相反的，博希蒙德的企圖則隨著他加緊號召武裝起義而昭然若揭。他在一一〇五至〇六年間四處奔波，對願意追隨他的人承諾，他們將參與不下於在尼西亞、安條克和耶路撒冷所打過的輝煌勝仗。他的優先目標為迪拉齊翁，接著是君士坦丁堡。[21] 有了新的王室關係相助，他在一一〇七年於南義大利聚集了可觀的兵力，準備對拜占庭帝國西側發動攻擊。

根據編年史家奧德里克．維塔利斯（Orderic Vitalis）記載，四海都有男子前來加入博希蒙德的行列，而他們亟欲奪走的不只是阿列克修斯的帝國，還有他的性命。[22] 博希蒙德非常擅於對阿列克修斯的負面宣傳，在如痴如醉的教眾面前，他大談自己豐功偉業的故事，敦促聽眾加入十字軍，前往耶路撒冷──不過首先要對君士坦丁堡的皇帝發動攻擊。[23] 在給教宗的一封信裡，博希蒙德粗略指出了東正教散播的一長串所謂異端邪說，用以合理化他對同為基督徒之人的征討。[24]

然而在英格蘭，博希蒙德的呼籲遭到了冷淡回應。他告知英王亨利一世他打算橫渡英吉利海峽前往尋求支持之後，被直白的告知那裡並不歡迎他。國王只是簡單回答他，當時正值冬季，渡海對這名諾曼人而言可能太過辛苦。[25]亨利一世也許只是不願意和博希蒙德分享他的軍事資源，因為當時他自己也有龐大野心，而且正是以諾曼第為目標。但國王拒絕讓博希蒙德入境英格蘭可能也有其他原因。在十二世紀初期的某個時間點，他曾接見來自君士坦丁堡的使節團，率領使節團的是名為烏爾弗里克斯（Ulfricus）的某人，帶來阿列克修斯送的珍貴禮物，其中很可能包括聖約翰．克里索斯托姆（St John Chrysostom）的一隻手臂，後來存放於亞平敦（Abingdon）。因此，若說皇帝當時在尋找盟友以反制博希蒙德的行動，亦非不可能。[26]誠然，尚有其他證據顯示阿列克修斯在十字軍運動後，持續在西歐經營重要的對外關係。[27]

儘管博希蒙德的軍事號召迴響熱烈，他對拜占庭的攻擊卻是一敗塗地。他於一一〇七年十月啟程，首先進攻巴爾幹半島西南部的伊匹魯斯，阿列克修斯在位期間已經兩度需要抵禦這個地區受到的攻擊。皇帝曾在一〇八四到八五年間擊潰羅勃．吉斯卡的軍隊，此時他故技重施，與義大利城邦結盟，切斷源自義大利的西方補給線，並實行了有效的陸上封鎖。接著他無情的收緊繩套。博希蒙德出發時滿懷雄心壯志，要罷黜阿列克修斯、奪取君士坦丁堡，然後東進與譚克雷德在安條克會合，然而此時他卻發現自己被皇帝狠狠踩在腳下。眼看部眾相繼死於疾病和飢餓，最後他別無選擇，只能請求停戰。在今日阿爾巴尼亞境內的迪亞波利斯（Diabolis，又名Devol），他在一場羞辱的會面中接受了阿列克修斯的條件，這些條件在《阿列克修斯傳》中有完整記錄。

博希蒙德被迫承認他在一〇九七年途經君士坦丁堡時曾與皇帝達成協議，不過因為「某些意料之外的事件」而違反了協議。他坦言他對拜占庭帝國的攻擊破壞了協議條款，而他雖然背叛了阿列克修斯，這卻是因為暫時的精神錯亂。他聲明如今自己終於恢復了理智。[28]

博希蒙德如今有了新的效忠對象：他又一次正式成為拜占庭的臣屬，這次不僅是對阿列克修斯，還有他的子嗣與繼承人，年輕的王子約翰．科穆寧。他必須以自己的名譽和決心捍衛他們的生命，而這個諾言將與「鐵塊雕鑿而成的雕像一樣」堅固。「無論發生什麼事情，」他承諾，「我都不會違反諾言；我不得以任何原因或手段，不論明顯或隱晦，破壞這份盟約的條款。」[29]

在迪亞波利斯達成的條約接著詳列哪些行省、城鎮和村落屬於拜占庭帝國並由其管轄。塔爾索軍區，以及基德諾斯河（Kydnos）與赫蒙河（Hermon）之間的西里西亞全區，都為皇帝的屬地；勞迪基亞與周圍地區屬於拜占庭，阿勒坡與北敘利亞和高加索地區的其他城鎮亦同。[30]將這些區域詳列出來的用意，是要確立哪些地區由阿列克修斯管轄——不論是實質如此或依法如此。這牽涉到的不僅是重劃十字軍首役前帝國管轄的土地疆界，也牽涉到遠征後的領域歸屬，因為在許多例子中，特別是西里西亞，拜占庭軍隊還必須抵禦並驅逐由博希蒙德和譚克雷德所率領的軍隊，他們奪取了拜占庭從突厥人手中收復的領土。博希蒙德同意將這些領土交還給帝國，並且對皇帝的敵人與對手發動絕不容情的戰爭——包括對他自己的外甥譚克雷德——直到他們交出理當屬於拜占庭的城鎮。[31]

拜占庭帝國東部明珠安條克的歸屬問題也終於解決：博希蒙德同意將之交還給帝國。這位諾曼人將終生保有對這座城市的權利，代表阿列克修斯以帝國總督的身分控制它，直到他死去，屆時，這座城市將歸屬於「新羅馬帝國，城中之后君士坦丁堡」。然而，若博希蒙德在履行「僕從與臣子」的義務上有任何不足，皇帝有權在任何時候收回城市。[32] 他們雙方另協議，安條克將以東正教牧首為教會領袖，並遵循希臘禮；這項條款永久有效。[33] 這反轉了博希蒙德為鞏固對安條克的控制，而在一一〇〇年放逐約翰．奧克塞特後派任西方教士的做法。[34]

譚克雷德繼續在東方興風作浪的同時——拜占庭軍隊在一一〇七年從西里西亞被召回後，他又再度進攻該地區——阿列克修斯以瑟巴斯托斯（sebastos）的顯貴職銜與豐厚的年俸獎勵博希蒙德，並正式指派他為安條克總督。這不是讓步；阿列克修斯知道他最有機會收復安條克的方式，就是以博希蒙德為他的代理人。[35]

這些條件博希蒙德不僅照單全收，還進一步對皇帝做出更全面的承諾：「我將信守所有諾言……絕不會違反誓言，破壞承諾或逃避責任。在思想和行為上，我與我的部眾將盡我們所能協助並榮耀羅馬人的帝國。」[36]簽訂條約時，博希蒙德一手放在神聖的福音書上，以基督之名立誓遵守條款，現場還有基督教世界中最重要的一些聖髑，包括聖十字架、荊棘冠，以及基督被釘上十字架後用來戳刺他的長矛——這別具意涵，等於默認了一〇九八年在安條克那麼湊巧所找到的長矛是冒牌貨。[37]

這是阿列克修斯的徹底勝利。他主張的領土權確立了正當性，再無疑義。不過，最為光彩的是他取得了「小亞細亞的明珠」安條克。對十字軍首役的騎士而言，遠征的最高潮是一〇九九年攻克耶路撒冷。對皇帝阿列克修斯而言，則是九年後的《迪亞波利斯條約》。十字軍協助拜占庭收復了尼西亞和小亞細亞海岸，不過，是與博希蒙德所達成的協議，標示了皇帝向西方求援一事的終於圓滿——不僅證實他的政策無誤，也確立他統治有方。

然而，在實際面上，阿列克修斯的勝利看來並沒有那麼穩固。耶路撒冷遠征之後，他在西方的名聲嚴重受損。無疑有許多十字軍戰士依然尊崇皇帝——而弗蘭德的羅伯與諾曼第的羅伯從耶路撒冷返鄉途經君士坦丁堡時受到奢華款待，也是為了讓他們對拜占庭帝國留下良好印象。[38]阿列克修斯也費心贖回遭穆斯林俘虜的騎士，並且對待一一〇一年失敗遠征的倖存者極為慷慨大度。[39]然而，敘述十字軍運動的最早兩部文字紀錄，都以極為負面的方式描繪皇帝。

《法蘭克人言行錄》對阿列克修斯的描繪尤其惡毒。其作者寫道，皇帝聽說隱士彼得和他的部隊在翟里戈爾多斯遭徹底擊潰時，大為欣喜。[40]他卑劣邪惡，命士兵一有機會就殺害十字軍戰士。[41]阿列克修斯「精神有問題而內心燃燒怒火，打算以奸巧和詐欺陷害這些基督教騎士；但是在上帝的恩典下，他與他的手下沒有找到地點或時機對他們下手」。[42]皇帝是個愚人與惡徒。在尼西亞，他確保突厥人被饒過性命並帶到君士坦丁堡，這樣他們才能接收指令並被派回去與西方騎士作戰。在路途中的每一步，阿列克修斯都企圖阻礙前往耶路撒冷的遠征。[43]

阿吉列的雷蒙與土魯斯的雷蒙同行，他的記述對皇帝同樣嚴苛。據他所寫，阿列克修斯在十字軍東進途中朝首都接近時，賄賂人傳達美化君士坦丁堡的消息；他那些關於友誼的言詞都空泛沒有意義。[44]事實上，雷蒙宣告，皇帝就是個徹底的騙子。他在尼西亞承諾為有需要的法蘭克人建立安養院，並且要給十字軍戰士奢華的獎賞。「法蘭克人相信這些貌似誠摯的話語，準備交出尼西亞。但一旦取得尼西亞，阿列克修斯對軍隊展現的所謂感謝，卻讓他只要活著一天，就會永遠為人所唾棄，稱他為叛徒。」[45] 這樣的指控，主要源自是皇帝將十字軍送入了小亞細亞和安條克的印象；根據雷蒙的說法，阿列克修斯是明知如此仍將西方軍隊送上了死路。[46]

對阿列克修斯的這些狠毒攻擊，必須從皇帝一〇九六至九七年間在君士坦丁堡要求騎士所立誓言的脈絡來理解，這也能說明十字軍為何留下了原本該歸還給拜占庭的安條克等城市。十字軍運動最早的史家寫出對皇帝如此極端負面的描繪，是要合理化博希蒙德在莊嚴地對阿列克修斯立誓後，卻背棄承諾的決定。這是因為皇帝沒有履行他的承諾：是阿列克修斯的背叛——不是十字軍——讓那些誓言無效。《法蘭克人言行錄》指出，皇帝誓言保護騎士並透過海陸為他們提供補給；阿列克修斯也承諾參與遠征，並且會有士兵與艦隊同行。[47] 他在安條克圍城前後都沒有出現，這表示十字軍立下的誓言也不再有效。[48]

這個主張被強力提出，然而這些指控卻讓人難以盡信。阿列克修斯在十字軍前往君士坦丁堡途中提供了充足物資，也確保在基博托和攻擊尼西亞期間有運作良好的一套補給制度。西方人穿越小亞細亞時未曾抱怨物資不足，顯示補給作業經過仔細規劃和妥善執行。軍隊在一〇九八年秋天抵達安條克之後，拜占庭人已經安排好了支援長期圍城的措施；也是因為這樣，里布蒙的安瑟姆（Anselm of Ribemont）在寫給家人的信中，才能提到存量多得無法想像的玉米、葡萄酒、橄欖油和其他物資。[49]

一〇九七至九八年冬天的物資短缺確實不幸，但也並不讓人意外，因為在冬天採集糧食本就困難，要穿越艱險地域將物資送到安條克又難上加難。況且，後續的艱辛景況有多少可歸咎於阿列克修斯也很難說。一〇九八年三月，十字軍營地的情況正是最惡劣的時候，但是布魯瓦的史蒂芬從安條克寫給妻子的信中，對於皇帝的缺失隻字未提。[50]

相反的，來自賽普勒斯與勞迪基亞的物資顯然持續送達十字軍營地，即使在塔提基歐斯離開後依然如此。可以假設是阿列克修斯確保了糧食與其他物資透過兩個管道持續送給西方人：西里西亞的各地指揮官，以及史上向來與君士坦丁堡關係密切的敘利亞北部黑山（Black Mountain）修道院的希臘修士。[51]此外，正如一名十字軍運動的史學家所坦然指出，阿列克修斯的信使仍持續敦促當地居民從海上與陸路為十字軍提供穀物。[52]安條克被攻下後，拜占庭船隻也持續為西方軍隊帶來物資，比如在一〇九九年的阿卡圍城期間嘗試運送補給品給十字軍。[53]

阿列克修斯顯然自認履行了支持遠征騎士的承諾。一〇九八年六月——就在他收到安條克情勢悲慘的消息前——皇帝在回覆給卡西諾山修道院長的信件中寫道：「您在關心懇切的信中寫道，懇請我為法蘭克人的軍隊提供援助。對此，請尊貴崇高的您安心，我的帝國保護著他們，我將在所有事務上協助他們並給予建議；事實上我已盡我所能幫助他們，不是以朋友或親戚的身分，而是如同一名父親……上帝垂憐，他們已經展開的服事持續獲得成功，只要他們一直為良善的使命所引領，也將持續獲得成功。」[54]

還有其他證據顯示十字軍對此時的進展並無不滿。里布蒙的安瑟姆在一〇九八年二月寫給漢斯大主教瑪拿塞斯的信中，談到遠征面臨的問題時輕描淡寫，著重的是穿越小亞細亞的旅程一直到安條克以前都未遇到阻礙。基督徒收復了二百座城鎮與堡壘，安瑟姆認為這是可觀的成果。他在結語中寫道：「西方的母教會可以歡欣鼓舞，因為她孕育的男子有能力為她帶來榮耀的名聲，為東方教會提供令人讚嘆的援助。」[55]簡而言之，在一〇九八年前半，十字軍中有許多人認為遠征進展順利，對阿列克修斯並無不滿或抱怨。誠然，博希蒙德鼓動著要取得對安條克的控制權時，其他十字軍領袖不願支持他，正顯示他們並不認為皇帝在履行義務上有所缺失。

事實上恰恰相反：十字軍一再從安條克送信給阿列克修斯，尋求他的建議和指引。正因如此，布魯瓦的史蒂芬才會在安條克陷落前不久被派去求見皇帝；韋爾芒多瓦的休也在不久後啟程。連對皇帝抱持敵意的《法蘭克人言行錄》都指出，休帶給阿列克修斯的訊息明確無比：布容的高佛瑞、土魯斯的雷蒙、博希蒙德、諾曼第的羅伯、弗蘭德的羅伯與所有其他騎士，都希望皇帝前來接收安條克。這是明確證據，表示即使在攻克安條克之後，他們依然認為自己對皇帝立下的誓言完整有效。[56]

似乎要到十字軍內部發生爭執後，對阿列克修斯的態度才開始轉趨強硬。到了一〇九八年秋天，他已經成為所有批評的焦點，為十字軍領袖間的爭執與相衝突的野心提供了最好用的卒子。九月間，遠征中最顯貴的幾名騎士寄了一封信給教宗，敘述前兩年無比艱困的情況。是耶穌基督解救了從四面八方被突厥人攻擊的十字軍，他們在信中說明。尼西亞已被攻下，而安條克也在西方軍隊付出高昂代價後終於攻克。眾騎士如今懇求教宗加入遠征，親自指揮，完成由他所開始的大業。[57]

寫信的諸騎士也點出了他們對教宗做此請求的明確原因：阿列克修斯背棄了十字軍運動。他們聲稱皇帝不僅沒有幫助上帝的士兵，還積極扯後腿：「他竭盡所能為我們製造阻礙。」[58]夏特的弗爾切在他的編年史中複製了這封信的一個版本，但是選擇不收入這些結語，因為他認為這些話有失公允也欠缺立論基礎。[59]無庸置疑的是，到了一〇九八年晚期，隨著十字軍運動在攻克安條克之後分崩離析，各方也已開始齊力醜化皇帝阿列克修斯。

如今，對這位拜占庭君主的主要批評是他未能前來安條克，在十字軍領袖爭論不休時掌控局勢。因此，違反了在君士坦丁堡所立誓言的不是西方騎士而是皇帝。但是這樣的主張同樣欠缺實質證據。阿列克修斯是否有必要親自前來——而他沒有前來又是否違反了約定，都不清楚。為什麼不能將安條克交給他的某位代表，一如對尼西亞與小亞細亞許多其他城鎮的處理方式？

此外，君士坦丁堡宣誓儀式的見證者明確指出，阿列克修斯並未保證會參與遠征。相反的，如阿吉列的雷蒙所描述，皇帝在帝都曾明確表示他不會加入遠征，因為他在國內有各種問題要處理。[60]

換句話說，十字軍其實站不住腳——而阿吉列的雷蒙似乎明白這一點。這名編年史家迴避了對誓言問題的討論：「我該寫一下皇帝的言行有多虛假，多麼可鄙的充滿欺騙嗎？想知道的人到其他地方找答案吧。」[61]

如我們在前文所見，博希蒙德為了將安條克據為己有，完全不顧其他領袖和基層士兵想要前往耶路撒冷的意願。十字軍在安條克的聖彼得大教堂聚集，嘗試找出妥協之道時，土魯斯的雷蒙平靜地反駁了對阿列克修斯的誓言已經失效的說法，重複了對皇帝的誓言內容。[62]他提醒所有人他們自己說過的話：「我們以聖十字架、荊棘冠和許多聖物起誓，不會在沒有皇帝同意之下，持有他領土內的任何城市或堡壘。」[63]

看待對阿列克修斯的誓言的相關主張時，我們容易以為這些論點純粹以效忠的定義和道德上的正直與否為基礎，有像雷蒙這樣認為自己受到誓言約束的人，也有像博希蒙德一樣不認為如此的人。雖然與皇帝之間的約定顯然有重要的法律意涵，但是十字軍領袖之間的爭論背後，也有現實議題。諸位領袖彼此間的相對地位當然是一個因素，使土魯斯伯爵不願放任博希蒙德將安條克據為己有；事情不只是雷蒙想要遵守對阿列克修斯的誓言，也牽涉到他不願讓同為貴族和對手的博希蒙德占到便宜。從這方面來說，對皇帝的誓言成了可以藏身其後的好用盾牌——讓雷蒙有機會攻擊博希蒙德，同時保持道德制高點。

從拜占庭的角度而言，安條克與其他地方的現實情勢也是複雜而微妙，需要更細緻的處理方式，不能只訴諸效忠究竟意味哪些義務的高層概念。毫無疑問的是，阿列克修斯是刻意堅持要十字軍領袖以他們熟悉的形式對他做出承諾。但是至少在一〇九六年和一〇九七年初，他主要的目的是確保遠征軍能平順地通過君士坦丁堡，因為當時皇帝自己對權力的掌控都岌岌可危。是到後來，他所獲取的承諾才變得非常有用，讓他得以宣稱是十字軍的個別領袖和整個軍隊背叛了他。

然而在這些指控與反指控，以及關於協議無效（或有效）晦澀難解的爭論之中，博希蒙德必須能夠簡單明確的說明，在拜占庭甚至是某些十字軍成員聲稱他無權如此的情況下，他為何能夠掌控安條克。是這個政治上的必要性影響了對皇帝的態度，並且在十二世紀初的歐洲散播。因此，雖然有些在十二世紀初期寫作的編年史家嘗試證明阿列克修斯沒有履行他對遠征領袖的承諾，與此同時，卻有更多人著力於對他人格的全面詆毀。

真正損害皇帝名聲的不是《法蘭克人言行錄》和阿吉列的雷蒙的編年史，而是大約在博希蒙德於一一〇四年末返回義大利後，開始為討伐拜占庭招兵買馬之際寫成的一連串著作。由修士羅貝爾（Robert the Monk）、多爾的鮑德里（Baldric of Dol）與諾壤的吉貝爾於一一〇七年或其後不久所寫的十字軍運動史，都大量引用了《法蘭克人言行錄》，忠實地重複對皇帝的負面描繪。三個人都盡責地描述了一〇九六年平民十字軍運動的參與者慘遭屠殺後，阿列克修斯得知時據說流露出的欣喜之意。[64] 他們重述《法蘭克人言行錄》，冷冷地指出皇帝沒有前往安條克是因為他是個懦夫。[65]

然而這些作者不只是重複和引述《法蘭克人言行錄》，而是把道聽塗說而來的阿列克修斯的缺點和過錯，更加油添醋的描寫一番。諾壤的吉貝爾尤其創意十足。在他筆下，皇帝的母親是個女巫，黑魔法高強。不僅如此，阿列克修斯邪惡至極，宣告有超過一名女兒的家庭都必須交出一個女兒從娼；賣淫所得上繳國庫。他還下令有超過一個兒子的家庭必須交出一個兒子成為閹人。這麼多年輕男性失去其男子氣概，難怪阿列克修斯需要從西方搬救兵，吉貝爾寫道。[66]

在十二世紀與更晚寫作的歷史學者，不僅對這些離譜的指控津津樂道，還加以添寫。一本這樣的史書中即寫道，阿列克修斯能在一〇八五年擊敗羅勃・吉斯卡，純粹是因為他告訴吉斯卡的妻子，若她將自己的丈夫毒死他會娶她為妻，她也照做了。[67]這個故事又為其他人任意添寫，比如豪夫登的羅傑（Roger of Hoveden），他說阿列克修斯果然娶了西蔻蓋塔（Sickelgaita），卻在她加冕為后以後將她活活燒死。[68]

對阿列克修斯的敵意在十二世紀初期迅速加劇。瑪姆斯伯里的威廉（William of Malmesbury）說他「以背信和狡詐而非行事正直為人所知」。[69]提爾的威廉在數十年後寫作，總結了皇帝在拉丁東方（Latin East）❷給人的觀感。阿列克修斯不值得信任，這位大主教寫道，他「就像一隻蠍子；因為雖然牠的正面不足懼，你最好小心從牠尾巴而來的傷害」。[70]

這種觀點歷數世紀而持續流傳。例如十八世紀的愛德華・吉朋（Edward Gibbon）就忠實地沿襲了中世紀這種誇張扭曲的描繪。「我應該把阿列克修斯皇帝比作豺狼，」他寫道，「據說牠們會跟在獅子後面，大啖獅子吃剩的東西。」他聲稱，連皇后艾琳的看法都與別人相同，瞧不起自己的丈夫。因此，皇帝死後她堅持在他的墓碑刻上這個墓誌銘：「你死後如

❷譯注：指十字軍運動後在聖地建立的國家；拉丁指來自西方的羅馬天主教徒，相對於希臘人而言。

同生前——都是**偽君子**。」[71]

阿列克修斯的名聲從未獲得平反，而對他的詆毀還有更廣泛的影響，形塑了對十字軍首役的詮釋。在關於耶路撒冷遠征的記述，尤其是對其起源的記載中，皇帝幾乎隱而不見，因為在安條克發生的爭議後，他就從歷史中被抹除了。被當時的拉丁史學家刻意擱置不論以後，阿列克修斯從此一直處於邊緣——只是這場遠征中偶然出現的角色。

真要說起來，阿列克修斯在一一〇八年於迪亞波利斯的勝利，只是強化了這個形象；他對已被視為十字軍正當所有物的權力主張，受到西方史學家大力反駁，尤其是他對安條克的主張。後來的發展是，博希蒙德從未返回安條克接受新的「任命」，這表示帝國只是名義上對該城擁有管轄權。皇帝派使節求見譚克雷德，要求落實協議條款，但是他不予理會；這名諾曼人拒絕接受皇帝的要求，還告訴他的使節他絕對不會對安條克鬆手，即使敵人雙手燃著熊熊烈火朝他而來也一樣。[72]

博希蒙德在一一一一年死後，安條克的所有權應該依照條約規定轉移給拜占庭。但是他的死對皇帝而言來得不是時候，因為只要博希蒙德仍在世，就還可以期待他會對譚克雷德施壓。如今，阿列克修斯已無機會將他與博希蒙德談成的條件當成政治資本運用——或是以後來的和解修正早期的十字軍運動史中那些惡意詆毀的言論了。

至於博希蒙德，他沒有被視為叛徒，而是以截然不同的方式受到紀念。他在西方的高人氣並未受到他最後對伊匹魯斯一敗塗地的攻擊影響，而他與皇帝的協議在拜占庭以外也少有人知。亞琛的艾伯特在博希蒙德死後十年寫作，借用他的話來說，他乃「博希蒙德，輝煌的安條克大公，由上帝任命」。[73]博希蒙德葬在義大利南部的卡諾沙（Canosa）主教座堂，教堂圓頂上的銘文同樣保存了對他極為正面的記憶，超越了迪亞波利斯條約讓他應得的評價：

> 氣度非凡的敘利亞大公長眠於此穹頂之下；
> 宇宙中再也不會有勝過他的男子誕生。
> 他四度征服希臘，而世間多數人
> 長久以來深知博希蒙德的天才與力量。
> 他以數十人的陣線擊敗行伍數千的軍隊，因為
> 他深具美德，安條克人早已熟知。

教堂南端銅門上方的銘文則讚嘆著博希蒙德何其高貴。他征服了拜占庭，保護敘利亞不受敵人侵擾。不能稱他為神，但他確然超越凡人。銘文繼續說，進入教堂時請為偉大的博希

蒙德禱告，祈求這位傑出的戰士在天堂幸福快樂。[74]

說博希蒙德四度擊敗拜占庭未免太勉強了。他對伊匹魯斯的三次攻擊——分別在一〇八一至八三年、一〇八四至八五年和一一〇七至〇八年——都以失敗收場，而十字軍運動很難說可以代表博希蒙德個人對帝國的勝利——尤其在他於迪亞波利斯屈辱的投降之後。但是卡諾沙教堂的銘文絕非這段時期任意形塑事實的唯一證據。法國羅亞爾區一名修士所寫的詩，將博希蒙德最後一次進攻帝國描寫為盛大的成功。安條克的英雄不僅與猶作困獸之鬥的皇帝搏鬥，也擊潰了前來對抗他的帝國軍隊。這場戰事不是以拜占庭的全面勝利收場，而是恰恰相反：博希蒙德提出和平條約，皇帝很快同意了，且樂於承認這名諾曼人的優勢。依照這首詩所說，是阿列克修斯對博希蒙德立下誓言，不是反過來那樣。[75]顯然，只要牽涉到博希蒙德，記憶與真實就變成兩件事情——牽涉到阿列克修斯時也是如此。[76]

事實上，十字軍首役後，不只是這兩名主要人物的角色與名聲被重新塑造。也許更讓人吃驚的是，連教宗都被重新定位了。論及為遠征耶路撒冷奠定基礎，烏爾班二世的貢獻具有中心地位和決定性的影響。他動員歐洲騎士階層的努力極為重要，有效激發了數萬男子加入十字軍，前往聖地。十字軍領袖在一〇九八年攻克安條克之後寫給他的信中，亦明確肯定了他扮演的角色。[77]❸

然而，在關於十字軍運動最早的記述中，明顯少了烏爾班的身影。不論是《法蘭克人言行錄》還是阿吉列的雷蒙所寫的《法蘭克人史》（*Historia Francorum*），都沒有提到十字軍首役是由教宗烏爾班二世所構想、啟發並推動。與土魯斯伯爵同行的阿吉列的雷蒙在他對耶路撒冷遠征的記述中，一開始甚至對教宗隻字未提。可以說定義了這場遠征，並永遠改變了中世紀世界的那一刻——教宗在克萊蒙讓人熱血沸騰的演說——完全沒有被提及，不管是直接或間接都沒有。極具影響力的《法蘭克人言行錄》也沒有提到克萊蒙。它的作者提到教宗前往阿爾卑斯山以北地區，鼓勵各地男子響應武裝號召並前往東方——但是並未把他描寫為十字軍運動的創始者。他只不過是進一步鼓動了「所有法蘭克人土地上的澎湃人心」。至少在這名作者筆下，烏爾班只是抓住了時代精神，並未形塑事件。[78] ❹

要到克萊蒙演說過了十年後所寫成的記述中，教宗的角色才被清晰闡述與強調。修士羅貝爾、多爾的鮑德里和諾壤的吉貝爾在耶路撒冷被攻克的數年後寫作，重塑了十字軍運動的起源敘事，將烏爾班重新打造為主要人物，賦予他位於遠征中心的地位。不論是刻意與否，如今他填補了皇帝阿列克修斯遭抹除後所留下的空白；動員西方騎士的幕後中心人物，在十

❸❹❺ 前言注釋7所指段落。

字軍運動後的那十年被放逐到陰影中，從此便一直待在那個位置。❺

這不是說烏爾班對耶路撒冷的解放沒有功勞，或者他號召數千男子前往捍衛東方教會的努力沒有產生巨大影響。我們幾乎可以斷言，他並不知道聖城已經收復，即使這發生在他於一〇九九年七月底逝世的前幾週：消息不可能那麼快傳到他耳中。他也沒能活著看到他努力統一教會的成果。與希臘教會的和解會談已在一〇九八年的巴利會議中舉行，但事情的進展並不如他期待的順利。不過事實證明，至少在西歐，他對十字軍運動的支持是神來之筆，為改寫教宗在西方世界的角色奠定了基礎。

一〇八八年，由於他與其他高階主教都已被逐出羅馬，烏爾班在泰拉契納獲選為教宗。一〇九〇年代早期他的地位仍岌岌可危，對立教宗克勉三世在強大的德皇亨利四世支持下占了上風。但是十字軍首役的成功，以有利於烏爾班的方式徹底結束了這場競爭：克勉三世很快就變得無足輕重。對立教宗徹底垮臺，以至於他在一一〇〇年秋天死後，繼任者必須在夜色的掩護下祕密選出，以保護他的安全。

那時，亨利四世已公開表示願意接受烏爾班的繼任者貫利二世的權威。[79] 德皇因為與教宗的敵對關係而錯過了十字軍首役；耶路撒冷被攻下後，他旋即透過一一〇二年冬天的一連串肅穆彌撒，宣告自己也打算前往東方。[80] 為了嘗試彌合西方教會的分裂，他還在次年年初寫信給他的教父——權大勢大的克呂尼修道院院長休，希望重啟與羅馬的協商，同時透過耶路撒冷返鄉騎士的崇高地位獲益。[81]

新教宗並沒有因此就停止展現十字軍運動所賦予他的權威：到了一一〇二年，亨利已經被指控為異端分子，呼籲耶路撒冷返鄉者對他進行討伐的聲音隨之出現。[82]教宗的權勢熏天，以至於到了次年伊始，德皇已被迫對教宗最顯貴的一位支持者承認他要為教會的分裂負責，希望尋求和解。[83]

一直到一一二二年締結的沃姆斯宗教協定（Concordat of Worms）以及次年初召開的第一次拉特朗會議（First Lateran Council），教宗與德皇間名為「敘任權危機」的爭議才終於落幕。雖然要等到耶路撒冷遠征的第二代編年史家出現，教宗烏爾班二世才在這段敘事中被賦予他應有的中心位置，但是十字軍首役對於羅馬教宗是一場勝利，卻是無庸置疑。

事實上，對於促使烏爾班發出戰爭號召的阿列克修斯一世．科穆寧而言，這場遠征也是一次驚人的成功。十字軍運動，為帝國的命運帶來了堪稱史詩級的反轉。一〇九五年春天的拜占庭帝國處境危險，除了不得不面對小亞細亞政策的徹底失敗，也失去了收復這塊次大陸所需要的據點。首都以北的狀況也沒有比較好，塞爾維亞人與游牧民族庫曼人讓已經透支的軍事資源緊繃到極限。君士坦丁堡在此壓力下幾乎崩潰，一場全面政變正圖謀罷黜皇帝，取他性命。

十二年後，情勢幾乎徹底改觀。尼西亞重回帝國管轄之下，小亞細亞西海岸和內陸的重要河谷再度由拜占庭控制。突厥世界讓人頭痛的人物已經被一勞永逸地解決了，帝國與基利傑·阿爾斯蘭建立了良好關係，從一〇九八年夏天維持和平至今。[84] 西里西亞與安納托利亞南岸的重要港口已經收復。連塞爾維亞人都已獲得平定，這要感謝土魯斯的雷蒙在一〇九七年前往君士坦丁堡途中明智的介入。最珍貴的成果是，安條克重回基督徒手中，而拜占庭對這座城市的權力主張也已確立。

譚克雷德在一一〇八年迪亞波利斯條約簽訂後的頑強態度雖然惱人，但事實證明只是一時的問題。一如十字軍在耶路撒冷的經驗已經證明，穆斯林造成的威脅並不會減少。阿列克修斯與拜占庭帝國是關鍵盟友，在東方安身立命的騎士都知道這兩者的支持不可或缺。正因如此，在埃德薩與耶路撒冷擔任布容的鮑德溫隨軍神父、同時是編年史家的夏特的弗爾切，刻意小心避免煽動情緒。他對十字軍運動的記述始終對皇帝持友善和緩的態度；如前文所見，在他的著作中，甚至選擇不納入一〇九八年從安條克寄給教宗的信中措辭激烈的最後一段，那段文字指控阿列克修斯在遠征期間沒有幫助十字軍，反而積極想傷害他們。弗爾切與他在西方的同儕不同，他知道沒必要得罪人，因為未來可能還需要他們支持。[85] 其他作者也審

慎評價阿列克修斯與拜占庭帝國，且刻意避免像某些同儕那樣尖酸刻薄的評語。[86] ❻

阿列克修斯持續對東方情勢保持密切關注。土魯斯的雷蒙於一一〇五年死後，他派遣使節前往雷蒙在十二世紀初設立為據點的黎波里，以確保其繼任者的忠誠與支持。[87] 三年後，他取得土魯斯的伯特朗（Bertrand of Toulouse）的效忠誓言。來到君士坦丁堡的伯特朗，獲得的待遇與十年前的十字軍領袖一樣：盛大的迎接、奢華的禮物，和皇帝親自接見關注。[88]

十字軍運動為拜占庭帶來的好處可用許多不同方式衡量。一個新的帝國在十二世紀出現了：咄咄逼人、自信滿滿而軍事導向，如同阿列克修斯自己的形象。一〇八一年科穆寧政變時破損不堪的經濟此時已恢復榮景，振興因素包括重鑄貨幣，與威尼斯和其他義大利城邦的貿易增加，當然也因為十字軍運動。軍事支出終於穩定下來；統治期間的前半段幾乎每一年都上戰場的阿列克修斯，在十字軍通過帝國領土後就很少再御駕親征了。到了一一〇七年，帝國的稅賦系統已經全面整頓，以有紀錄的土地持有為基礎重新訂定，讓國家能更清楚評估境內有多少私有財產——以及由此而來的稅收。穩定和繁榮重回帝國。

在阿列克修斯於一一一八年逝世前後，有一首引人注目的詩，為了皇帝的繼承人約翰二

❻ 第十章注釋64所提到的相關段落。

世而寫，當作給他的指引。這首詩回顧了阿列克修斯的統治，指出他登基後面對的困難與動盪時期。不過，到最後所有人，包括「大規模集結移動的西方騎士」，都在這名偉大的統治者面前低頭，畏縮而退卻了。只要約翰二世運用同樣的手段，他也能受益於他父親的長才和能力。餽贈金錢與禮物時應該「大方而態度溫和」，阿列克修斯勉勵他。新皇應該將黃金和禮物塞到西方人「張大的嘴巴」裡，而且要毫不吝嗇地這樣做。詩中敦促約翰在金庫中累積「許多東西」以為此準備，「這樣才能滿足在我們四面八方蠢蠢欲動的貪婪民族，一如很久以前」。簡而言之，新皇帝應該將君士坦丁堡視為「一座黃金之泉」，讓獎賞與好處從這裡主動而大方的流瀉而出。只要他能這樣做，他的政權就能長治久安。這是對世界出奇自信的觀點，牢牢植基於阿列克修斯的政策與這些政策所獲致的成功。[89]

這首詩反映出十字軍運動之後的皇帝有多信心滿滿。這一點也可從阿列克修斯在統治晚期的言行舉止看出。德皇亨利四世的小兒子與繼承人亨利五世在一一一一年進攻羅馬並俘虜了教宗賈利二世之後，阿列克修斯派遣使節前往卡西諾山，對教宗的處境和他所遭受的待遇表示同情。皇帝願意親自前往羅馬。為了確保這座城市與教宗未來的安全，他提議由他或他的兒子約翰接任羅馬的皇位。[90]拜占庭的命運因為十字軍運動而徹底翻轉之後，阿列克修斯如今的野心已經擴張到想掌控羅馬了。

對於拜占庭帝國與其皇帝揮之不去的疑慮，已牢牢固化在西方意識中，但是一直要到第二次十字軍運動在一一四六至四七年穿越小亞細亞時陷入混亂之後，對阿列克修斯的這些負面描繪才開始產生效應。德意志與法國軍隊陷入困境後，一個熟悉的需求再次浮現：為這些據說在服事上帝的男子所遭遇的失敗找一個代罪羔羊。罪責被歸咎於君士坦丁堡的皇帝，阿列克修斯的孫子曼努埃爾一世・科穆寧。他成為歐洲各地惡毒個人攻擊的目標。曾經對他祖父所拋出的同樣指控，如今衝著他而來：背信忘義、玩弄兩面手法、對伊斯蘭教抱持同情、背叛基督教捍衛者。對拜占庭全面發動十字軍運動的呼聲隨之而起。帝國在西方的名聲從此再未恢復。[91]

也正是在此時，安娜・科穆寧決定，為父親恢復名聲並記錄他功績的時候到了。但是她面臨如何為阿列克修斯的統治提供一份持平記述的困難問題。一方面，他將拜占庭從挫敗邊緣拯救回來；另一方面，他為日後的一連串新問題埋下了種子。由此而產生的文本——《阿列克修斯傳》，是一部文采華麗、自相矛盾而充滿隱藏意義的作品。從問世以來便迷惑、混淆與誤導著讀者。

當我們試圖理清安娜的敘述中錯亂的事件順序時，一個清楚的畫面隨之浮現。一〇九〇年代中期，拜占庭帝國在巨變的邊緣搖搖欲墜。阿列克修斯的東方政策轟轟烈烈的失敗了，而來自君士坦丁堡北方的壓力和挫敗再起，威脅著帝國對其他地方的控制。由於帝國的財務狀況一塌糊塗，阿列克修斯缺乏在東方發動有效反擊的資源，這導致他的領導力不再受到信任，拜占庭全體貴族起而叛亂。

正如安娜．科穆寧所寫，與讓人頭痛的西方騎士交手是一回事，但是「他自己臣民的反叛精神帶來的困擾也絲毫不少——事實上他對他們的疑心更重，於是他加緊保護自己，巧妙地對付他們的陰謀。但是誰能描寫降臨在他身上層出不窮的麻煩？那迫使他為所有人滿足所有事情，竭盡所能讓自己順應情勢。」[92]

皇帝的女兒寫道，他就像一個舵手，引導他的船隻穿越無止境的驚濤駭浪。一道浪頭還沒過，下一道又朝他捲來：「無盡的災難接踵而來，就像一整片海洋的煩心事——因此他毫無機會喘息甚至是闔上眼睛休息。」[93]而阿列克修斯以出奇的勇氣面對了排山倒海而來的問題。

十字軍首役的故事已被講述過許多次。博希蒙德、布容的高佛瑞與土魯斯的雷蒙等男子的功績，歷經數百年而代代流傳。沒能活著返鄉的卡爾德倫的鮑德溫和蒙莫爾的阿夏，他們的名字和事蹟也為後世保存下來，讓他們努力解放聖城耶路撒冷的英勇和無私為人所記憶。

較不為人所知的名字，屬於那些引發了十字軍首役的人。然而，關於重塑了中世紀歐洲的這場遠征的任何討論，都應該包括阿布·卡西姆、查卡、博爾蘇克、托戈爾塔克和尼基弗魯斯·狄奧吉尼斯。是他們讓拜占庭來到崩潰邊緣，迫使阿列克修斯將目光望向西方。這些男子所帶領的攻擊、頑抗與叛亂，最終導向了耶路撒冷在落入穆斯林手中四百五十多年後，重回基督徒手中。

但是，在所有人之中，最突出的是一名男子。阿列克修斯一世·科穆寧啟動的連鎖事件，為世界帶來了十字軍運動。來自東方的召喚，重塑了中世紀的世界，大幅拓展了歐洲的地理、經濟、社會、政治與文化視野。在陰影處沉寂了超過九百年之後，阿列克修斯應該再度於十字軍首役的歷史中，站上舞臺中心。

# 延伸閱讀

與其收入涵蓋兩千多本專書與論文的完整書目，我想更實用的是提供一些建議書單給想進一步了解十字軍首役或遠征特定主題的讀者，作為閱讀的起點。只要有可能，我盡量只列出英文的第二手資料，雖然有些時候無法避免以其他語言寫作的書籍或文章。

## 概論性質著作

有許多歷史學者關注過十字軍運動，近年也不例外。克里斯托夫・泰爾曼（Christopher J. Tyerman）的《神的戰爭：十字軍新史》（*God's War: A New History of the Crusades*）（倫敦，2006），強納森・菲利普斯（Jonathan Phillips）的《神聖戰士：十字軍新史》（*Holy Warriors: A Modern History of the Crusades*）（倫敦，2009），以及托馬斯・阿斯布里奇（Thomas Asbridge）的《十字軍運動：爭奪聖地之戰》（*The Crusades: The War for the Holy Land*）（倫敦，2010）都是重要著作，從不同角度探討十字軍運動。它們各自提供了引人入勝的概論，也展現出這個主題的學術研究蓬勃發展。十字軍歷史學界泰斗喬納森．賴利－史密斯（Jonathan Riley-Smith）的《十字軍首役及十字軍的理念》（*The First Crusade and the Idea of Crusading*）（倫敦，1986），至今仍是必讀之作。他有關十字軍運動的概論以及初次遠征耶路撒冷的許多其他著作也極有價值，例如《最初的十字軍：一〇九五至一一三一》（*The First Crusaders 1095–1131*）（劍橋，1997）。約翰．法蘭斯（John France）的《東方的勝利》（*Victory in the East*）（劍橋，1994）則為前往耶路撒冷的遠征提供了出色的軍事史。另可參考阿斯布里奇流暢好讀的《十字軍首役新史》（*The First Crusade: A New History*）（倫敦，2005）。

另有一些紀念克萊蒙會議九百週年的會議論文集，編輯收錄了重要學者的論文。質量俱佳者為：Jonathan Phillips, *The First Crusade: Origins and Impact* (Manchester, 1997); Michel Balard, *Autour de la Première Croisade* (Paris, 1996); Alan Murray, *From Clermont to Jerusalem: The Crusades and Crusader Societies* (Turnhout, 1998)。其他值得推薦的彙編論文集包括*Crusade and Settlement*, edited by Peter Edbury (Cardiff, 1985)，以及*The Experience of Crusading*, edited by Marcus Bull, Norman Housely and Jonathan Phillips, 2 vols. (Cambridge, 2003)。另可見Thomas Madden選編的論文集，撰文學者皆為一時之選：*The Crusades* (Oxford, 2002)。Alan Murray為十字軍首役整理的書目也極有價值。

現代拜占庭與阿拉伯史學者針對這個主題的著作出奇的少。有一個例外是Jonathan Harris

清晰實用的*Byzantium and the Crusades* (London, 2003)。另一個不可錯過的是Paul Magdalino, 'The Byzantine background to the First Crusade', in *Canadian Institute of Balkan Studies* (Toronto, 1996), pp. 3–38。同樣值得一讀的是Ralph-Johannes Lilie對拜占庭帝國與十字軍關係的精采研究，一九八一年以德文首度出版，有翻譯精良的英文版：*Byzantium and the Crusader States 1096–1204* (tr. Morris and Ridings, Oxford, 1993)。若想了解從東方看西方的觀點，大有助益的著作是Carole Hillenbrand, *The Crusades, Islamic Perspectives* (Edinburgh, 1999)。

## 十字軍首役的史料來源

以《阿列克修斯傳》為主題唯一具分量的專著仍是Georgina Buckler的*Anna Comnena* (Oxford, 1929)，對於文本的技術性解讀極為出色，但在詮釋方面略顯遜色。在貝爾法斯特舉行的阿列克修斯一世研討會有一篇論文極為重要，針對《阿列克修斯傳》的寫作有一些艱難的提問。這篇論文的作者是James Howard-Johnston，收錄於Margaret Mullett and Dion Smythe (eds.), *Alexios I Komnenos*(Belfast, 1996)，應該與這本輕薄短小但極有價值的論文集搭配閱讀：由Thalia Gouma-Peterson編輯的*Anna Komnene and Her Times* (New York, 2000)。John France的論文提供了西方十字軍對《阿列克修斯傳》的看法：'Anna Comnena, the Alexiad and the First Crusade', *Reading Medieval*

*Studies* 10 (1984), pp. 20–38。

將《阿列克修斯傳》中事件順序加以解構的最佳論述見Iakov Liubarskii, 'Zamechaniya k khronologii XI Knigi "Aleksiada" Anny Komninoi', *Vizantiiskii Vremennik* 24 (1963), pp. 46–56：文中檢視了《阿列克修斯傳》第十一篇的問題。這個主題又經Lilie更進一步探討，見Appendix 1 of *Byzantium and the Crusader States*, pp. 259–76。文本中其他個別事件的時間順序錯誤也有人指出：David Gress-Wright, 'Bogomilism in Constantinople', *Byzantion* 47 (1977), pp. 163–85; P. Gautier, 'Discours de Théophylacte de Bulgarie', *Revue des Etudes Byzantines* 20 (1962), esp. pp. 99–103; J. Gouillard, 'L'Abjuration du moine Nil le Calabrais', *Travaux et Mémoires* 2 (1968), pp. 290–303。在確認安娜・科穆寧可用的資料來源上，最佳論述仍是Liubarskii的'Ob istochnikakh "Aleksiady" Anny Komninoi', *Vizantiiskii Vremennik* 25 (1965), pp. 99–120，文中也指出《阿列克修斯傳》中其他幾處時間順序有誤之處。要全面了解安娜・科穆寧這部史書中的事件順序問題，仍有待重量級的新研究問世。

要了解十字軍運動的西方敘事來源，可從Colin Morris的論文開始：'The *Gesta Francorum* as Narrative History', *Reading Medieval Studies* 19 (1993), pp. 55–72。近期著作見John France, 'The anonymous *Gesta Francorum* and the *Historia Francorum qui ceperunt Iherusalem* of Raymond of Aguilers and the *Historia de Hierosolymitano itinere* of Peter Tudebode: An analysis of the textual relationship between primary sources for the First Crusade', in J. France and W. Zajac (eds.), *The Crusades and their Sources: Essays presented to Bernard Hamilton*(Aldershot, 1998), pp. 39–69。也可參考他的另一篇論文'The use of the anonymous *Gesta Francorum* in the early twelfth-century sources for the First Crusade', in Alan Murray, *From Clermont to Jerusalem: The Crusades and Crusader Societies*(Turnhout, 1998). pp. 29–42。最新的論述則見Jay Rubenstein, 'What is the *Gesta Francorum* and who was Peter Tudebode?', *Revue Mabillon* 16 (2005), pp. 179–204。

關於亞琛的艾伯特（Albert of Aachen），見Sue Edgington, 'Albert of Aachen reappraised', in Murray, *From Clermont to Jerusalem*, pp. 55–67。另參見Edgington的另一篇論文'The First Crusade: Reviewing the evidence', in Phillips, *First Crusade*, pp. 57–77，以及Marc Carrier的'L'image d'Alexis Ier Comnène selon le chroniqueur Albert d'Aix', *Byzantion* 78 (2008), pp. 34–65。也可參考R. Chazan, 'The Hebrew First Crusade Chronicles', *Revue des Etudes Juives* 133 (1974), pp. 235–54，以及Hillenbrand的'The First Crusade: The Muslim perspective', in Phillips, *First Crusade*, pp. 130–41。

學者普遍不採信阿列克修斯一世寫給弗蘭德伯爵羅伯的信，如Peter Schreiner, 'Der Brief des Alexios I Komnenos an den Grafen Robert von Flandern und das Problem gefälschter byzantinischer Kaiserschreiben in den westlichen Quellen，以及Christian Gastgeber, 'Das Schreiben Alexios I. Komnenos an Robert I. Flandern. Sprachliche Untersuchung’，兩篇文章都收錄於Giuseppe de Gregorio and Otto Kresten (eds.), *Documenti medievali Greci e Latini: Studi Comparativi* (Spoleto, 1998), pp. 111–40, 141–85。相關討論也見於Carole Sweetenham, ‘Two letters calling Christians on Crusade’, in *Robert the Monk’s History of the First Crusade* (Aldershot, 2005), pp. 215–18。不過前述兩名作者都認為一〇九〇年代早期拜占庭在小亞細亞的根基穩固。不同觀點的著作見Michel de Waha, ‘La letre d’Alexis Comnène à Robert Ier le Frison’, *Byzantion* 47 (1977), pp. 113–25。

## 十字軍首役時期的教宗權位與西歐

有許多出色研究探討十字軍運動前夕的歐洲。關於當時教宗權位的必讀之作為H. E. J. Cowdrey的*Pope Gregory VII, 1073–1085* (Oxford, 1998)與Alfons Becker權威的*Papst Urban II 1088–99*, 2 vols. (Stuttgart, 1964–88)。重要著作還包括Cowdrey的*The Age of Abbot Desiderius: Montecassino, the Papacy and the Normans in the Eleventh and Early Twelfth Centuries*(Oxford, 1983)，以及Josef Deér的*Papsttum und Normannen: Untersuchungen zu ihren lehnsrechtlichen und kirchenpolitischen Beziehungen* (Cologne, 1972). Ian Robinson的*The Papacy 1073–1198* (Cambridge, 1990)對羅馬在此時期的困難處境有深具說服力的評論。他的另一部著作*Henry IV of Germany, 1056–1106* (Cambridge, 1999)對於歐洲在十一世紀晚期

的危機則有精采探討。另有兩本文集提供了諸多引人深思之處：Timothy Reuter, edited by Janet Nelson, *Medieval Polities and Modern Mentalities*(Cambridge, 2006)，以及Karl Leyser, edited by Reuter, in *Communications and Power in Medieval Europe: The Gregorian Revolution and Beyond* (London, 1994)。

Steven Runciman的*Eastern Schism: A Study of the Papacy and the Eastern Churches During the Eleventh and Twelfth Centuries*(Oxford, 1955)仍為一〇五四年的事件提供了清晰的敘述，不過Henry Chadwick的*East and West: The Making of a Rift in the Church: From Apostolic Times Until the Council of Florence*(Oxford, 2003)則將教會的分裂置入更廣泛的脈絡來看。同樣值得一讀的還包括Aristeides Papadakis and John Meyendorff, *The Christian East and the Rise of the Papacy: The Church 1071–1453* (New York, 1994)，以及Axel Bayer不可錯過的*Spaltung der Christenheit: Das sogenannte Morgenländische Schisma von 1054*(Cologne, 2002)。 Tia Kolbaba的*The Byzantine Lists: Errors of the Latins*(Urbana, 2000)，對於了解東西方教會的對立很有幫助。關於敘任權危機，見Ute-Renata Blumenthal, *The Investiture Controversy: Church and Monarchy from the Ninth to the Twelfth Century*(Philadelphia, 1988)，以及Gerd Tellenbach, *The Western Church from the Tenth to the Early Twelfth Century*(Cambridge, 1993)。

## 十一世紀晚期的拜占庭帝國

有兩本著作為拜占庭帝國提供了清楚而往往發人深省的概要介紹：*The Oxford History of Byzantium*, edited by Cyril Mango (Oxford, 2002)以及*The Cambridge History of Byzantine Empire, c.500–1492*, edited by Jonathan Shepard (Cambridge, 2008)。還有一部同樣出色但篇幅較長的著作Angeliki Laiou, *The Economic History of Byzantium, From the Seventh Through the Fifteenth Century*, 3 vols. (Washington, DC, 2002)。

以君士坦丁堡為主題的精采文集不少。如Cyril Mango的*Studies on Constantinople*(Aldershot 1993)和*Constantinople and its Hinterland*(Aldershot, 1995) (with Gilbert Dagron)。Paul Magdalino的*Studies on the History and Topography of Byzantine Constantinople*(Aldershot, 2007)，有許多原創而挑動人思考之處。概論性質的著作見Jonathan Harris, *Constantinople: Capital of Byzantium*(London, 2007)。

探討十一世紀晚期最出色的二手著作為Jean-Claude Cheynet的*Pouvoir et contestations à Byzance 963–1210*(Paris, 1990)。Alexander Kazhdan關於拜占庭貴族的奠基之作有義大利文譯本：*L'aristocrazia bizantina: dal principio dell'XI alla fine del XII secolo*(tr. Silvia Ronchey, Palermo, 1997)。Jonathan Shepard透過精采的文章介紹了拜占庭人對外國人的態度：'Aspects of Byzantine attitudes and policy towards the West in the 10th and 11th Centuries', *Byzantinische Forschungen* 13 (1988), pp. 67–118。另可參考他的其他論文：'The uses of the Franks in 11th Century Byzantium', *Anglo-Norman Studies* 15 (1992), pp. 275–305, '"Father" or "Scorpion"? Style and substance in Alexios' diplomacy', in Mullett and Smythe, *Alexios*, pp. 68–132，以及'Cross-purposes: Alexius Comnenus and the First Crusade', in Phillips, *First Crusade*, pp. 107–29。Krinje Ciggaar的*Western Travellers to Constantinople: The West & Byzantium, 962–1204* (Leiden, 1996)呈現出君士坦丁堡在這段時期的國際化面貌。

## 阿列克修斯一世．科穆寧的統治

Ferdinand Chalandon的*Essai sur le règne d'Alexis I Comnène* (Paris, 1900)是探討阿列克修斯的統治的最後一本重量級專書，今日讀來依然明晰流暢而讓人大有收穫。一九八九年貝爾法斯特研討會的論文集收錄於Mullett and Smythe的*Alexios I Komnenos*一書中，有一系列發人省思而重要的論文，尤其是Magdalino, Shepard, Macrides與Angold四位作者的文章。我曾為文挑戰阿列克修斯的統治以其家族為基石的看法，強調十字軍運動前夕他親信家族成員的失勢：P. Frankopan, 'Kinship and the distribution of power in Komnenian Byzantium', *English Historical Review* 495 (2007), pp. 1–34。

關於阿列克修斯與其繼任者治下的軍隊，見John Birkenmeier, *The Development of the Komnenian Army: 1081–1180* (Leiden, 2002)，不過Armin Hohlweg的*Beiträge zur Verwaltunsgeschichte des oströmischen Reiches unter den Komnenen* (Munich, 1965)亦有可觀之處。另外值得一讀的是Paul Magdalino的*The Empire of Manuel I Komnenos 1143–1180* (Cambridge, 1993)，不僅可了解阿列克修斯的繼任者，也可對《阿列克修斯傳》的寫作背景有所認識。這個主題也見於Paul Stephenson, 'The *Alexiad* as a source for the Second Crusade', *Journal of Medieval History* 45 (2003), pp. 41–54。

探討經濟的著作見Alan Harvey, *Economic Expansion in the Byzantine Empire (900–1200)* (Cambridge, 1989)，以及他的重要論文'The land and taxation in the reign of Alexios I Komnenos: The evidence of Theophylakt of Ochrid', *Revue des Etudes Byzantines* 51 (1993), pp. 139–54。Michael Metcalf的*Coinage in South-Eastern Europe* (Oxford, 1979)仍為必讀之作，他的這篇文章也是：'The reformed gold coinage of Alexius I Comnenus', in *Hamburger Beiträge zur Numismatik*, vol. 16 (1962), pp. 271–84。關於十一世紀的貨幣成色不足，見Cécile Morrisson, 'La Dévaluation de la monnaie byzantine au XIe siècle', *Travaux et Mémoires* 6 (1976), pp. 3–29。

## 拜占庭與其鄰邦

Claude Cahen的開創之作‘La première pénétration turque en Asie Mineure’, *Byzantion* 18 (1948), pp. 5–67記錄突厥人勢力在曼齊克特戰役前後的崛起，曾經是衡量十一世紀小亞細亞情勢的權威之作。歷史學者Jean-Claude Cheynet最早提出重要的修正意見，見‘Manzikert: un désastre militaire?’, *Byzantion* 50 (1980), pp. 410–38。他後來又更進一步提出看法：‘La résistance aux Turcs en Asie Mineure entre Mantzikert et la Première Croisade’, in *Eupsykhia: Mélanges offerts à Hélène Ahrweiler* 2 vols. (Paris, 1998), 1, pp. 131–47。兩篇文章都對於突厥人和小亞細亞進行了重要的重新評估。仰賴考古證據和文獻同樣重要，這點可以透過Clive Foss的著作清楚看出，包括‘The defences of Asia Minor against the Turks’, *Greek Orthodox Theological Review* 27 (1982), pp. 145–205。斯托洛比羅斯（Strobilos）、薩加拉索斯（Sagalassos）、以弗所和其他遺址出土的新材料，持續挑戰有關突厥人在安納托利亞定居點性質、範圍與時間的既定觀點。有關拜占庭帝國在君士坦丁堡以北面臨的升高壓力，見Paul Stephenson, *Byzantium’s Balkan Frontier* (Cambridge, 2000)，這本著作已經取代了此領域其他學者先前的著作。

Hartmut Hoffmann把諾曼人對南義大利的征服講述得精采無比：‘Die Anfänge der Normannen in Süditalien', in *Quellen und Forschungen aus Italienischen Archiven und Bibiliotheken*, 47 (1967), pp. 95–144。但近年來Graham Loud開創性的研究又將此領域往前推進，比如*The Latin Church in Norman Italy* (Cambridge, 2007)與'Coinage, wealth and plunder in the age of Robert Guiscard', *English Historical Review*, 114 (1999), pp. 815–43。相關討論亦見他的另一部著作：*The Age of Robert Guiscard: Southern Italy and the Norman Conquest* (Singapore, 2000)。 Jean-Marie Martin的*La Pouille du VIe au XIIe siècles* (Rome, 1993)仍是對義大利東南部概論式探討的基準之作。Paul Oldfield的文章和專書針對諾曼人控制南義大利提出了有趣的洞見：'Urban government in southern Italy, c.1085–c.1127', *English Historical Review* 122 (2007), pp. 579–608; *City and Community in Norman Italy* (Cambridge, 2009)。

有關拜占庭與諾曼人關係的討論，見Huguette Taviani-Carozzi, *La Terreur du monde – Robert Guiscard et la conquête normande en Italie* (Paris, 1997)。下列文章檢視諾曼人對拜占庭的攻擊，也頗有助益：William McQueen, 'Relations between the Normans and Byzantium 1071–1112', *Byzantion* 56 (1986), pp. 427–76, and Matthew Bennett, 'Norman naval activity in the Mediterranean c.1060–1108', *Anglo-Norman Studies* 15 (1992), pp. 41–58。

與威尼斯的貿易條約極為重要，也已受到廣泛研究。Thomas Madden有精采的探討：'The chrysobull of Alexius I Comnenus to the Venetians: The date and the debate', *Journal of Medieval History* 28

(2002), pp. 23–41。不過我對特許詔書的內在證據有重大疑問，尤其是關於簽訂時間，見拙文：'Byzantine trade privileges to Venice in the eleventh century: The chrysobull of 1092', *Journal of Medieval History* 30 (2004), pp. 135–60。關於一〇九〇年代其他事件的疑問（全部源自《阿列克修斯傳》中的時間順序問題），亦可參考拙作：'The Fall of Nicaea and the towns of western Asia Minor to the Turks in the later 11th Century: The curious case of Nikephoros Melissenos', *Byzantion* 76 (2006), pp. 153–84，以及'Challenges to imperial authority in Byzantium: Revolts on Crete and Cyprus at the end of the 11th Century', *Byzantion* 74 (2004), pp. 382–402。

## 十字軍首役

在上述關於十字軍首役的概論著作之外，還有關注遠征特定主題的其他作品。關於克萊蒙會議以及教宗烏爾班一〇九五至九六年在法國的活動，見André Vauchez (ed.), *Le Concile de Clermont de 1095 et l'appel à la Croisade: Actes du Colloque Universitaire International de Clermont-Ferrand* (Rome, 1997)。許多學者對十字軍運動的訊息傳布有出色的探討，如Penny Cole, *The Preaching of the Crusades to the Holy Land* (Cambridge, Mass., 1991); H. E. J. Cowdrey, 'Pope Urban II's preaching of the First Crusade', *History* 55 (1970), pp. 177–88; Robert Somerville, 'The Council of Clermont and the First

Crusade', *Studia Gratiana* 20 (1976), pp. 323–7。

關於遠征參與者的反應與動機的探討，見Jonathan Riley-Smith, 'The motives of the earliest crusaders and the settlement of Latin Palestine, 1095–1100', *English Historical Review* 98 (1983), pp. 721–36。他的另一篇論文以及Christopher Tyerman的文章也對了解這個主題很有幫助：'The idea of Crusading in the Charters of Early Crusaders', in Vauchez, *Concile de Clermont*, pp. 155–66; Christopher Tyerman, 'Who went on crusades to the Holy Land?', in *Horns of Hattin*, pp. 13–26。Marcus Bull的專書則聚焦於法國的一個地區，提供了引人入勝而嚴謹詳實的觀點：*Knightly Piety and the Lay Response to the First Crusade: The Limousin and Gascony* (Oxford, 1993)。另可見John France, 'Les origines de la Première Croisade: un nouvel examen', in Balard, *Autour de la Première Croisade*, pp. 43–56。

有關十一世紀晚期的千禧年說（millenarianism），見Hannes Möhring, *Der Weltkaiser der Endzeit: Entstehung Wandel und Wirkung einer tausendjährigen Weissagung* (Stuttgart, 2000)，以及Brett Whalen, *Dominion of God: Christendom and Apocalypse in the Early Middle Ages* (Cambridge, Mass., 2009)。關注十字軍首役的影響和起源的研究，見Michele Gabriele, 'Against the enemies of Christ: The role of Count Emicho in the Anti-Jewish Violence of the First Crusade', in M. Frassetto (ed.), Christian Attitudes towards the Jews in the Middle Ages: A Casebook (Abingdon, 2007), pp. 61–82以及Robert Chazan, '"Let not a remnant or a residue escape": Millenarian enthusiasm in the First Crusade', *Speculum* 84 (2009), pp. 289–313。

探討遠征實際執行面的著作也有不少值得推薦。可從這本專書開始：*Logistics of Warfare in the Age of the Crusades*, edited by John Pryor (Aldershot, 2006)。另可參考Alan Murray, 'The army of Godfrey of Bouillon 1096–9: Structure and dynamics of a contingent on the First Crusade', *Revue Belge de Philologie et d'histoire* 70 (1992), pp. 30–29; Jonathan Riley-Smith, 'First Crusaders and the costs of crusading', in Michael Goodrich, Sophia Menache and Syvlie Schein, *Cross Cultural Convergences in the Crusader Period* (New York, 1995), pp. 237–57; Matthew Bennett, 'Travel and transport of the Crusades', *Medieval History* 4 (1994), pp. 91–101; John Nesbitt, 'The rate of march of crusading armies in Europe: A study and computation', *Traditio* 19 (1963), pp. 167–82。這些著述以及後面這兩篇文章都提出了值得探究的問題：Karl Leyser, 'Money and supplies on the First Crusade', in *Communications and Power*, pp. 83–94以及Sue Edgington, 'Medical knowledge in the crusading armies: The evidence of Albert of Aachen and others' in Malcolm Barber (ed.), *The Military Orders: Fighting for the Faith and Caring for the Sick* (Aldershot, 1994), pp. 320–6。

隱士彼得的事蹟見：M. D. Coupe, 'Peter the Hermit, a reassessment' *Nottingham Medieval Studies* 31 (1987), pp.37–45, Ernest Blake and Colin Morris, 'A hermit goes to war: Peter and the origins of the First

Crusade', *Studies in Church History* 22 (1985), pp. 79–107, Jean Flori, *Pierre l'Eremite et la Première Croisade* (Paris, 1999), and Jay Rubenstein, 'How, or how much, to re-evaluate Peter the Hermit', in Susan Ridyard (ed.), *The Medieval Crusade* (Woodbridge, 2004) pp. 53–70。對十字軍領袖的傳記研究良莠不齊，近年並非受歡迎的文類。不過，Ralph Yewdale關於博希蒙德的專書歷久彌新，依然迷人：*Bohemond I: Prince of Antioch* (Princeton, 1924)。較晚近的著作則見Jean Flori, *Bohémond d'Antioche: Chevalier d'aventure* (Paris, 2007)。關於土魯斯的雷蒙，見John and Laurita Hill, *Raymond IV, Count of Toulouse* (Syracuse, 1962)。諾曼第公爵羅伯的傳記見William Aird, *Robert 'Curthose', Duke of Normandy* (c.1050–1134) (Woodbridge, 2008)。布容的高佛瑞生平見Pierre Aubé, *Godefroy de Bouillon* (Paris, 1985)。

猶太社群遭屠殺的歷史見Robert Chazan, *European Jewry and the First Crusade* (Berkeley, 1987)以及Gerd Mentgen, 'Die Juden des Mittelrhein-Mosel-Gebietes im Hochmittelalter unter besonder Berücksichtigung der Kreuzzugsverfolgungen', *Monatshefte für Evangelische Kirchengeschichte des Rheinlandes* 44 (1995), pp. 37–75。關於一〇九六年反猶騷亂（pogrom）的權威著作則是Eva Haverkamp的*Hebräische Berichte über die Judenverfolgungen während des Ersten Kreuzzugs* (Hanover, 2005)。

若要了解十字軍領袖在君士坦丁堡與阿列克修斯的關係，這兩篇論文都有理性持平的探討：John Pryor, 'The oath of the leaders of the Crusade to the Emperor Alexius Comnenus: Fealty, homage',

*Parergon* 2 (1984), pp. 111–41，以及Ralph-Johannes Lilie, 'Noch einmal zu dem Thema "Byzanz und die Kreuzfahrerstaaten"', *Poikila Byzantina* 4 (1984), pp. 121–74。不過，絕對不容錯過的是Jonathan Shepard, 'When Greek meets Greek: Alexius Comnenus and Bohemund in 1097–8', *Byzantine and Modern Greek Studies* 12 (1988), pp. 185–277。

關於安條克，見Bernard Bachrach, 'The siege of Antioch: A study in military demography', *War in History* 6 (1999), pp. 127–46; John France, 'The departure of Tatikios from the Crusader army', *Bulletin of the Institute of Historical Research* 44 (1971), pp. 137–47; Geoffrey Rice, 'A note on the battle of Antioch, 28 June 1098: Bohemund as tactical innovator', *Parergon* 25 (1979), pp. 3–8。關於這段時期的圍城戰，尤其是對尼西亞與安條克的圍城，有一本專書提供了很好的指引：Randall Rogers, *Latin Siege Warfare in the 12th Century* (Oxford, 1992)。

欲了解一〇九九年在耶路撒冷建立的東方王國，見Joshua Prawer, *The Latin Kingdom of Jerusalem: European Colonialism in the Middle Ages* (New York, 1972); Jean Richard, *The Latin Kingdom of Jerusalem* (London, 1979); Alan Murray, *The Crusader Kingdom of Jerusalem: A Dynastic History 1099–1125* (Oxford, 2000)。關於安條克公國，見Thomas Asbridge的傑出專書*The Creation of the Principality of Antioch 1098–1130* (Woodbridge, 2000)。近年的重要作品為Christopher MacEvitt, *The Crusades and the*

*Christian World of the East: Rough Tolerance* (Philadelphia, 2008)。耶路撒冷牧首的相關研究見Michael Matzke, *Daibert von Pisa: Zwischen Pisa, Papst und erstem Kreuzzug* (Sigmaringen, 1998)。

義大利城邦的相關研究見Marie-Louise Favreau-Lilie, *Die Italiener im Heiligen Land vom ersten Kreuzzug bis zum Tode Heinrichs von Champagne* (1098–1197) (Amsterdam, 1988)；有關這些城邦與拜占庭帝國的關係，至今仍難超越的著作是Ralph-Johannes Lilie, *Handel und Politik zwischen dem byzantinischen Reich und den italienischen Kommunen Venedig, Pisa und Genua in der Epoche der Komnenen und der Angeloi (1081–1204)* (Amsterdam, 1984)。

博希蒙德對拜占庭帝國的征討見John Rowe, 'Paschal II, Bohemund of Antioch and the Byzantine Empire', *Bulletin of the John Rylands Library* 49 (1966), pp. 165–202。另參考Luigi Russo, 'Il viaggio di Boemundo d'Altavilla in Francia', *Archivio storico italiano* 603 (2005), pp. 3–42。

十字軍首役的歷史書寫研究見James Powell, 'Myth, legend, propaganda, history: The First Crusade, 1140–c.1300', in *Autour de la Première Croisade*, pp. 127–41。Nicholas Paul亦有兩篇精采的論文探討：'Crusade, memory and regional politics in twelfth-century Amboise', *Journal of Medieval History* 31 (2005), pp. 127–41，以及'A warlord's wisdom: Literacy and propaganda at the time of the First Crusade', *Speculum* 85 (2010), pp. 534–66。

# 注釋

## 前言

1. Fulcher of Chartres, I.2.i, pp. 62–3.
2. Robert the Monk, I.1, p. 79.
3. Ibid., pp. 79–80.
4. Fulcher of Chartres, I.3.iv, p. 66.
5. Baldric of Dol, IV.1, p. 15.
6. Robert the Monk, I.1, pp. 79–80.
7. 關於烏爾班演說的主要記述都寫於十二世紀初、十字軍運動之後。對其意義的相關討論見第十二章注釋❸、❹、❺標記段落。
8. Guibert of Nogent, I.1, p. 87; also Fulcher of Chartres, I.3.v–viii, pp. 66–7; Robert the Monk, I.2, p. 81; R. Somerville, *The Councils of Urban II: Decreta Claromontensia* (Amsterdam, 1972), p. 74.
9. Robert the Monk, I.2, pp. 81–2; Fulcher of Chartres, I.4.iv, p. 68; Guibert of Nogent, II.5, p. 117.
10. V. Tourneur, 'Un denier de Godefroid de Bouillon frappé en 1096', *Revue belge de numismatique* 83 (1931), pp. 27–30; cf. N. Bauer, 'Der Fund von Spanko bei St Petersburg', *Zeitschrift für Numismatik* 36 (1926), pp. 75–94.
11. See, for example, J. Riley-Smith, *The First Crusade and the Idea of Crusading* (London, 1986), pp. 31ff.
12. 在克萊蒙通過的有關耶路撒冷的宣言，見Somerville, *Councils of Urban II*, pp. 74, 124, and also R. Somerville, *Papacy,*

13. *Councils and Canon Law* (London, 1990), pp. 56–65 and 325–37. Also Riley-Smith, *First Crusade*, pp. 13–30。信中指出十字軍在一〇九七年聚集於尼西亞的人數為三十萬，在一〇九九年九月的阿什克隆之戰時則只有二萬出頭，不過這個數字不包括耶路撒冷或此時其他由西方騎士持有城鎮的駐軍。Barber and Bate, *Letters*, pp. 34–5. 關於十字軍的兵力，見J. France, *Victory in the East: A Military History of the First Crusade* (Cambridge, 1993), pp. 122–42。

14. Raymond of Aguilers, I, p. 18; Albert of Aachen, V.40, pp. 392–4.

15. Albert of Aachen, III.28, p. 182.

16. Ralph of Caen, 119, p. 135.

17. See, for example, J. Riley-Smith, *The First Crusaders 1095–1131* (Cambridge, 1997); M. Bull, *Knightly Piety and the Lay Response to the First Crusade: The Limousin and Gascony* (Oxford, 1993); France, *Victory in the East*; T. Asbridge, *The First Crusade: A New History* (London, 2004). 關於十字軍運動的概論，見C. Tyerman, *God's War: A New History of the Crusades* (London, 2006), J. Phillips, *Holy Warriors: A Modern History of the Crusades* (London, 2010)。

18. J. Nesbitt, 'The rate of march of crusading armies in Europe: a study and computation', *Traditio* 19 (1963), pp. 167–82; A. Murray, 'The army of Godfrey of Bouillon 1096–9: Structure and dynamics of a contingent on the First Crusade', *Revue Belge de Philologie et d'Histoire* 70 (1992), pp. 301–29; B. Bachrach, 'Crusader logistics: From victory at Nicaea to resupply at Dorylaion', in J. Pryor (ed.), *Logistics of Warfare in the Age of the Crusades* (Aldershot, 2006), pp. 43–62.

19. For example, S. Edgington, 'Albert of Aachen reappraised', in A. Murray (ed.), *From Clermont to Jerusalem: The Crusades and Crusader Societies* (Turnhout, 1998), pp. 55–67; J. France, 'The use of the anonymous *Gesta Francorum* in the early twelfth century sources for the First Crusade', in ibid., pp. 29–42; J. Rubenstein, 'What is the *Gesta Francorum* and who was Peter Tudebode?', *Revue Mabillon* 16 (2005), pp. 179–204.

20. A. Vauchez, 'Les composantes eschatologiques de l'idée de croisade', in A. Vauchez (ed.), *Le Concile de Clermont de 1095 et l'appel à la Croisade* (Rome, 1997), pp. 233–43; H. Möhring, *Der Weltkaiser der Endzeit: Entstehung Wandel und Wirkung einer tausendjahrigen Weissagung* (Stuttgart, 2000), and B. E. Whalen, *Dominion of God: Christendom and Apocalypse in the Middle Ages* (Cambridge, Mass., 2009).

21. J. Bliese, 'The motives of the First Crusaders: A social psychological analysis', *Journal of Psychohistory* 17 (1990), pp. 393–411; G.

Anderson, R. Ekelund, R. Herbert and R. Tollinson, 'An economic interpretation of the medieval crusades', *Journal of European Economic History* 21 (1992), pp. 339–63.

22. C. Ottoni, F-X. Ricaut, N. Vanderheyden, N. Brucato, M. Waelkens and R. Decorte, 'Mitochondrial analysis of a Byzantine population reveals the differential impact of multiple historical events in South Anatolia', *European Journal of Human Genetics* 19 (2011), pp. 571–6.

23. A. Johansen and D. Sornett, 'Finite time singularity in the dynamics of the world population and economic indices', *Physica* A 294.3–4 (2001), pp. 465–502, citing J. DeLong's University of California, Berkeley 'Estimating World GDP' project.

24. Bernold of Constance, p. 520.

25. Anna Komnene, XIII.6, p. 373.

26. Ia. Liubarskii, 'Ob istochnikakh "Aleksiady" Anny Komninoi', *Vizantiiskii Vremennik* 25 (1965), pp. 99–120; 安娜・科穆寧實際與可能的資料來源見J. Howard-Johnston, 'Anna Komnene and the *Alexiad*', in M. Mullett and D. Smythe (eds.) *Alexios I Komnenos – Papers* (Belfast, 1996), pp. 260–302。

27. R. Bedrosian (tr.) *Aristakes Lastivertc'i's History* (New York, 1985), p. 64.

## 第一章　歐洲陷入危機

1. Gregory VII, *Register*, I.1, p. 1.

2. Ibid., I.25, p. 30.

3. See here U-R. Blumenthal, *The Investiture Controversy: Church and Monarchy from the Ninth to the Twelfth Century* (Philadelphia, 1988); G. Tellenbach, *The Western Church from the Tenth to the Early Twelfth Century* (Cambridge, 1993); H. Cowdrey, *Pope Gregory VII, 1073–1085* (Oxford, 1998).

4. Gregory VII, *Register*, III.6, p. 181; III.10a, pp. 192–3.

5. Hugh of Flavigny, II, p. 458; Lampert, *Annales*, pp. 258, 264–5; Berthold, p. 284; Bonizo of Sutri, *Liber*, 8, p. 609.

6. Gregory VII, *Register*, VII.14, pp. 342–4.

7. Benzo of Alba, *Ad Henricum*, VI, Preface, p. 502.
8. C. Erdmann (ed.), *Die Briefe Heinrichs IV* (Leipzig, 1937), 18, p. 28.
9. P. Kehr, 'Due documenti pontifici illustranti la storia di Roma negli ultimi anni del secolo XI', *Archivio della Società Romana di storia patria* 23 (1900), pp. 277–83.
10. Bernold of Constance, p. 508.
11. 烏爾班對前往西班牙參戰的騎士提供了罪過獲得赦免的可能，這對後來參與十字軍的人可望獲得的精神獎賞有重要影響。然而教宗在西班牙的呼籲對歐洲整體騎士階層的影響微乎其微。見J. von Pflugk-Hartung, *Acta pontificum Romanorum inedita*, 3 vols. (Leipzig, 1880–8), 2, pp. 142–3; Urban II, *Epistolae et Privilegia, in Patrologia Latina* 151, cols. 288, 302–3, 332–3. Also A. Becker, *Papst Urban II*, 2 vols. (Stuttgart, 1964–88), 1, pp. 246ff。
12. F. Liebermann, 'Lanfranc and the antipope', *English Historical Review* 16 (1901), pp. 330–2.
13. P. Kehr, 'Papsturkunden in Rom: Erster Bericht', *Nachrichten von der Gesellschaft der Wissenschaften zu Göttingen, Phil-hist. Kl.* (1900), pp. 148–9.
14. 只有回覆克勉三世的訊息尚存於世。A. Pavlov, 'Otryvki grecheskago teksta kanonicheskikh otvetov russkago mitropolita Ioanna II', *Zapiski Imperatorskoi Akademii Nauk*, 22.5 (1873), pp. 169–86.
15. 皇室繼承人往往在一生下來或之後不久即加冕為共治皇帝（co-emperor）——因而在署名格式中留有兩個姓名的位置。*De Cerimoniis aulae Byzantinae libri duo*, ed. J. Reiske, 2 vols. (Bonn, 1829–30), 48, vol. 2, pp. 686–92; 46, vol. 2, p. 679.
16. C. Will, *Acta et scripta quae de controversiis Ecclesiae Graecae et Latinae* (Leipzig, 1861), pp. 150–4.
17. J. Mansi (ed.), *Sacrorum Concilium Amplissima Collectio*, 31 vols. (Florence, 1759–98), 20, cols. 507–8; Gregory VII, *Register*, VI.5b, p. 281. 康士坦茲的貝爾諾在其著作中提及阿列克修斯遭逐出教會之事，見Bernold of Constance, pp. 479–80。
18. William of Apulia, IV, p. 230; cf. Anna Komnene, I.13, p. 40.
19. 此處最可靠的材料來自宗教會議中通過的法令，教宗寄到弗蘭德、托斯卡尼和西班牙的六封信，以及烏爾班離開克萊蒙之後於法國講道內容的當代記述，比如他於一〇九六年二月在安傑的講道。Somerville, *Councils of Urban II*, pp. 74, 124; Hagenmeyer, *Epistulae*, pp. 136, 137–8; W. Wiederhold, 'Papsturkunden in Florenz', *Nachrichten von der Gesellschaft der Wissenschaften zu Göttingen, Phil-hist. Kl.* (1901), pp. 313–14; P. Kehr, *Papsturkunden in Spanien. I Katalonien* (Berlin, 1926), pp.

287–8; L. Halphen and R. Poupardin, *Chronique des comtes d'Anjou et des seigneurs d'Amboise* (Paris, 1913), pp. 237–8.

20. Geoffrey Malaterra, IV.13, p. 92; W. Holtzmann, 'Die Unionsverhandlungen zwischen Kaiser Alexios I und Papst Urban II im Jahre 1089', *Byzantinische Zeitschrift*, 28 (1928), pp. 60–2.

21. Anna Komnene, V.9, p. 151.

22. Holtzmann, 'Unionsverhandlungen zwischen Kaiser Alexios I und Papst Urban II', pp. 60–2.

23. Ibid.

24. Ibid., pp. 62–4.

25. Theophylact of Ohrid, *Peri egkalountai Latinon*, in P. Gautier (ed. and tr.), *Theophylacti Achridensis Opera* (Thessaloniki, 1980), p. 249.

26. Ibid., pp. 251–61.

27. Ibid., pp. 271–9.

28. H. Seyffert (ed.), *Benzo von Alba. Sieben Bücher an Kaiser Heinrich IV* (Hanover, 1996), I.14–17, pp. 140–54.

29. Geoffrey Malaterra, IV.13, pp. 92–3.

30. R. Somerville, *Pope Urban II, the Collectio Britannica, and the Council of Melfi* (1089) (Oxford, 1996), pp. 175–80.

31. 這些話出現在寄給君士坦丁堡牧首尼古拉三世的一封信裡。Holtzmann, 'Unionsverhandlungen zwischen Kaiser Alexios I und Papst Urban II', pp. 64–7.

32. Thus Becker, *Papst Urban II*, 2, pp. 80ff.

33. Ibid., p. 60.

34. Ibid., pp. 59–60.

35. Pavlov, 'Otryvki grecheskago teksta', pp. 169–86.

36. Anna Komnene, IV.1, p. 109.

37. E.g. *Regii neapolitani archivi: monumenta edita ac illustrata*, 6 vols. (Naples, 1845–61) 5, no. 457, pp. 146–7; no. 458, pp. 148–52; no. 462, pp. 157–9; no. 467, pp. 174–8; *Codice Diplomatico Barese*, 6 vols. (Bari, 1897–1902), 3, no. 24, pp. 39–40; no. 35,

p. 41; no. 36, p. 42; no. 27, p. 43; no. 28, pp. 44–5; no. 29, pp. 45–6; no. 30, pp. 46–7; D. Morea (ed.), *Il chartularium del monastero* (Montecassino, 1892), p. 136.

38. Bernold of Constance, pp. 470–80.

39. G. Spata, *Le pergamene greche esistenti nel grande archivio di Palermo* (Palermo, 1861), pp. 163–6, 173–5, 179–82; S. Cusa, *I diplomi greci ed arabi di Sicilia pubblicati nel testo originale*, 2 vols. (Palermo, 1868–82), 2, p. 391.

40. Bernold of Constance, p. 483; Anna Komnene, VIII.5, p. 224.

41. F. Sisic (ed.), *Letopis Popa Dukljanina* (Belgrade, 1928), pp. 413–16; P. Frankopan, 'Co-operation between Constantinople and Rome before the First Crusade: A study of the convergence of interests in Croatia in the late 11th Century', *Crusades* 3 (2004), pp. 1–13.

42. Fulcher of Chartres, I.5.xi, p. 71.

43. Bernold of Constance, pp. 458, 462.

44. Herrand of Halberstadt, *Epistola de causa Heinrici regis, MGH Libelli*, 2, p. 288.

45. *MGH Constitutiones et acta publica imperatorum et regum*, 2 vols. (Hanover, 1893), 1, p. 564; Bernold of Constance, p. 520.

46. Bernold of Constance, p. 520.

47. Geoffrey Malaterra, IV.23, p. 101; Bernold of Constance, p. 463.

48. 皮亞辰札會議進行的紀錄，見R. Somerville, *Pope Urban II's Council of Piacenza* (Oxford, 2011)。

## 第二章　君士坦丁堡復興

1. C. Mango and R. Parker, 'A Twelfth-Century Description of St Sophia', *Dumbarton Oaks Papers* 14 (1960), pp. 235–40.

2. E. Legrand, 'Constantin le Rhodien: Description des œuvres d'art et de l'église des Saints Apôtres, suivie d'un commentaire par Th. Reinach', *Revue des Etudes Grecques* 9 (1896), pp. 32–65.

3. 對君士坦丁堡各行各業的規範詳列於《市政官之書》（Book of the Eparch）中。J. Koder, *Das Eparchenbuch Leons des Weisen* (Vienna, 1991).

4. K. Ciggaar, ‘Une description de Constantinople dans le Tarragonensis 55’, *Revue des Etudes Byzantines* 53 (1995), pp. 117–40.
5. Fulcher of Chartres, I.9.i, p. 79.
6. *The Saga of the People of Laxardal (Laxdaela Saga)*, tr. K. Kunz in *The Sagas of Icelanders* (London, 1997), 72, p. 410.
7. Michael Psellos, ed. and tr. E. Theanauld, *Michel Psellos. Chronographie*, 2 vols. (Paris, 1926), VII.25, 2, p. 97.
8. *Laxdaela Saga*, 77, p. 419.
9. Snorri Sturulson, *Haralds Saga*, tr. L. Hollander, in *Heimskringla: History of the Kings of Norway* (Austin, TX, 1964), 3–6, pp. 579–82.
10. R. Savage (ed.), *La Chronique de Sainte-Barbe-en-Auge* (Caen, 1906), pp. 23, 57–8.
11. K. Ciggaar, ‘L’émigration anglaise à Byzance après 1066’, *Revue des Etudes Byzantines* 32 (1974), pp. 338–41.
12. Ciggaar, ‘Description de Constantinople’, p. 119; *Gesta Francorum Iherusalem expugnantium*, in *RHC, Occ.*, 3, p. 494; J. Zepos and P. Zepos (eds.), *Jus Graeco-Romanorum*, 8 vols. (Athens, 1931–62) 1, p. 317; Miklosich and Müller, 6, p. 44; P. Lemerle, N. Svoronos, A. Guillou, D. Papachryssanthou (eds.), *Archives de l’Athos: Actes de Lavra* (Paris, 1970), no. 48, 1, pp. 258–9.
13. *Actes de Lavra*, no. 35, 1, pp. 233–5.
14. M. English Frazer, ‘Church doors and the Gates of Paradise: Byzantine bronze doors in Italy’, *Dumbarton Oaks Papers* 27 (1973), pp. 147–8.
15. P. Lemerle, ‘Le testament d’Eustathios Boïlas (Avril 1059)’, *Cinq études sur le XIe siècle byzantin* (Paris, 1977), pp. 24–5.
16. 曼齊克特戰役與其在突厥人身分認同中的地位，見C. Hillenbrand, *Turkish Myth and Muslim Symbol: The Battle of Manzikert* (Edinburgh, 2007)。
17. *Tabula S. Basilii*, in *RHC, Occ.*, 5, pp. 295–8; J. Darrouzès, ‘Le mouvement des fondations monastiques au XIe siècle’, *Travaux et Mémoires* 6 (1976), p. 173.
18. C. Morrisson, ‘La dévaluation de la monnaie byzantine au XIe siècle’, *Travaux et Mémoires* 6 (1976), pp. 3–29.
19. 米海爾・阿塔雷阿特斯（Michael Attaleiates）對稅負變重多有怨言，見其著作，頁284；關於小麥價格長期上漲，亦見其著作，頁201-4。
20. T. Smiciklas (ed.), *Codex diplomaticus regni Croatiae, Dalmatiae et Slavoniae* (Zagreb, 1905), 1, pp. 139–41; Gregory VII, *Register*,

5.12, p. 258; P. Stephenson, *Byzantium's Balkan Frontier, 900–1204* (Cambridge, 2000), p. 144.

21. Anna Komnene, II.3, pp. 54–5.
22. Michael Attaleiates, p. 215; Nikephoros Bryennios, III.16, p. 241.
23. Michael Attaleiates, p. 306.
24. Anna Komnene, III.11, pp. 103– 4.
25. Anna Komnene, VI.11, p. 176.
26. Anna Komnene, XV.10, p. 463.
27. Anna Komnene, I.1, p. 9.
28. Anna Komnene, III.2, pp. 82–3.
29. Nikephoros Bryennios, IV.29, p. 299.
30. W. Wroth, *Catalogue of Imperial Byzantine Coins in the British Museum*, 2 vols. (London, 1908), 2, p. 539; G. Zacos and A. Veglery, *Byzantine Lead Seals* (Basel, 1972), nos. 99 (a & b), 100; J. Nesbitt, N. Oikonomides et al. (eds.), *Catalogue of Byzantine Seals at Dumbarton Oaks*, 7 vols. (Washington, DC, 1991–), 6, no. 86.1.
31. Anna Komnene, II.9, p. 70.
32. 《阿列克修斯傳》沒有提到這次任命——這並不讓人意外，因為阿列克修斯後來並沒有與諾曼人對戰，而是決定回頭攻擊首都。不過其他著作有所著墨，見Romuald of Salerno, *Chronicon, RIS, NS*, 7, 1, p. 192. Also, Dandolo, *Chronica per extensum descripta, RIS, NS*, 12, p. 216, and Michael the Syrian, p. 176。
33. Anna Komnene, II.10, pp. 72–3; John Zonaras, XVIII.20, 3, pp. 727–8.
34. Anna Komnene, III.5, pp. 89–90.
35. John Zonaras, XVIII.20, 3, p. 729.
36. Anna Komnene, II.12, p. 78.
37. Anna Komnene, III.1, p. 79.
38. *De Cerimoniis*, I.38, 1, pp. 191–6.

39. Anna Komnene, II.4, p. 58; IV.4, p. 114; III.9, pp. 100–1.
40. Anna Komnene, III.4, p. 87, John Zonaras, XVIII.21, 3, p. 732.
41. Geoffrey Malaterra, III.41, p. 82. 關於諾曼人與拜占庭的關係，見W. McQueen, 'Relations between the Normans and Byzantium 1071–1112', *Byzantion* 56 (1986), pp. 427–76; H. Taviani-Carozzi, *La Terreur du monde – Robert Guiscard et la conquête normande en Italie* (Paris, 1997); G. Loud, *The Age of Robert Guiscard: Southern Italy and the Norman Conquest* (Singapore, 2000)。
42. Gregory Pakourianos, p. 43. 這是一次大規模勝利，指揮官葛瑞格里．帕庫里亞諾斯（Gregory Pakourianos）因此受到皇帝大肆獎賞。不過這次勝利沒有如他以為的長存在記憶中，而是很快就為人所淡忘，如此近一千年之久。P. Frankopan, 'A victory of Gregory Pakourianos against the Pechenegs', *Byzantinoslavica* 57 (1996), pp. 278–81.
43. Theophylact of Ohrid, p. 111.
44. Anna Komnene, VIII.5, pp. 225–6.
45. Anna Komnene, VIII.6, pp. 227–8; John Zonaras, XVIII.22, 3, p. 741.
46. 舉例而言，前朝許多重要人物都被帶去參與一〇八一年對抗諾曼人的戰事，其中許多人於同年在迪拉齊翁戰死。Anna Komnene, IV.6, p. 122.
47. Anna Komnene, IV.4, pp. 114–15.
48. Michael Psellos, II.1–2, 1, p. 25; II.7, 1, p. 29.
49. John the Oxite, p. 31.
50. Nikephoros Bryennios, II.7, pp. 154–5.
51. Anna Komnene, XV.11, p. 464.
52. Anna Komnene, XIV.7, p. 423.
53. Nikephoros Bryennios, II.7, pp. 154–5; John the Oxite, pp. 37–9; A. Lavriotes (ed.), 'Historikon zetema ekklesiastikon epi tes basileias Alexiou Komnenou', *Ekklesiastike Aletheia* 20 (1900), p. 412.
54. Anna Komnene, III.5, p. 89. 她的立論根據見Miklosich and Müller, 6, pp. 27–8, 33。

55. Anna Komnene, III.5, pp. 90–1; V.2, pp. 130–2; V. Grumel, 'L'affaire de Léon de Chalcédoine, le Chrysobulle d'Alexis Ier sur les objets sacrés', *Revue des Etudes Byzantines* 2 (1944), pp. 126–33; Anna Komnene, III.8, p. 96.
56. J. Darrouzès, *Georges et Dèmètrios Tornikès – Lettres et Discours* (Paris, 1970), pp. 234–5.
57. Manuel Straboromanos, pp. 182–3.
58. John Zonaras, XVIII.29, 3, pp. 765–6.
59. Anna Komnene, XIV.4, pp. 411–13.
60. R. Romano (ed.), Nicola Callicle, *Carmi* (Naples, 1980), pp. 101–2; P. Magdalino and R. Nelson, 'The Emperor in Byzantine art of the 12th Century', *Byzantinische Forschungen* 8 (1982), pp. 123–6.
61. Anna Komnene, III.3, p. 93. 關於他講話時會咬舌，見I.8, p. 26。阿列克修斯的兩幅圖像出現在存放於羅馬梵蒂岡圖書館的手稿中，Vaticanus Gr. 666, f. 2r.; 666, f. 2v。

## 第三章　東方回穩

1. I. Mélikoff (ed.), *La geste de Melik Danismend*, 2 vols. (Paris, 1960).
2. 阿列克修斯在一〇七〇年代中期奉命前去重申皇帝對巴利歐的權威，當他將這名諾曼人當成犯人帶走時，阿馬斯雅的居民對他報以噓聲和嘲弄。Anna Komnene, I.2, pp. 11–13.
3. Matthew of Edessa, II.72, p. 144.
4. J-C. Cheynet and D. Theodoridis, *Sceaux byzantins de la collection D. Theodoridis* (Paris, 2010), pp. 26–8.
5. 尼基弗魯斯・帕萊奧洛格斯（Nikephoros Palaiologos）在一〇八一年仍堅守陣地。見Nikephoros Bryennios, III.15, p. 239。
6. J-C. Cheynet and J-F. Vannier, *Etudes Prosopographiques* (Paris, 1986), pp. 57–74; Cheynet and Theodoridis, *Sceaux byzantins*, pp. 54– 6; C. MacEvitt, *The Crusades and the Christian World of the East: Rough Tolerance* (Philadelphia, 2008), pp. 41–2.
7. 舉例而言，持此觀點的著作見Michael Angold, *The Byzantine Empire 1025–1204* (London, 1984), pp. 112–13; France, *Victory in the East*, pp. 155–6; J. Flori, *La Première Croisade: l'Occident chrétien contre l'Islam aux origines des idéologies occidentales* (Paris, 2001), p. 64; P. Magdalino, 'The Medieval Empire (780–1204)' in C. Mango (ed.), *The Oxford History of Byzantium*, p. 185; J.

Harris, *Byzantium and the Crusades* (London, 2003), pp. 47, 55. Phillips, *Holy Warriors*, p. 15。

8. Anna Komnene, III.9, p. 100.
9. Ibid.
10. Anna Komnene, II.6, p. 65.
11. Anna Komnene, II.3, pp. 54–5.
12. J. Darrouzès, *Notitiae episcopatuum ecclesiae constantinopolitanae* (Paris, 1981), pp. 123–4, 134–5.
13. J-C. Cheynet, 'La résistance aux Turcs en Asie Mineure entre Mantzikert et la Première Croisade', in *Eupsykhia: Mélanges offerts à Hélène Ahrweiler*, 2 vols. (Paris, 1998), 1, pp. 131–47.
14. 阿列克修斯在一〇八一年對自己的部隊心存疑慮，見Anna Komnene, II.9, p. 71；關於阿列克修斯的妻子艾琳未與他同時加冕的內情，見III.2, pp. 81–4。
15. Anna Komnene, III.5, pp. 89–91.
16. Anna Komnene, III.11, p. 104.
17. 相關例子見Nikephoros Bryennios, III.16, p. 241; IV.2, p. 259。
18. Nikephoros Bryennios, IV.4, p. 265; IV.10–13, pp. 275–9.
19. J. Darrouzès (ed.), *Georges et Dèmètrios Tornikès – Lettres et Discours* (Paris, 1970), pp. 234–5.
20. Orderic Vitalis, X.12, 5, p. 274.
21. 關於塔提基歐斯父親遭俘之事，見Anna Komnene, IV.4, p. 115。
22. Anna Komnene, III.11, p. 105.
23. Anna Komnene, V.5.ii, p. 140.
24. Anna Komnene, IV.4, p. 115; IV.6, p. 123; V.6.iv, p. 159; William of Apulia, IV, pp. 222, 226.
25. Anna Komnene, VI.12, p. 177.
26. Matthew of Edessa, II.78, pp. 147–8.
27. Bar Hebraeus, ed. and tr. E. Budge, *The Chronography of Gregory Abul Faraj*, 2 vols. (Oxford, 1932), 2, p. 227.

28. *De Administrando Imperio*, ed. and tr. G. Moravcsik and R. Jenkins, (Washington DC, 1967).

29. Nikephoros Bryennios, IV.31, p. 301.

30. P. Frankopan, 'The Fall of Nicaea and the towns of western Asia Minor to the Turks in the later 11th Century: The curious case of Nikephoros Melissenos', *Byzantion* 76 (2006), pp. 153–84, and below, p. 82.

31. 關於皇后委託寫作尼基弗魯斯的歷史，見Nikephoros Bryennios, pp. 71–3; Anna Komnene, Prologue, p. 5。

32. 一〇八一年之後，他被稱呼為尼西亞的「埃米爾」（emir，即總督）。見Anna Komnene, VI.9, pp. 169–70。安娜・科穆寧也指出他在尼西亞的住處是皇帝的住處，不過在突厥語中他的住處被稱為蘇丹的住處，見III.11, p. 104。在一〇七〇年代末期寫作的米海爾・阿塔雷阿特斯並未以任何頭銜稱呼他，而是稱他為一名突厥領袖，見Michael Attaleiates, p. 266。尼基弗魯斯・布萊尼奧斯提到一〇八一年以前的蘇萊曼時則避免使用頭銜，比如，見Nikephoros Bryennios, III.16, p. 241。

33. 唯二的例外是《阿列克修斯傳》以及約翰・左納拉斯（John Zonaras）的《歷史摘錄》（*Epitome Historion*）。另有一名作者為於十二世紀寫作的米海爾・格里卡斯（Michael Glykas），他也涵蓋了阿列克修斯統治時期，不過完全照抄左納拉斯的內容。

34. See P. Magdalino, 'Aspects of twelfth-century Byzantine Kaiserkritik', *Speculum* 58 (1983), pp. 326–46.

35. Albert of Aachen, II.28, p. 108.

36. Ekkehard of Aura, p. 200.

37. See J-C. Cheynet, 'The duchy of Antioch during the second period of Byzantine rule', in K. Ciggaar and D. Metcalf (eds.), *East and West in the Medieval Eastern Mediterranean: Antioch from the Byzantine Reconquest until the End of the Crusader Principality* (Leiden, 2006), pp. 1–16.

38. Michael Attaleiates, p. 301.

39. 以東方行省protosebastos與軍隊指揮官稱呼菲拉瑞托斯的鉛印年代必然在一〇八一年之後，因為protosebastos（「至尊者」）這一頭銜為阿列克修斯所首創。這顯示皇帝在東方全力仰仗菲拉瑞托斯，以更高的地位獎賞他。J-C. Cheynet, C. Morrisson and W. Seibt, *Les Sceaux byzantins de la collection Henri Seyrig* (Paris, 1991), no. 192; Cheynet and Theodoridis, *Sceaux byzantins*, pp. 54–6. 他在這段時期獲得的其他榮銜顯示他有多受各方青睞，舉例而言，見J-C.

Cheynet, '*Sceaux byzantins* des Musées d'Antioche et de Tarse', *Travaux et Mémoires* 12 (1994), no. 56。

40. Anna Komnene, VI.9, pp. 169–70.

41. Matthew of Edessa, II.60, p. 137.

42. *Anonymi Auctoris Chronicon ad Annum Christi 1234 Pertinens*, tr. A. Abouna and J-M. Fiey, *Chronicle of the Unknown Edessan* (Paris, 1974), p. 39.

43. J-C. Cheynet, 'Les Arméniens de L'Empire en Orient de Constantin Xe à Alexis Comnène (1059–1081)', *L'Arménie et Byzance* (Paris, 1996), p. 76.

44. Michael the Syrian, 3, p. 178.

45. Matthew of Edessa, II.78, p. 147; also Anna Komnene, VI.9, p. 170.

46. Ibn al-Ahtir, AH 477/Dec. 1084–Dec. 1085, p. 218; Sibt ibn al-Jawzi, *Mir'at al-Zaman fi Ta'rikh al-A'yan*, ed. A. Sevim (Ankara, 1968), p. 229.

47. Ibn al-Athir, quoting the poet al-Abirwardi, AH 477/Dec. 1084–Dec. 1085, p. 218.

48. Ibid., pp. 218–19.

49. Ibn al-Athir, AH 479/Dec. 1086–Dec. 1087, p. 223.

50. Ibn al-Athir, AH 477/Dec. 1084–Dec. 1085, p. 224; Sibt ibn al-Jawzi, p. 229.

51. Anna Komnene, VI.10, p. 171.

52. *The History of the Seljuk Turks from the Jami'ak-Tawarikh*, tr. K. Luther (Richmond, 2001), pp. 62, 60–1.

53. Anna Komnene, VI.12, pp. 177–8. 這封信寫於拜占庭擊退來犯伊匹魯斯的羅勃・吉斯卡之後和佩切涅格人一〇八七年大舉入侵以前。

54. Anna Komnene, VI. 9, pp. 170–1. 安娜・科穆寧將蘇丹的提議分為兩部分記述。

55. Anna Komnene, VI.12, p. 178.

56. Anna Komnene, VIII.3, p. 220.

57. Anna Komnene, VI.9, p. 171.

58. Bar Hebraeus, 2, p. 229.
59. Ibn al-Athir, AH 485/Dec. 1091–Dec. 1092, p. 259.
60. Anna Komnene, VI.12, p. 177.
61. Matthew of Edessa, II.86, p. 153.
62. Ibid.
63. 對蘇丹這些詢問的回覆尚存於世，見P. Gautier, 'Lettre au sultan Malik-Shah rédigée par Michel Psellos', *Revue des Etudes Byzantines* 35 (1977), pp. 73–97。
64. Matthew of Edessa, II.86, p. 153.
65. 對於此時期的埃德薩總督托羅斯與梅利第尼總督加百瑞（Gabriel），以及他們是否接受（或被勸誘接受）馬立克沙的權威，我們所知甚少。不過，有鑑於埃德薩的馬修（Matthew of Edessa）在著作中嚴詞評論菲拉瑞托斯・布拉卡米歐斯以及他加入蘇丹陣營並改信伊斯蘭教的決定，若這兩名總督也對突厥人投誠，馬修在其編年史中應該也會對他們嚴詞抨擊。見Matthew of Edessa, II.85, pp. 152–3。不過，加百瑞似乎兩邊押注，發行的鉛印上既有拜占庭的頭銜也有阿拉伯的。見J-C. Cheynet, *Sceaux de la collection Zacos se rapportant aux provinces orientales de l'Empire byzantine* (Paris, 2001), no. 41。
66. Anna Komnene, VI.10, p. 172.
67. Anna Komnene, VI.13, pp. 180–2.
68. Ibid., p. 181; VI.14, pp. 183–4. 該城的收復時間係從亨博托普洛斯調派至西方的日期判斷。
69. Anna Komnene, VI.13, pp. 180–2.
70. Theophylact of Ohrid, pp. 113–14. 西奧菲拉克特（Theophylact）在一年後的演說中將這些評語傳達給皇帝。
71. Ibid., p. 111.

## 第四章　小亞細亞分崩離析

1. Miklosich and Müller, 6, pp. 57–8, 40–4.
2. Anna Komnene, VII.6, p. 199.

3. Ibid.
4. Anna Komnene, VII.7, p. 202; VIII.3, p. 220.
5. Anna Komnene, VI.10, p. 174.
6. Michael the Syrian, 3, pp. 172ff; *Mélikoff, Danismend*, 2, p. 88.
7. Anna Komnene, VII.8, p. 202.
8. Anna Komnene, VIII.3, p. 220.
9. R. Macrides, 'Poetic justice in the Patriarchate: murder and cannibalism in the provinces', in L. Burgmann, M. Fögen, A. Schmink (eds.), *Cupido Legum* (Frankfurt, 1985), pp. 144–5. 這首詩沒有可供確切定年的詳細內在證據，只能根據風格而大略定年於十一／十二世紀。不過，詩中提到的長期糧食短缺、嚴寒冬天與當地人的絕望舉措，都呼應了一〇九〇年代初的情況。
10. Anna Komnene, VII.8, pp. 202–3.
11. Anna Komnene, VIII.3, p. 220.
12. John the Oxite, p. 35. Also P. Frankopan, 'Where Advice meets Criticism in 11th Century Byzantium: Theophylact of Ohrid, John the Oxite and their (re)presentations to the Emperor', *Al-Masaq* 20 (2008), pp. 71–88.
13. John the Oxite, p. 35.
14. Ibid., pp. 29–35.
15. J. Shepard, 'How St James the Persian's head was brought to Cormery: A relic collector around the time of the First Crusade', in L. Hoffmann (ed.), *Zwischen Polis, Provinz und Peripherie. Beiträge zur byzantinsichen Geschichte und Kultur* (Wiesbaden, 2005), p. 298.
16. 舉例而言，見Robert the Monk, I.1, pp. 79–80。
17. C. Haskins, 'A Canterbury monk at Constantinople c.1090', *English Historical Review* 25 (1910), pp. 293–5; Ciggaar, 'Description de Constantinople', pp. 118–20.
18. Hagenmeyer, *Epistulae*, pp. 133–6.
19. 最近持此論點的著述見P. Schreiner, 'Der Brief des Alexios I Komnenos an den Grafen Robert von Flandern und das Problem

gefälschter byzantinischer Kaiserschreiben in den westlichen Quellen', in G. de Gregorio and O. Kresten (eds.), *Documenti medievali Greci e Latini. Studi Comparativi* (Spoleto, 1998), pp. 111–40; C. Gastgeber, 'Das Schreiben Alexios' I. Komnenos an Robert I. von Flandern. Sprachliche Untersuchung', in ibid., pp. 141–85; C. Sweetenham, 'Two letters calling Christians on Crusade', in *Robert the Monk's History of the First Crusade* (Aldershot, 2005), pp. 215–18。

20. 舉例而言，見M. de Waha, 'La lettre d'Alexis Comnène à Robert Ier le Frison', *Byzantion* 47 (1977), pp. 113–25; J. Shepard, 'Aspects of Byzantine attitudes and policy towards the West in the 10th and 11th centuries', *Byzantinische Forschungen* 13 (1988), pp. 106–12。

21. Hagenmeyer, *Epistulae*, p. 132.

22. Ibid.

23. Hagenmeyer, *Epistulae*, p. 141; John the Oxite, pp. 37–47.

24. Anna Komnene, X.5, pp. 273–4.

25. Shepard, 'How St James the Persian's head was brought to Cormery', p. 299.

26. Miklosich and Müller, 6, pp. 19–21, 34–8, 42–4, 57–8, 81.

27. Ibid., pp. 84–90.

28. Ibid., p. 81.

29. 關於查卡穿的鞋子，見Anna Komnene, IX.1, p. 237。

30. Miklosich and Müller, 6, pp. 82–3.

31. Anna Komnene, VIII.3, p. 220.

32. Matthew of Edessa, II.90, pp. 157–8.

33. Anna Komnene, VI.12, p. 179.

34. *Jami'al-Tawarikh*, p. 62.

35. Al-Fath ibn 'Ali al-Bundari, *Zubdat al-nusra wa-nukhbat al-'ursa*, ed. M. Houtsma (Leiden, 1889), p. 63.

36. Ibn al-Atir, AH 485/1092–1093, pp. 258–9.

37. Gautier, 'Synode des Blachernes', pp. 218–19.
38. *Jus Graeco-Romanum*, 1, pp. 35–61.
39. P. Gautier, 'Jean l'Oxite, patriarche d'Antioche: notice biographique', *Revue des Etudes Byzantines* 22 (1964), pp. 136–8.
40. 這些城鎮在阿列克修斯登基後十四年被突厥人占領。Michael the Syrian, VI.6, vol. 3, pp. 178ff.
41. *Gesta Francorum*, IV, p. 25.
42. Ibid., p. 26.
43. William of Tyre, III.1, 1, p. 197.
44. Anna Komnene, XI.2, p. 300.
45. John the Oxite, p. 35.
46. Anna Komnene, VIII.7, p. 229.
47. Anna Komnene, VI.10, pp. 172–3.
48. Ibid., p. 172; Ibn al-Athir, AH 487/ Dec. 1093–Dec. 1094, p. 271.
49. Anna Komnene, VI.11, p. 176.
50. Ibid.
51. Anna Komnene, VI,11, p. 177.
52. 舉例而言，見J. Haldon, 'Theory and practice in tenth-century military administration. Chapters 11, 44 and 45 of the Book of Ceremonies', *Travaux et Mémoires* 13 (2000), pp. 201–352。
53. Anna Komnene, VI.10, p. 175.
54. Ibid.
55. Anna Komnene, VI.12.ii–iii, p. 178.
56. Anna Komnene, VI.12, p. 180.
57. Ibid.
58. 關於基利傑·阿爾斯蘭在一〇九七年的軍力，見Fulcher of Chartres, I.11.vi, p. 85。

59. Fulcher of Chartres, I.9.iv–v, p. 80.
60. *Gesta Francorum*, II, p. 14.
61. 舉例而言，見H. Ahrweiler, 'L'administration militaire de la Crète byzantine', *Byzantion* 31 (1961), pp. 217–28; P. Gautier, 'Défection et soumission de la Crète sous Alexis Ier Comnène', *Revue des Etudes Byzantines* 35 (1977), pp. 215–27; A. Savvides, 'Can we refer to a concerted action among Rapsomates, Caryces and the emir Tzachas between AD 1091 and 1093?', *Byzantion* 70 (2000), pp. 122–34。
62. 安娜．科穆寧指出她的舅舅在迪拉齊翁任總督十一年後被召回，領軍遠征西小亞細亞，見Anna Komnene, VII.8, p. 206。有鑑於迪拉齊翁在一〇八二年為諾曼人攻下，直到次年才收復，杜卡斯被派任領軍征討查卡的最早可能時間是一〇九四年。見P. Frankopan, 'The imperial governors of Dyrrakhion during the reign of the emperor Alexios I Komnenos', *Byzantine and Modern Greek Studies* 26 (2002), pp. 89–90。
63. Miklosich and Müller, 6, pp. 82–3.
64. Anna Komnene, VII.8, pp. 202–6; IX.1, pp. 238–40; IX.3, pp. 242–4; XI.5, pp. 309–12.
65. Anna Komnene, XI.5, p. 309.
66. Richard of Cluny, *Chronicon*, in L. Muratori (ed.), *Antiquitates Italicae*, 4, col. 1250.

## 第五章　災難邊緣

1. John the Oxite, pp. 29, 35.
2. John Zonaras, XVIII.29, 3, pp. 766–7. 左納拉斯自己也得罪了科穆寧家族，曾任帝國最高法官的他在十二世紀中期遭放逐。
3. 關於梅利賽諾斯獲得的賞賜，見Anna Komnene, III.4, p. 87; John Zonaras, XVIII.21, 3, p. 732; also N. Oikonomides (ed.), *Archives de l'Athos: Actes de Docheiariou* (Paris, 1984), p. 76. For Adrian, *Actes de Lavra*, 1, pp. 247–51。
4. L. Petit, 'Typikon du monastère de la Kosmosoteira près d'Aenos', *Izvestiya Russkogo Arkheologicheskogo Instituta v Konstantinopole* 13 (1908), pp. 19–75.
5. Frankopan, 'Imperial governors of Dyrrakhion', pp. 65–103.

6. Anna Komnene, VI.9, p. 171.

7. 皇帝的另外兩名姊夫，米海爾．塔隆尼特斯和尼基弗魯斯．梅利賽諾斯，也獲得顯赫頭銜與榮耀，杜卡斯家族的許多成員也獲得同樣待遇。見Anna Komnene, III.4, p. 87。這些賞賜在其他來源中也有充足佐證，尤其是他們個人發行的鉛印，舉例而言，見Zacos and Veglery, *Byzantine Lead Seals*, nos. 2698 and 2720 (d)。關於杜卡斯家族，見D. Polemis, *The Doukai* (London, 1968)。科穆寧家族完整的群體傳記，見K. Barzos, *He Genealogia ton Komnenon*, 2 vols. (Thessaloniki, 1984)。

8. 舉例而言，見A. Kazhdan, *L'aristocracia bizantina dal principio dell' XI alla fine del XII secolo* (Palermo, 1997), pp. 141–6; J.-C. Cheynet, *Pouvoir et contestations à Byzance 963–1210* (Paris, 1990), pp. 359ff; P. Magdalino, 'Innovations in Government', in M. Mullett and D. Smythe (eds.), *Alexios I Komnenos – Papers* (Belfast, 1996), pp. 146–66。

9. P. Frankopan, 'Kinship and the distribution of power in Komnenian Byzantium', *English Historical Review* 495 (2007), pp. 10–13.

10. Anna Komnene, IV.4, p. 114. 關於他身材矮小，見II.4, p. 58。

11. Ibid., p. 115; VI.13, pp. 181–2.

12. Anna Komnene, V.5, pp. 140–1.

13. *Actes de Lavra*, 1, nos. 44–5, 48–9 (1083; 1084; 1086; 1089).

14. For Aliphas, Anna Komnene IV.6, pp. 122–3.

15. Theophylact of Ohrid, p. 114; Anna Komnene, VI.13, p. 182.

16. Manuel Straboromanos, pp. 183–5.

17. *Diegesis merike ton epistolon Alexiou basileios kai Nicholaou Patriarchou genomene kata diaphorous kairous*, in P. Meyer (ed.), *Die Haupturkunden für die Geschichte der Athos-Klöster* (Leipzig, 1894), p. 172.

18. John Zonaras, XVIII.22, 3, p. 738.

19. Anna Komnene, III.10, p. 102.

20. Anna Komnene, V.2, pp. 131–2. J. Stephanou, 'Le procès de Léon de Chalcédoine', *Orientalia Christiana Periodica* 9 (1943), pp. 5–64; V. Grumel, 'L'affaire de Léon de Chalcédoine, le Chrysobulle d'Alexis Ier sur les objets sacrés', *Revue des Etudes Byzantines*

2 (1944), pp. 126–33.

21. John the Oxite, p. 33.

22. John Zonaras, VIII.22, 3, p. 732.

23. John the Oxite, esp. p. 33; also pp. 29, 31, 35.

24. *Actes de Lavra*, I, no. 50; *Actes de Docheiariou*, no. 2; D. Papachryssanthou (ed.), *Actes de Xénophon* (Paris, 1986), no. 2; J. Lefort, N. Oikonomides and D. Papachryssanthou (eds.), *Actes d'Iviron*, 2 vols. (Paris, 1985–90), 2, pp. 28–9.

25. Anna Komnene, IX.2, pp. 240–1. 叛亂平定後，帝國指派了肩負特定稅務工作的官員到任，由此可推斷叛亂的起因。見Anna Komnene, IX.2, p. 242. See P. Frankopan, 'Challenges to imperial authority in Byzantium: Revolts on Crete and Cyprus at the end of the 11th Century', *Byzantion* 74 (2004), pp. 382–402。

26. Anna Komnene, VII.8, p. 206; VIII.7, p. 229.

27. Anna Komnene, IV.2, p. 111.

28. 舉例而言，見Dandolo, *Chronica brevis*, p. 363; L. Lanfranchi (ed.), *Famiglia Zusto* (Venice, 1955), 6, 9, nos. 1–2。

29. 原始同意書最古老的兩份副本指出，特許是於一〇九二年五月授與，但是現代學者不予採信，理由是時間在一〇八〇年代中期似乎較為合理——雖然此論點的古文字、文獻與脈絡證據都讓人難以信服。關於特許的段落在《阿列克修斯傳》中出現的地方也是備受仰賴的證據，即使在時序上顯然是錯置了。完整討論見T. Madden, 'The chrysobull of Alexius I Comnenus to the Venetians: The date and the debate', *Journal of Medieval History* 28 (2002), pp. 23–41, and P. Frankopan, 'Byzantine trade privileges to Venice in the eleventh century: The chrysobull of 1092', *Journal of Medieval History* 30 (2004), pp. 135–60。

30. M. Pozza and G. Ravegnani, *I Trattati con Bisanzio 992–1198* (Venice, 1993), pp. 38–45.

31. Ibid., pp. 39–40.

32. Ibid., p. 43.

33. Ibid, pp. 40–3.

34. Dandolo, *Chronica per extensum descripta*, p. 217. 丹多洛（Dandolo）並未說明為什麼一〇九二年牧首會出現在君士坦丁堡，只提到他在那裡死於熱病。

35. Anna Komnene, VI.7, pp. 166–7; VI.3, p. 156.
36. Anna Komnene, VII.3, p. 194.
37. Pozza and Ravegnani, *Trattati con Bisanzio*, pp. 42–3.
38. Katakalon Kekaumenos, 81, p. 278.
39. Anna Komnene, III.10, p. 103.
40. 關於阿列克修斯的繼承人約翰二世以及其他孩子的誕生，見A. Kazhdan, 'Die Liste der Kinder des Alexios I in einer Moskauer Handschrift (UBV 53/147)', in R. Stiehl and H. Stier (eds.), *Beiträge zur alten Geschichte und deren Nachleben*, 2 vols. (Berlin, 1969–70), 2, pp. 233–7。約翰的加冕以及其日期可根據此來源推斷：A. Spinelli (ed.), *Regii neapolitani archivi monumenta edita ac illustrata*, 6 vols. (Naples, 1845–61), 5, nos. 457–8, 462, 464–7。
41. Anna Komnene, VIII.7–8, pp. 229–32.
42. Anna Komnene, VI.8, p. 168.
43. Geoffrey Malaterra, III.13, p. 64; Michael the Syrian, 3, p. 176; Bar Hebraeus, 1, p. 227.
44. Anna Komnene, IX.6, p. 248.
45. Ibid., p. 250.
46. Anna Komnene, IX.5, p. 247.
47. Anna Komnene, IX.7, p. 252.
48. Anna Komnene, IX.8, pp. 253–4.
49. Ibid., p. 253, and III.2, p. 81.
50. Anna Komnene, IX.6, p. 254.
51. 阿德里安與尼基弗魯斯在前者被派去調查狄奧吉尼斯密謀反叛皇帝的陰謀時，回憶起這件事。見Anna Komnene, IX.7, pp. 252–3。
52. 阿德里安成為修士，死時的名字是約翰。見B. de Montfaucon, *Paleographia Graeca* (Paris, 1708), p. 47。關於他在陰謀中的角色以及對他家族的後果，見Frankopan, 'Kinship and the distribution of power', pp. 1–34。

53. 舉例而言，見Anna Komnene, VIII.3, p. 219; VIII.8, p. 232。關於梅利賽諾斯，見Frankopan, 'The Fall of Nicaea', pp. 153–84。

54. 梅利賽諾斯死前唯一再被提及是他參與對庫曼人的戰事：Anna Komnene, X.2, p. 264。阿列克修斯通常不願讓對手留在君士坦丁堡，而是帶著他們一起出征——這樣才能密切監視他們。一〇八一年皇帝與諾曼人對戰時，拜占庭幾乎所有主要人物都隨行；一〇九四年皇帝征討塞爾維亞人時當然也是如此。

55. Anna Komnene, III.4, p. 87.

56. Anna Komnene, XI.10, p. 325; XIII.1, p. 357.

57. Anna Komnene, IX.8, p. 254.

58. Ibid.

59. Anna Komnene, IX.6, p. 250.

60. Anna Komnene, IX.8, p. 254.

61. Anna Komnene, IX.9, pp. 255–6.

62. Ibid., p. 256.

63. Ibid., pp. 256–7.

64. Ibid., p. 257. 作者對於是否由她父親下令刺瞎尼基弗魯斯．狄奧吉尼斯一事語焉不詳。

65. Anna Komnene, IX.1, p. 237.

66. Anna Komnene, XV.11, p. 465.

67. Anna Komnene, IX.2, p. 242; E. Sargologos, *La Vie de saint Cyrille le Philéote, moine byzantin* (Part 1110) (Brussels, 1964), pp. 35.i–viii, 146–53.

68. For their careers, see B. Skoulatos, *Les personnages byzantins de l'Alexiade: analyse prosopographique et synthèse* (Louvain, 1980), pp. 160–1, 85–7.

69. Anna Komnene, X.9, pp. 286–8; John Zonaras, XVIII.22, 3, p. 739.

70. *Gesta Francorum*, IV, pp. 25–6.

71. Anna Komnene, XI.10, p. 323.
72. Anna Komnene, XI.3, p. 305.
73. Anna Komnene, XI.3, pp. 304–5; XI.5, pp. 309–12.
74. Anna Komnene, VII.8, p. 203; IX.1, p. 238; IX.3, p. 242.
75. Anna Komnene, X.2, p. 264. For Melissenos' death, Peter Lambecius, *Commentariorum de Augustissima Biblioteca Caesarea Vindobonensi*, 8 vols. (Vienna, 1665–79), 5, col. 537. Also see D. Papachryssanthou, 'La date de la mort du sébastokrator Isaac Comnène', *Revue des Etudes Byzantines* 21 (1963), p. 252.
76. Anna Komnene, X.2–4, pp. 262–73; *The Russian Primary Chronicle*, tr. S. Cross, and O. Sherbowitz-Wetzor (Cambridge, Mass., 1953), p. 180.
77. Anna Komnene, XI.2, p. 300.

## 第六章　來自東方的召喚

1. J-C. Cheynet, 'Les *Sceaux byzantins* de Londres', *Studies in Byzantine Sigillography* 8 (2003) pp. 85–100; also J-C. Cheynet, 'Le rôle des Occidentaux dans l'armée byzantine avant la Première Croisade', in E. Konstantinou (ed.), *Byzanz und das Abendland im 10. und 11. Jahrhundert* (Cologne 1997), pp. 111–28.
2. 舉例而言，見V. Laurent, *Le Corpus des sceaux de l'empire byzantin II: L'administration centrale* (Paris 1981), no. 469 (Bulgarian); G. Zacos, *Byzantine Lead Seals II*, compiled and ed. J. Nesbitt (Bern, 1984), no. 706 (interpreter to the English); ibid. (Anglo-Saxon); Laurent, *Le Corpus des sceaux de l'empire byzantine*, no. 991 (interpreter of the fleet)。
3. F. Schmitt (ed.), *S. Anselmi Cantuariensis archiepiscopi opera omnia*, 6 vols. (Edinburgh, 1938–61), 3, pp. 252–5.
4. 舉例而言，見J. Shepard, 'The uses of the Franks in 11th Century Byzantium', *Anglo-Norman Studies* 15 (1992), pp. 275–305.
5. John Skylitzes, p. 486; Michael Attaleiates, pp. 122–5, Matthew of Edessa, II.19, p. 101。
6. *Patrologia Latina*, 150, col. 737.
7. Ekkehard of Aura, pp. 133–4.
8. Gilbert of Mons, *Chronique Hanoniense*, tr. L. Napran (Woodbridge, 2005), 23, p. 25.

9. Hagenmeyer, *Epistulae*, pp. 134–5. 這封信的一些相關評論見第四章注釋❶、❷、❸、❹標記段落。
10. Shepard, 'How St James the Persian's head was brought to Cormery', p. 299.
11. *Narratio Floriacensis de captis Antiochia et Hierosolyma et obsesso Dyrrachio, RHC, Occ.*, 5, p. 356, Gilbert of Mons, 23, p. 25. Also Becker, *Urban II*, 2, p. 180, and above all J. Shepard, 'Cross-purposes: Alexius Comnenus and the First Crusade', in J. Phillips (ed.), *The First Crusade: Origins and Impact* (Manchester, 1997), pp. 107–29
12. Ekkehard of Aura, pp. 134–6.
13. Guibert of Nogent, I.5, pp. 102–3.
14. Baldric of Dol, I, p. 14.
15. Fulcher of Chartres, I.3.ii–iii, pp. 65–6.
16. William of Apulia, IV, p. 212.
17. Sibt al-Jawzi, p. 244; Bar Hebraeus, 1, pp. 230–1.
18. Raymond of Aguilers, XIII, pp. 108–9; William of Tyre, I.7, 1, pp. 116–17; Albert of Aachen, VI.31, p. 442.
19. S. Goitein, *A Mediterranean Society: The Jewish communities of the Arab world as portrayed in the documents of the Cairo Geniza*, 6 vols. (Princeton, 1967–93), pp. 308–14. Also see here S. Goitein, 'Jerusalem in the First Arabic period', in *Jewish Settlements in Palestine in the Beginning of the Islamic and the Crusade Period, in the Light of the Geniza* (Jerusalem, 1980); M. Gil, 'Political History of Jerusalem', in J. Prawer (ed.), *Book of Jerusalem, The First Islamic Period, 638–1099* (Jerusalem, 1991).
20. 舉例而言，見S. Gat, 'The Seljuks in Jerusalem', in Y. Lev (ed.), *Town and Material Culture in the Medieval Middle East* (Leiden, 2002), pp. 4–40。
21. C. Cahen, 'La chronique abrégée d'al-Azimi', *Journal Asiatique* 230 (1938), p. 369.
22. Ibn al-Athir, AH 491/Dec. 1097–Dec. 1098, pp. 13–14.
23. See C. Morris, *The Sepulchre of Christ in the Medieval West* (Oxford, 2005), esp. pp. 134–9; however also note J. France, 'The Destruction of Jerusalem and the First Crusade', *Journal of Ecclesiastical History* 47 (1996), pp. 1–17.
24. Guibert of Nogent, II.10, pp. 125–6.
25. Below, pp. 118–19

26. J. Vaissète, C. Devic and A. Molinier (eds.), *Histoire générale de Languedoc*, 3rd edition, 16 vols. (Toulouse, 1872–1904), 5, cols. 737–8.
27. J. Venier (ed.), *Chartres de l'abbaye de Jumièges*, 2 vols. (Paris, 1916), 1, pp. 121–3.
28. R. Bautier, M. Gilles and M. Bautier (eds.), *Chronicon S. Petri Vivi Senonensis* (Paris, 1979), p. 140.
29. Gregory Pakourianos, p. 131.
30. *Letopis Popa Dukljanina*, 27, p. 413.
31. Hagenmeyer, *Epistulae*, p. 136.
32. Robert the Monk, I.1, p. 79.
33. 舉例而言，見T. Head and R. Landes (eds.), *Peace of God: Social violence and religious response in France around the year 1000* (Cambridge, 1992)。
34. Ivo of Chartres, *Panormia*, VIII.147, in *Patrologia Latina*, 161, col. 1343 AC.
35. See Vauchez, 'Composantes eschatologiques', pp. 233–43; J. Rubenstein, 'How or How Much, to Re-evaluate Peter the Hermit', in S. Ridyard (ed.), *The Medieval Crusade* (Woodbridge, 2004), pp. 53–69; J. Flori, *L'Islam et la fin des temps. L'interprétation prophétique des invasions musulmanes dans la chrétienté médiévale* (Paris, 2007), pp. 111–47。概論性質著述見Möhring, *Weltkaiser der Endzeit* and Whalen, *Dominion of God*。
36. Lupus, *Annales, MGH*, SS, 5, p. 62.
37. Gilbert of Mons, 23, p. 25.
38. Theodore Skutariotes, *Synopsis Khronike*, in K. Sathas, *Biblioteca Graeca Medii Aevi*, 7 vols. (Paris, 1872–94), 7, pp. 184–5.
39. 有關這些與其他假聖物，見Guibert of Nogent, *De pigneribus sanctorum*, ed. R. Huygens (Turnhout, 1993), I, pp. 98, 88。
40. *Gesta Episcoporum Tullensium*, in *MGH, SS*, 8, p. 647.
41. Anna Komnene, III.10, p. 103.
42. F-J. Schmale and I. Schmale-Ott (eds.), *Frutolfs und Ekkehards Chroniken* (Darmstadt, 1972), p. 96; Ekkehard of Aura, *Chronicon Universale*, in *MGH, SS* 6, p. 205. 安娜記錄下來的禮物見*Alexiad*, III.10, p. 103。

43. G. Constable (ed. and tr.), *The Letters of Peter the Venerable*, 2 vols. (Cambridge, Mass., 1967), 2, p. 209.
44. Hagenmeyer, *Epistulae*, pp. 135–6.
45. Guibert of Nogent, I.5, p. 103.
46. Below, p. 106.
47. *Miracula S Augustini episcopi Cantuariensis*, in *Acta Sanctorum*, May, 6, p. 410.
48. Anna Komnene III.10, p. 102.
49. Hagenmeyer, *Epistulae*, p. 141.
50. Shepard, 'How St James the Persian's head was brought to Cormery', p. 299.
51. Hagenmeyer, *Epistulae*, p. 136.
52. Ibid., p. 142.
53. 根據諾壤的吉貝爾所述，阿列克修斯對羅伯極為信任，見Guibert of Nogent, I.5, pp. 100–1。
54. Hagenmeyer, *Epistulae*, p. 133.
55. Guibert of Nogent, I.5, p. 101.
56. Bernold of Constance, p. 483.
57. Anna Komnene, VIII.5, p. 224.
58. Ekkehard of Aura, p. 136.
59. Otto of Freising, *Chronicon*, in *MGH, SS* 20, VII, p. 248.
60. Gregory VII, *Register*, I.18, p. 20. 皇帝寄出的原信已不存世。
61. Gregory VII, *Register*, I.46, p. 51.
62. Gregory VII, *Register*, I.49, pp. 54–5.
63. Gregory VII, *Register*, II.31, pp. 122–3.
64. Gregory VII, *Register*, II.37, pp. 127–8.
65. Gregory VII, *Register*, II.3, p. 95.

66. Gregory VII, *Register*, I.46, p. 51.
67. Michael Psellos, *Michaelis Pselli scripta minora magnam partem adhuc inedita*, ed. E. Kurtz, 2 vols. (Milan, 1936–41), 1, pp. 329–34.
68. Gregory VII, *Register*, II.3, p. 95. See here H. Cowdrey, 'Pope Gregory VII's "Crusading" plans of 1074', in B. Kedar, H. Mayer and R. Smail (eds.), *Outremer: Studies in the history of the Crusading kingdom of Jerusalem* (Jerusalem, 1982), pp. 27–40, and Becker, *Papst Urban II*, 2, pp. 294–300.
69. Bernold of Constance, p. 520.
70. Ibid.
71. Fulcher of Chartres, I.1.iii, p. 62.

## 第七章　西方的回應

1. 見Riley-Smith, *First Crusade*, pp. 13–30; Tyerman, *God's War*, pp. 58–89。
2. 關於烏爾班的行程，見Becker, *Papst Urban II*, vol. 2, pp. 435–58。
3. Gregory VII, *Register*, 1.46, p. 50; Devic and Vaissete, *Histoire générale de Languedoc*, 3, p. 465
4. Devic and Vaissete, *Histoire générale de Languedoc*, 5, pp. 747–8.
5. Gregory VII, *Register*, 1.46, p. 50; 8.16, pp. 381–2.
6. *Patrologia Latina*, 151, col. 562.
7. *Annales Besuenses*, *MGH*, *SS*, 2, p. 250; *Annales S. Benigni Divionensis*, *MGH*, *SS*, 5, p 43.
8. *Patrologia Latina*, 150, col. 1388; 151, col. 422.
9. Robert the Monk, I.1 pp. 80–1.
10. Robert the Monk, I.2, pp. 81–2; Fulcher of Chartres, I.4.iv, p. 68; Guibert of Nogent, II.5, p. 117. 克萊蒙演說的主要敘事性記述寫於幾年後，但是有關東方苦難的訊息有當代來源紀錄，舉例而言，見Hagenmeyer, *Epistulae*, pp. 136, 137–8; Wiederhold, 'Papsturkunden in Florenz', pp. 313–14; Kehr, *Papsturkunden in Spanien*, pp. 287–8; Halphen and Poupardin, *Chronique des comtes d'Anjou*, pp. 237–8。

11. Baldric of Dol, IV, pp. 15–16.
12. Hagenmeyer, *Epistulae*, pp. 136–7
13. Baldric of Dol, IV, p. 16.
14. Baldric of Dol, *Vita Beati Roberti de Arbisello, Patrologia Latina* 162, cols. 1050–1.
15. Hugh of Flavigny, *Chronicon, MGH, SS*, 8, pp. 474–5.
16. Bull, *Knightly Piety*, pp. 250–81.
17. 關於烏爾班的指令，見Baldric of Dol, I, p. 15。
18. S. d'Elbenne and L-J. Dennis (eds.), *Cartulaire du chapitre royal de Saint-Pierre de la Cour du Mans* (Paris, 1903–7), no. 11, p. 15.
19. J. Richard, 'Le Cartulaire de Marcigny-sur-Loire 1045–1144. Essai de reconstitution d'un manuscript disparu', *Analecta burgundica* (1957), 119, p. 87.
20. B. de Broussillon, *Cartulaire de Saint-Aubin d'Angers* (1903), 1, no. 354, p. 407.
21. Hagenmeyer, *Epistulae*, p. 136.
22. Ibid., pp. 137–8.
23. *Chronica Monasterii Casinensis*, IV.11, p. 475. 關於等待十字軍的精神獎賞，見Riley-Smith, *First Crusade*, pp. 13–30。
24. Kehr, *Papsturkunden in Spanien*, p. 287.
25. H. Cowdrey, 'Martyrdom and the First Crusade', in Edbury, *Crusade and Settlement*, pp. 45–56; J. Flori, 'L'example de la Première Croisade', *Cahiers de civilisation médiévale* 34 (1991), pp. 121–39; C. Morris, 'Martyrs of the field of battle before and during the First Crusade', *Studies in Church History* 30 (1993), pp. 93–104.
26. Guérard, *Cartulaire de l'abbaye de Saint-Victor de Marseilles*, 1, pp. 167–8.
27. C. Métais, *Cartulaire de l'abbaye de la Sainte Trinité de Vendôme*, 4 vols. (Paris, 1893–1900), 2, p. 39; V. Thuillier (ed.), *Ouvrages posthumes de D. Jean Mabillon et D. Thierri Ruinart*, 3 vols. (Paris, 1724), 3, pp. 387–90; P. Jaffé (ed.), *Regesta Pontificum Romanorum*, 2 vols. (Leipzig, 1885–8), 1, nos. 5656, 5649; 5647.
28. *Gesta Francorum*, I, p. 2; Hagenmeyer, *Epistulae*, p. 137.

29. H. Klein, 'Eastern Objects and Western Desires: Relics and Reliquaries between Byzantium and the West', *Dumbarton Oaks Papers* 58 (2004), pp. 283–314.

30. Halphen and Poupardin, *Chronique des comtes d'Anjou*, pp. 237–8.

31. A. Gieysztor, 'The Genesis of the Crusades: The Encyclical of Sergius IV', *Medievalia et Humanistica* 5 (1949), pp. 2–23 and 6 (1950), pp. 3–34. However, also see H. Schaller, 'Zur Kreuzzugsenzyklika Papst Sergius IV', in H. Mordek (ed.), *Papsttum, Kirche und Recht im Mittelalter. Festschrift für Horst Fuhrmann* (Tübingen, 1991), pp. 135–54.

32. *Recueil des chartes de Cluny*, 5, no. 3703.

33. Ibid., nos. 3737, 3755.

34. Ibid., no. 3712.

35. R. Juënin, *Nouvelle histoire de l'abbaie royale et collégiale de Saint Filibert*, 2 vols. (Dijon, 1733), 2, p. 135.

36. Robert the Monk, I.2, p. 82; Fulcher of Chartres, I.4.iv, p. 68; Guibert of Nogent, II.5, p. 117; *Gesta Francorum*, I, p. 7.

37. C. Chevalier, 'Cartulaire de l'abbaye de St. Chaffre du Monastier', in *Collection de cartulaires dauphinois* (Paris, 1869–1912), 8, pp. 139–41. 這些以及許多其他例子，見Riley-Smith, *First Crusade*, pp. 31ff。

38. E. Poncelet (ed.), *Cartulaire de l'Eglise St Lambert de Liège*, 5 vols. (Brussels, 1869), 1, p. 47.

39. Orderic Vitalis, IX.3, 5, pp. 26, 32; Hugh of Flavigny, II, pp. 474–5.

40. Guibert of Nogent, II, 17, pp. 133–4.

41. 關於腓力遭逐出教會，見Somerville, *Councils of Urban II*, pp. 87, 97, 98。關於沒人對貝爾特拉達有好評，見*Chronica de gestis consulum Andegavorum*, in Halphen and Poupardin, *Chronique des comtes d'Anjou*, p. 67；有關腓力因為元配荷蘭的貝塔（Bertha of Holland）身材壯碩而遺棄她，見William of Malmesbury, 3.257, p. 474。

42. Guibert of Nogent, II.17, pp. 133–4; Mansi, *Sacrorum Concilium Amplissima Collectio* 20, col. 937; J. Verdon (ed.), *Chronique de Saint-Maixent* (Paris, 1979), p. 154; Somerville, *Councils of Urban II*, p. 90.

43. *Gesta Francorum*, I, p. 7.

44. Robert the Monk, II.3, pp. 91–2.

45. *Codice Diplomatico Barese*, 5, p. 41.

46. Anna Komnene, XIII.11, pp. 383–4.
47. Anna Komnene, V.6, p. 144.
48. 根據一名阿拉伯文作者記述，羅杰爾拒絕與十字軍有任何牽扯，聽到初步計畫時還「抬起腿放了個響屁」；根據伊本．阿西爾（Ibn al-Athir）記載，初步計畫牽涉的是北非，不是耶路撒冷。這個略顯鄙俗的軼事讓人大致得見羅杰爾不願得罪穆斯林商人，他們對西西里的極度富裕扮演關鍵角色。見AH 491/Dec. 1097–Dec. 1098, p. 13。
49. Jaffe, *Regesta Pontificum Romanorum*, no. 5608; Hagenmeyer, *Epistulae*, p. 136.
50. Guérard, *Cartulaire de Saint-Victor*, p. 802.
51. Anna Komnene, X.7, pp. 279–80.
52. Albert of Aachen, I.23, p. 96; Guibert of Nogent, VII.31, p. 328.
53. Barber and Bate, *Letters*, p. 22.
54. *Patrologia Latina*, 157, col. 162B.
55. Robert the Monk, I.2, pp. 81–2.
56. *Recueil des chartes de l'abbaye de Cluny*, 5, p. 51.
57. Wiederhold, 'Papsturkunden', pp. 313–14.
58. Hagenmeyer, *Epistulae*, p. 137.
59. Devic and Vaissete, *Histoire générale de Languedoc*, 5, pp. 757–8.
60. Bernold of Constance, p. 520.
61. 舉例而言，見Fulcher of Chartres, I.4, p. 68; Baldric of Dol, I, pp. 15–16。
62. Robert the Monk, II.2, p. 82.
63. 舉例而言，教宗在一〇九六年春天於瑪爾穆提耶和土赫見證了宣誓。見Halphen and Poupardin, *Chronique des comtes d'Anjou*, pp. 237–8; O. Guillot, *Le Comte d'Anjou et son entourage au XIe siècle* (Paris, 1972), p. 242。
64. 舉例而言，見W. Purkiss, *Crusading Spirituality in the Holy Land and Iberia, c.1095–c.1187* (Woodbridge, 2008), esp. pp. 120–38。

65. Anna Komnene XI.1, p. 297. Also *Gesta Francorum*, II, p. 16; Albert of Aachen, I.15, pp. 283–4.
66. 關於修院創建的日期，見J. Gay, 'L'abbaye de Cluny et Byzance au début du XII siècle', *Echos d'Orient* 30 (1931), pp. 84–90，亦見J. Shepard, 'The "muddy road" of Odo of Arpin from Bourges to La Charité sur Loire', in P. Edbury and J. Phillips (eds.), *The Experience of Crusading: Defining the Crusader Kingdom* (Cambridge, 2003), p. 23。
67. Anna Komnene, X.5, p. 276.
68. Albert of Aachen, II.7, p. 70.
69. Albert of Aachen, II.17, p. 86.
70. Albert of Aachen, II.7, pp. 70–2.
71. Robert the Monk, II.11, p. 95.
72. Raymond of Aguilers, I, pp. 16–17.
73. Raymond of Aguilers, I, p. 17.
74. Raymond of Aguilers, I, p. 17.
75. 對參與人數的估計，見France, *Victory in the East*, pp. 122–42; B. Bachrach, 'The siege of Antioch: A study in military demography', *War in History* 6 (1999), pp. 127–46; J. Riley-Smith, 'Casualties and the number of knights on the First Crusade', *Crusades* 1 (2002), pp. 13–28。
76. Fulcher of Chartres, I.6.ix, p. 73.
77. Fulcher of Chartres, I.13.iv, p. 88.
78. Anna Komnene, X.5, p. 274.
79. Anna Komnene, X.5.vi, p. 275.

## 第八章　前往帝國首都

1. Robert the Monk, I.5, p. 83.
2. Albert of Aachen, I.2, pp. 2–4; Guibert of Nogent, II, p. 121.

3. William of Tyre, I.3, 1, p. 108; Albert of Aachen, I.2–3, p. 4; Anna Komnene, X.5, p. 275. 關於隱士彼得，見J. Flori, *Pierre l'Eremite et la Première Croisade* (Paris, 1999)。
4. Albert of Aachen, I.3, pp. 4–6; Guibert of Nogent, II.8, p. 142.
5. 舉例而言，見J. Flori, 'Faut-il réhabiliter Pierre l'Eremite', *Cahiers de civilisation médiévale* 38 (1995), pp. 35–54。
6. Albert of Aachen, I.26–8, pp. 50–2. See B. Kedar, 'Crusade Historians and the Massacres of 1096', *Jewish History* 12 (1998), pp. 11–31; R. Chazan, *God, Humanity and History: The Hebrew First Crusade Narratives* (Berkeley, 2000) and also id., '"Let Not a Remnant or a Residue Escape": Millenarian Enthusiasm in the First Crusade', *Speculum* 84 (2009), pp. 289–313. Also here see M. Gabriele, 'Against the Enemies of Christ: The Role of Count Emicho in the Anti-Jewish Violence of the First Crusade', in M. Frassetto (ed.), *Christian Attitudes towards the Jews in the Middle Ages: A Casebook* (Abingdon, 2007), pp. 61–82.
7. Albert of Aachen, I.26–7, pp. 50–2. Also *Chronicle of Solomon bar Simson*, tr. S. Eidelberg, *The Jews and the Crusaders* (Madison, 1977), pp. 28ff.
8. *Solomon bar Simson*, pp. 24–5.
9. 舉例而言，見Siegebert of Gembloux, in *MGH, SS*, 6, p. 367; Richard of Poitiers, *Cruce signato*, in M. Bouquet et al. (eds.), *Recueil des Historiens des Gaules et de la France*, 24 vols. (Paris, 1737–1904), 12, p. 411。
10. Hugh of Flavigny, *Chronicon Virdunensi, in Recueil des Historiens des Gaules et de la France*, 13, p. 623. 另有許多例子，見N. Golb, *The Jews in Medieval Normandy* (Cambridge, 1998), pp. 119–27。
11. Guibert of Nogent, II.9, p. 123.
12. Anna Komnene, X.5, p. 274.
13. Albert of Aachen, I.29, p. 54.
14. Albert of Aachen, I.6, pp. 10–12, and Orderic Vitalis, IX.4, 5, p. 30.
15. Albert of Aachen, I.9, p. 18.
16. Anna Komnene, X.5, pp. 275–6; John Zonaras, XVIII.23, 3, p. 742.
17. *Gesta Francorum*, I, p. 3.

18. Anna Komnene, X.6, p. 277.
19. *Gesta Francorum*, I, p. 3; Robert the Monk, I.7, p. 85.
20. *Gesta Francorum*, I, pp. 3–4.
21. Albert of Aachen, I.21, p. 42.
22. *Gesta Francorum*, I, p. 4.
23. Robert the Monk, I.9, p. 86.
24. *Gesta Francorum*, I, pp. 4–5; Robert the Monk, I.12, p. 87.
25. *Gesta Francorum*, I, p. 4; Anna Komnene, X.6, p. 278.
26. Anna Komnene, X.6, p. 279.
27. Guibert of Nogent, II.10, p. 124.
28. *Gesta Francorum*, I, p. 5. 有關十字軍運動最早相關記述的重要性，尤其是《法蘭克人言行錄》在十二世紀早期歐洲的重要性，見J. France, 'The Anonymous *Gesta Francorum* and the *Historia Francorum qui ceperunt Iherusalem* of Raymond of Aguilers and the *Historia de Hierosolymitano itinere* of Peter Tudebode: An analysis of the textual relationship between primary sources for the First Crusade', in J. France and W. Zajac (eds.), *The Crusades and their Sources. Essays presented to Bernard Hamilton* (Aldershot, 1998), pp. 39–69, and also Rubenstein, 'What is the *Gesta Francorum*?', pp. 179–204。
29. Anna Komnene, X.7, p. 279.
30. Ibid., p. 280.
31. Ibid.
32. Anna Komnene, X.8, p. 281.
33. Fulcher of Chartres, I.6, p. 72; Anna Komnene, X.7, pp. 279–80.
34. Albert of Aachen, II.7, pp. 70–2.
35. Hagenmeyer, *Epistulae*, p. 143; C. de Coussemaker, 'Documents relatifs à la Flandre maritime. Extraits du cartulaire de l'abbaye de Watten', *Annales du comité flamand de France*, 10 vols. (Paris, 1860), 5, p. 359.

36. Fulcher of Chartres, I.8.i–ix, pp. 76–8.
37. *Gesta Francorum*, II, p. 11; Albert of Aachen, II.18, p. 88; *Historia Belli Sacri*, *RHC*, *Occ.*, 3, p. 177.
38. Anna Komnene, X.8, pp. 281–4.
39. Raymond of Aguilers, II, p. 21.
40. *Gesta Francorum*, II, p. 10.
41. *Gesta Francorum*, I, p. 8.
42. Nesbitt, 'Rate of march', pp. 167–82.
43. *Gesta Francorum*, II, p. 10.
44. Raymond of Aguilers, I, p. 18; J. Shepard, '"Father" or "Scorpion"? Style and substance in Alexios' diplomacy', in M. Mullett and D. Smythe (eds.), *Alexios I Komnenos – Papers* (Belfast, 1996), pp. 80–2.
45. Anna Komnene, X.9, p. 285.
46. Ibid.
47. Anna Komnene, X.7, p. 280; X.11, p. 292; *Gesta Francorum*, I, pp. 5–6; II, p. 11.
48. Raymond of Aguilers, II, p. 22.
49. Barber and Bate, *Letters*, p. 16.
50. Ibid., pp. 15–16.
51. Fulcher of Chartres, I.9.iii, p. 80.
52. Ralph of Caen, 18, p. 42.
53. *De Cerimoniis*, II.15, 2, p. 597.
54. P. Chiesa (ed.), *Liudprandi Cremonensis. Antapodosis; Homelia paschalis; Historia Ottonis; Relatio de Legatione Constantinopolitana* (Turnhout, 1997), Relatio, I.1, pp. 238–9.
55. Ibid., *Antapodosis*, VI.5, pp. 197–8.
56. Anna Komnene, X.10, pp. 291– 2. 關於阿列克修斯的手段，見Shepard, '"Father" or "Scorpion"?', pp. 60–132。

57. Anna Komnene, XIII.10, pp. 383–4.
58. Anna Komnene, X.11, p. 292.
59. Ibid., pp. 292–3.
60. Ibid., p. 293.
61. Ibid., pp. 293–4.
62. Barber and Bate, *Letters*, pp. 15–16.
63. Albert of Aachen, II.17, p. 86.
64. Anna Komnene, XIV.4, p. 411.
65. Anna Komnene, X.9, pp. 285–6.
66. Robert the Monk, II.9, p. 94; Albert of Aachen, II.12–14, pp. 78–82; Anna Komnene, X.9, pp. 286–8.
67. Albert of Aachen, I.12, p. 78.
68. Albert of Aachen, II.12, p. 78.
69. Albert of Aachen, II.16, p. 84.
70. Ibid.
71. Ibid., pp. 84–6.
72. Fulcher of Chartres, I.9.iii, p. 80.
73. *Gesta Francorum*, II, p. 12.
74. Fulcher of Chartres, I.8.ix, p. 78.
75. Anna Komnene, X.9, p. 285.
76. Michael the Syrian, XV.6, 3, p. 179.
77. Anna Komnene, X.9, pp. 285–6.
78. Albert of Aachen, II.10, p. 74.
79. Anna Komnene, X.9, p. 285.

80. Ekkehard of Aura, pp. 166–7.
81. Albert of Aachen, II.16, pp. 84–6. Also see here, E. Patlagean, 'Christianisation et parentés rituelles: le domaine de Byzance', *Annales ESC* 33 (1978), pp. 625–36; R. Macrides, 'Kinship by arrangement: The case of adoption', *Dumbarton Oaks Papers* 44 (1990), pp. 109–18.
82. S. Reynolds, *Fiefs and Vassals: The Medieval Evidence Reinterpreted* (Oxford, 1994).
83. Anna Komnene, XIII.12, p. 386. 關於騎士的誓言，見J. Pryor, 'The oath of the leaders of the Crusade to the emperor Alexius Comnenus: Fealty, homage', *Parergon* New Series 2 (1984), pp. 111–41。
84. *Gesta Francorum*, II, pp. 11–12.
85. Fulcher of Chartres, I.9.iii, p. 80.
86. *Gesta Francorum*, II, p. 12.
87. Anna Komnene, X.11, pp. 294–5.
88. J. Shepard, 'When Greek meets Greek: Alexius Comnenus and Bohemund in 1097–8', *Byzantine and Modern Greek Studies* 12 (1988), pp. 185–277.
89. Anna Komnene, X.9, p. 289.
90. Raymond of Aguilers, II, p. 23.
91. Ibid., p. 24. Also *Gesta Francorum*, II, p. 13.
92. *Gesta Francorum*, II, p. 12.
93. Raymond of Aguilers, II, p. 24.
94. Anna Komnene, X.9, p. 289.
95. Ibn a-Qalanisi, AH 490/Dec. 1096–Dec. 1097, p. 43
96. Ibn al-Athir, AH 491/Dec. 1096–Dec. 1097, p. 14.
97. *Gesta Francorum*, II, p. 11.
98. Anna Komnene, XI.2, p. 300.

## 第九章　首度遇敵

1. Barber and Bate, *Letters*, p. 16.
2. 舉例而言，見*Gesta Francorum*, II, p. 14; Albert of Aachen, II.29, p. 110。
3. Albert of Aachen, I.15, p. 30.
4. Albert of Aachen, II.28, p. 110.
5. Raymond of Aguilers, III, p. 26; Constable, *Letters of Peter the Venerable*, 2, p. 209; P. Magdalino, *The Empire of Manuel I Komnenos*, 1143– 80 (Cambridge, 1993), p. 44. Also see J. Shepard, 'Cross-purposes: Alexius Comnenus and the First Crusade', in Phillips (ed.), *The First Crusade*, p. 120, and n. 65.
6. Anna Komnene, XI.2, p. 300.
7. *Gesta Francorum*, II, p. 15.
8. Raymond of Aguilers, III, p. 25. 關於尼西亞的防禦工事，見A. Schneider and W. Karnapp, *Die Stadtmauer von Iznik-Nicea* (Berlin, 1938); C. Foss and D. Winfield, *Byzantine Fortifications* (Pretoria, 1986), pp. 79–121; R. Rogers, *Latin Siege Warfare in the 12th Century* (Oxford, 1992), pp. 17– 25。
9. *Gesta Francorum*, II, p. 15.
10. Albert of Aachen, II.29, p. 110–12; II.22, p. 96.
11. Albert of Aachen, II.33, pp. 116–18.
12. Matthew of Edessa, II.108, p. 163; Anna Komnene, VI.12, p. 179.
13. Albert of Aachen, II.34, pp. 118–20; Fulcher of Chartres, I.10.vii, p. 82.
14. Anna Komnene, XI.1, p. 298.
15. Ibid., p. 299.
16. Ibid.
17. Ibid., pp. 297–8.
18. Albert of Aachen II.25–6, pp. 102–4.

19. Anna Komnene XI.2, p. 300.
20. Ibid., p. 301.
21. Anna Komnene, XI.2.vi, p. 327.
22. Ibn al-Qalanisi, AH 490/Dec. 1096–Dec. 1097, p. 41.
23. C. Foss, 'Byzantine responses to Turkish Attacks: Some sites of Asia Minor', in I. Sevcenko and I. Hutter, *Aetos: Studies in Honour of Cyril Mango* (Stuttgart, 1998), pp. 155–8.
24. Barber and Bate, *Letters*, p. 19.
25. Anna Komnene, XI.2, pp. 303–4.
26. Anna Komnene, XI.3, p. 304: Fulcher of Chartres, I.10.x, p. 83.
27. Barber and Bate, *Letters*, p. 19. 後來也有作者集中探討尼西亞的命運如何成為對阿列克修斯態度改變的轉捩點，比如，見Orderic Vitalis, IX.8, 5, p. 56。
28. Anna Komnene, XI.3, p. 304.
29. Ralph of Caen, 10, pp. 31–2.
30. Anna Komnene, XI.3, pp. 304–5; Ralph of Caen, 18, p. 42.
31. Guibert of Nogent, IV.10, p. 81.
32. Anna Komnene, XI.3, p. 304.
33. Raymond of Aguilers, II, p. 23.
34. Anna Komnene, X.2, p. 264.
35. Fulcher of Chartres, I.11.i, p. 83.
36. Anna Komnene, XI.5, pp. 309–12.
37. Fulcher of Chartres, I.13.i, p. 87; Shephard, '"Father" or "Scorpion"', p. 88.
38. Anna Komnene, XI.2, p. 301; XI.5, pp. 309–10.
39. Anna Komnene, XI.5, pp. 309–12.

40. 這段插曲被安娜・科穆寧錯置了——查卡之死明確發生在拜占庭收復斯麥納之後而非之前。Anna Komnene, IX.3, pp. 243–4.
41. Ibid., p. 244.
42. Fulcher of Chartres, I.11.vi, p. 85.
43. *Gesta Francorum*, III, p. 18; Ralph of Caen, 40, p. 65; Fulcher of Chartres, I.11.ix, pp. 85–6.
44. Fulcher of Chartres, I.11.viii, p. 85.
45. *Gesta Francorum*, III, pp. 19–20.
46. Fulcher of Chartres, I.12.iv–v, p. 87.
47. *Gesta Francorum*, III, p. 21.
48. Albert of Aachen, II.22, p. 94. 亞琛的艾伯特也以「宏壯」（magnificent）形容基利傑・阿爾斯蘭，見I.16, p. 32；他對更東邊的另一名突厥人，達尼什曼德，也有同樣的讚美，亦說他「值得稱揚」，見IX.33, p. 680。
49. Anna Komnene, X.10, pp. 291–2.
50. *Gesta Francorum*, IV, p. 24.
51. Ibn al-Qalanisi, AH 490/Dec. 1096–Dec. 1097, p. 42.
52. *Gesta Francorum*, IV, p. 26.
53. Ibid., p. 25.
54. Albert of Aachen, III.10, pp. 152–4.
55. Albert of Aachen, III.3, p. 140; Ralph of Caen, 23, p. 47.
56. Albert of Aachen, III.3–18, pp. 140–66.
57. Anna Komnene, X.10, p. 291.
58. Raymond of Aguilers, IV, p. 37.
59. Matthew of Edessa, II.104–8, pp. 161–4; II.117–18, pp. 168–70; Fulcher of Chartres, I.14.i–xv, pp. 88–92; Albert of Aachen, II.19–24, pp. 169–77.

60. Fulcher, I.14.xi, p. 91.
61. W. Saunders, 'The Greek inscription on the Harran gate at Edessa: Some further evidence', *Byzantinische Forschungen* 21 (1995), pp. 301–4.
62. Albert of Aachen, III.19, p. 168.
63. Guibert of Nogent, VII.39, pp. 338–9.
64. 舉例而言，見Albert of Aachen, IV.9, p. 262; VII.31, p. 528; Guibert of Nogent, VII.39, p. 338; Orderic Vitalis, IX.11, 5, pp. 118–20。
65. Thus Guibert of Nogent, VII.37, p. 335.
66. Albert of Aachen, III.31, p. 361.
67. Rogers, *Latin Siege Warfare*, pp. 25–39.
68. Fulcher of Chartres, I.15.ii, p. 92.
69. *Gesta Francorum*, V, p. 28.
70. Raymond of Aguilers, VI, p. 49.
71. Anna Komnene, XI.7, p. 317. 關於尤馬提歐斯·菲羅卡列斯被任命為賽普勒斯總督，見IX.2, p. 242。
72. Ibn al-Qalanisi, AH 490/Dec. 1096–Dec. 1097, p. 242.
73. Fulcher of Chartres, I.16.ii, p. 96.
74. Albert of Aachen, III.46, pp. 208–10.
75. Albert of Aachen, V.1, p. 338.
76. Matthew of Edessa, II.114, pp. 167–8.
77. *Gesta Francorum*, V, pp. 30–1.
78. Fulcher of Chartres, I.16.iii, p. 96.
79. Raymond of Aguilers, VI, p. 39.
80. *Gesta Francorum*, V, pp. 36–7.

81. Ibid., p. 37.
82. Ibid.

## 第十章　十字軍運動的靈魂之爭

1. Raymond of Aguilers, IV, p. 36.
2. Guibert of Nogent, V.6, p. 206.
3. *Gesta Francorum*, VI, p. 33.
4. Guibert of Nogent, V.14, p. 217.
5. Albert of Aachen, IV.39, pp. 308–10; *Gesta Francorum*, IX, p. 59.
6. Raymond of Aguilers, IV, p. 35; *Gesta Francorum*, V, p. 30.
7. *Gesta Francorum*, IX, p. 63; Ralph of Caen, 58, p. 84; Albert of Aachen, IV.13, pp. 266–8.
8. Ralph of Caen, 58, p. 84.
9. Guibert of Nogent, II.16, pp. 132–3.
10. Kemal ad-Din, 'La Chronique d'Alep', *RHC, Or.*, p. 578; *Anonymi Florinensis brevis narratio Belli sacri, RHC, Occ.*, 5, p. 371; Ralph of Caen, 58, p. 84.
11. Caffaro, *De liberatione civitatum orientis*, in *RHC, Occ.*, 5, p. 66. 關於來自賽普勒斯的供給，亦見Baldric of Dol, p. 65; Raymond of Aguilers, VII, p. 54; Ralph of Caen, 58, p. 84。
12. Hagenmeyer, *Epistulae*, p. 166.
13. *Gesta Francorum*, VI, pp. 34–5; Raymond of Aguilers, IV, p. 37.
14. Albert of Aachen, IV.40, pp. 310–12.
15. Raymond of Aguilers, IV, p. 37. J. France, 'The departure of Tatikios from the Crusader army', *Bulletin of the Institute of Historical Research* 44 (1971), pp. 137–47.
16. *Gesta Francorum*, VI, pp. 34–5.

17. Hagenmeyer, *Epistulae*, pp. 165–6; Ralph of Caen, 58, p. 84.
18. 這樣的想法，在後來關於十字軍運動其他事件的紀錄中也可看到。比如奧德里克・維塔利斯便稱，對阿列克修斯最早的仇恨種子是在尼西亞埋下的，因為與十字軍付出的代價、耗費的物資與灑落的熱血相比，奪下尼西亞並不值得。IX.8, 5, p. 56.
19. Shepard, 'When Greek meets Greek', pp. 188–277.
20. *Gesta Francorum*, VIII, pp. 44–5; Albert of Aachen, IV.15, p. 270; Ralph of Caen, 64–5, pp. 89–90; William of Tyre, IV.24, pp. 267–8; cf. Anna Komnene, XI.4, pp. 307–8.
21. *Gesta Francorum*, V, p. 45; Fulcher of Chartres, I.19.i, p. 101; Anna Komnene, XI.6, p. 312. Also Barber and Bate, *Letters*, p. 28; Matthew of Edessa, II.119, p. 170.
22. *Gesta Francorum*, VI, p. 44; Fulcher of Chartres, I.17, p. 98; Matthew of Edessa, II.120, p. 170; Ibn al-Qalanisi, AH 491/Dec. 1097–Dec. 1098, p. 45. 根據記載，菲魯茲是突厥人，見Raymond of Aguilers, VI, p. 47; Albert of Aachen, III.61, p. 234。伊本・阿西爾提到菲魯茲（魯德巴）扮演的角色，以及他獲得的交換條件，見AH 491/Dec. 1097–Dec. 1098, pp. 14–15; Kemal ad-Din, p. 580。
23. Anna Komnene, V.6, p. 144.
24. Raymond of Aguilers, IV, p. 37.
25. *Gesta Francorum*, VIII, p. 45; Albert of Aachen, IV.14–15, pp. 270–2; Ralph of Caen, 65, p. 654.
26. *Gesta Francorum*, VIII, p. 46.
27. Raymond of Aguilers, VI, p. 47.
28. Albert of Aachen, IV.20, p. 278.
29. Raymond of Aguilers, VI, p. 47; Albert of Aachen, IV.21, p. 280.
30. *Gesta Francorum* VII, p. 47.
31. *Gesta Francorum*, VIII, p. 48.
32. Albert of Aachen, IV.26, p. 286.

33. *Gesta Francorum*, IX, p. 62.
34. Albert of Aachen, IV.34, pp. 298–300; Raymond of Aguilers, VIII, p. 59; Ibn al-Athir, AH 491/Dec. 1097–Dec. 1098, p. 16.
35. Fulcher of Chartres, I.19.iii, p. 101.
36. 關於聖矛的發現與其對十字軍運動產生的效果，見T. Asbridge, 'The Holy Lance of Antioch: Power, devotion and memory on the First Crusade', *Reading Medieval Studies* 33 (2007), pp. 3–36。
37. Albert of Aachen, IV.46, p. 320.
38. Fulcher of Chartres, I.22.ii, p. 104; *Gesta Francorum*, IX, pp. 67–8.
39. Fulcher of Chartres, I.22.v, p. 105.
40. Raymond of Aguilers, VIII, p. 61.
41. Fulcher of Chartres, I.23.iv–v, p. 106.
42. Raymond of Aguilers, VIII, pp. 63–4.
43. *Gesta Francorum*, IX, pp. 69–70.
44. Albert of Aachen, IV.53, pp. 330–2.
45. Ibn al-Athir, AH 491/Dec. 1097–Dec. 1098, pp. 16–17.
46. Raymond of Aguilers, IX, p. 65.
47. Robert the Monk, II.2, p. 90.
48. Albert of Aachen, V.15, p. 396.
49. Albert of Aachen, IV.9, pp. 260–2; Raymond of Aguilers, X, pp. 73–4.
50. Albert of Aachen, V.15, p. 357; *Gesta Francorum*, X, pp. 73–4.
51. Raymond of Aguilers, X, p. 75.
52. *Gesta Francorum*, IX, p. 63.
53. Anna Komnene, XI.6, p. 313.
54. Raymond of Aguilers, IV, p. 37.

55. *Gesta Francorum*, X, p. 72; Fulcher of Chartres, I.23.viii, p. 107.
56. Albert of Aachen, V.3, pp. 340–2.
57. Raymond of Aguilers, IX, pp. 67–8.
58. Ralph of Caen, 51, p. 77.
59. S. Duparc-Quioc (ed.), *La Chanson d'Antioche*, 2 vols. (Paris, 1976), 1, laisse 175.
60. Raymond of Aguilers, IV, p. 34.
61. Raymond of Aguilers, IX, p. 84.
62. Barber and Bate, *Letters*, pp. 32–3.
63. Ibid., p. 33; also Fulcher of Chartres, I.24.xiii–xiv, pp. 111–12.
64. Ibid. 弗爾切沒有收入這最後一段，相關討論見第十二章注釋❻標記段落。
65. Raymond of Aguilers, X, pp. 74–5; *Gesta Francorum*, X, pp. 75–6, 80–1.
66. *Gesta Francorum*, X, pp. 75–6.
67. Raymond of Aguilers, X, p. 80.
68. *Gesta Francorum*, X, p. 80; Fulcher of Chartres, I.25.ii, p. 112.
69. *Gesta Francorum*, X, pp. 82, 86; Raymond of Aguilers, XI, pp. 87, 91.
70. Raymond of Aguilers, XIII, p. 105.

## 第十一章　十字軍運動瓦解

1. Albert of Aachen, V.45, p. 402.
2. Ralph of Caen, 120, pp. 136–7; Baldric of Dol, IV.12, p. 100; Albert of Aachen, VI.2, p. 406.
3. Raymond of Aguilers, XIV, p. 119.
4. *Gesta Francorum*, X, pp. 88–9; Albert of Aachen, VI.5, p. 410; Raymond of Aguilers, XIV, pp. 119–20.
5. France, *Victory in the East*, pp. 122–42.

6. Fulcher of Chartres, I.27.iv, p. 119.
7. Albert of Aachen, VI.6, pp. 410–12. Also *Gesta Francorum*, X, p. 89; Raymond of Aguilers, XIV, p. 118.
8. Fulcher of Chartres, I.26.i, p. 116.
9. *Gesta Francorum*, X, p. 89.
10. Raymond of Aguilers, XIII, p. 114.
11. Albert of Aachen, VI.8, pp. 412–14.
12. *Gesta Francorum*, X, p. 90; Raymond of Aguilers, XIV, p. 124.
13. Raymond of Aguilers, XIV, pp. 124–5; Ralph of Caen, 125, pp. 140–2; *Gesta Francorum*, X, p. 90.
14. Albert of Aachen, VI.10, p. 416; Ralph of Caen, 124, pp. 139–40.
15. *Gesta Francorum*, X, pp. 91–2; Ibn al-Athir, AH 492/Dec. 1098–Dec. 1099, p. 21.
16. *Gesta Francorum*, X, pp. 79–80.
17. Raymond of Aguilers, XIV, p. 127.
18. *Gesta Francorum*, X, p. 92.
19. Fulcher of Chartres, I.27.xiii, p. 122.
20. B. Kedar, 'The Jerusalem Massacre of July 1099 in the Western Historiography of the *First Crusade*', *Crusades* 3 (2004), pp. 15–75.
21. Ibn al-Athir, AH 492/Dec. 1098–Dec. 1099, p. 21.
22. S. Goitein, 'Contemporary *Letters* on the capture of Jerusalem', *Journal of Jewish Studies* 3 (1952), pp. 162–77.
23. Fulcher of Chartres, I.28.i, p. 122.
24. Fulcher of Chartres, I.29.i, p. 123.
25. S. Goitein, 'Tyre–Tripoli–'Arqa: Geniza documents from the beginning of the Crusade period', *Jewish Quarterly Review* 66 (1975), pp. 69–88.
26. Raymond of Aguilers, XIV, p. 128，引用《以賽亞書》六十五章十七節，《詩篇》一一八篇二十四節。

27. *Naser-e Khusraw's Book of Travels (Safarnama)*, tr. W. Thackston (New York, 1986), p. 21. 這段時期有許多為耶路撒冷的穆斯林訪客所寫的朝聖指南，有一個好例子是伊本·穆拉札（Ibn al-Murajja）在十一世紀前半的著作。見E. Amikam, *Medieval Jerusalem and Islamic Worship* (Leiden, 1995), pp. 68–78。
28. M. Gil, *A History of Palestine, 634–1099* (Cambridge, 1997), p. 191, n. 67.
29. M-L. Favreau-Lilie, *Die Italiener im Heiligen Land vom ersten Kreuzzug bis zum Tode Heinrichs von Champagne (1098–1197)* (Amsterdam, 1988).
30. Barber and Bate, *Letters*, p. 24; William of Tyre, IV.24, 1, pp. 267–8. Also note *Gesta Francorum*, VI, pp. 37–8; Raymond of Aguilers, V, pp. 40–1.
31. Fulcher of Chartres, I.31.i–xii, pp. 125–8; P. Tudebode, pp. 146–7; Albert of Aachen, VI.45–50, pp. 464–70.
32. Barber and Bate, *Letters*, pp. 37–8.
33. 有關一一〇一年的遠征，見Riley-Smith, *First Crusade*, pp. 120–34。
34. Albert of Aachen, VII.20, p. 512; Fulcher of Chartres, I.36.i, p. 136; Matthew of Edessa, II.132, p. 176.
35. 有關博希蒙德遭俘，見Fulcher of Chartres, I.35.iii, p. 135; Albert of Aachen, VII.29, p. 526; Matthew of Edessa, II.134, p. 177。
36. See. A. Murray, 'Daimbert of Pisa, the *Domus Godefridi* and the Accession of Baldwin I of Jerusalem', in *From Clermont to Jerusalem*, pp. 81–102.
37. Albert of Aachen, X.30, p. 528.
38. William of Tyre, VI.23, I, p. 340. For John's flight, ibid.; Orderic Vitalis, X.24, 5, p. 356.
39. Fulcher of Chartres, II.3.xiii, p. 143.
40. Albert of Aachen, VII.43, p. 550. 關於高佛瑞之墓，見VII.21, p. 516。
41. Albert of Aachen, VII.46–51, pp. 554–60.
42. Albert of Aachen, VII.57, p. 566；有關歐多·阿品效力於皇帝，見IX.6, p. 644. Also see here Shepard, 'The "muddy road" of Odo Arpin', pp. 11–28。

43. Albert of Aachen, IX.1–6, pp. 638–44; Fulcher of Chartres, II.15.i–vi, pp. 163–4; Anna Komnene, XI.7, p. 316.
44. 牧首因為遭指控侵吞財產而遭罷黜。見Albert of Aachen, VII.62–63, p. 574。重要的是，做出這些指控的是由西西里的羅杰爾派遣的使節，羅杰爾先前是教宗的支持者，也支持一〇九〇年代教廷與君士坦丁堡的和解。這顯示羅馬－西西里－君士坦丁堡三個軸心勢力回到合作關係。
45. Albert of Aachen, VIII.45, p. 634.
46. Albert of Aachen, VIII.45–48, pp. 634–6.
47. Anna Komnene, XI.7, p. 318; Ralph of Caen, 143–4, pp. 158–60. 事件順序見R-J. Lilie, *Byzantium and the Crusader States 1096–1204*, tr. J. Morris and J. Ridings (Oxford. 1993), pp. 259–76 and Ia. Liubarskii, 'Zamechaniya k khronologii XI knigi 'Aleksiada' Anny Komninoi', *Vizantiiskii Vremennik* 24 (1964), pp. 47–56.
48. Anna Komnene, XI.7, p. 318; Ralph of Caen, 145, p. 160.
49. Ralph of Caen, 147, pp. 163–4.
50. Kemal ad-Din, p. 591.
51. Anna Komnene, XI.9, pp. 320–1.
52. Fulcher of Chartres, II.27.vii–viii, pp. 178–9.
53. Ibn al-Athir, AH 497/Dec. 1103–Dec. 1104, pp. 79–80; Ibn al-Qalanisi, p. 60. Also here Fulcher of Chartres, II.27.i–viii, pp. 177–9; Matthew of Edessa, III.18, pp. 192–3; Albert of Aachen, IX.39; Ralph of Caen, 148, pp. 164–5.
54. Ibn al-Qalanisi, p. 61.
55. 有關譚克雷德將埃德薩據為己有，見Albert of Aachen, IX.42, p. 694; Fulcher of Chartres, II.27.5, p. 178; II.28, p. 180; Ralph of Caen, 151, p. 167; Matthew of Edessa, III.20, p. 194。關於拜占庭帝國在一一〇四年的斬獲，見Anna Komnene, XI.9–11, pp. 321–9。
56. Albert of Aachen, IX.46, p. 700–2.
57. Ralph of Caen, 152, pp. 168–9.
58. Anna Komnene, XI.12, pp. 329–31.

## 第十二章　十字軍首役的後果

1. 有關在法國傳唱的歌曲，見Orderic Vitalis, X.21, 5, p. 342。關於連篇歌曲，見S. Edgington and C. Sweetenham (eds.), *The Chanson d'Antioche: An Old-French Account of the First Crusade* (Aldershot, 2011)。
2. E. de Marneffe (ed.), *Cartulaire de l'abbaye d'Afflighem* (Louvain, 1894), pp. 19–21.
3. 有許多例子，見Riley-Smith, *The First Crusaders*, p. 150。
4. E.g. *De genere comitum Flandrensium notae Parisienses, MGH, SS*, 13, p. 259.
5. Suger of St Denis, p. 38; also see Riley-Smith, *First Crusade*, pp. 122–3.
6. 根據《法蘭克人言行錄》，圖索的吉伊在安條克逃離軍隊，見*Gesta Francorum*, IX, pp. 55–6。他與國王的姻親關係，應該能說明為什麼與法國皇室親近的一個來源對他的評論頗為寬容。Suger of St Denis, p. 36.
7. Guibert of Nogent, VI.11, p. 243.
8. 關於史蒂芬之死，見Albert of Aachen, IX.6, p. 644。他在連篇歌曲中所遭嘲諷的例子見*Chanson d'Antioche*, pp. 285–6。
9. France, *Victory in the East*, pp. 141–2.
10. Gilbert of Mons, 27, p. 30. See William of Tyre, I, p. 298; Albert of Aachen, IX.52, p. 716.
11. Orderic Vitalis, X.24, 5, pp. 358–76.
12. Ibid., p. 354.
13. France, 'The Anonymous *Gesta Francorum*', pp. 39–69 and above all, Rubenstein, 'What is the *Gesta Francorum* and who was Peter Tudebode?', pp. 179–204.
14. Fulcher of Chartres, I.33. v–xxi, pp. 129–32; Albert of Aachen, VII.6, p. 494.
15. R. Hiestand (ed.), *Papsturkunden für Kirchen im Heiligen Lande* (Göttingen, 1985), p. 102; for several other examples, *Codice Diplomatico Barese*, 5, pp. 83–102.
16. Suger of St Denis, p. 44.
17. Romuald of Salerno, p. 203; Ekkehard of Aura, p. 293; William of Tyre, XI.1, 1, p. 460.

18. Bartulf of Nangis, *Gesta Francorum expugnantium Iherusalem*, 65, p. 538; *Chronica Monasterii Casinensis*, IV, p. 493; Suger of St Denis, p. 48; Hiestand, *Papsturkunden für Kirchen*, p. 7, n. 2; *Codice Diplomatico Barese*, 5, pp. 79–80.
19. Albert of Aachen, VIII.48, p. 636.
20. See, for example, W. Whalen, 'God's Will or Not? Bohemond's campaign against the Byzantine Empire (1105–1108)', in T. Madden, J. Naus and V. Ryan (eds.) *Crusades – Worlds in conflict* (Farnham, 2010), pp. 115–23.
21. 博希蒙德的行程見L. Russo, 'Il viaggio di Boemundo d'Altavilla in Francia', *Archivio storico italiano* 603 (2005), pp. 3–42。
22. Orderic Vitalis, XI.12, 6, pp. 70–2.
23. Ibid., p. 70.
24. 舉例而言，見W. Holtzmann, 'Zur Geschichte des Investiturstreites', *Neues Archiv der Gesellschaft für ältere deutsche Geschichtskunde* 50 (1935), pp. 280–2。
25. Orderic Vitalis, XI.12, 6, p. 68; William of Malmesbury, IV.407, p. 736.
26. J. Stevenson (ed.), *Chronicon Monasterii de Abingdon*, 2 vols. (London, 1858), 2, p. 46. 使節團前往英格蘭的日期或動機不得而知。
27. For example, Shepard, 'The "muddy road" of Odo Arpin', pp. 11–28.
28. Anna Komnene, XIII.12, p. 385.
29. Ibid., p. 386.
30. Ibid., pp. 392–4.
31. Ibid., p. 387; p. 389.
32. Ibid., p. 392.
33. Ibid.
34. Orderic Vitalis, X.24, 5, p. 356; William of Tyre, VI.23, 1, p. 340.
35. Anna Komnene, XIV.1, p. 397.
36. Anna Komnene, XIII.12, p. 395.

37. Ibid., p. 394.
38. Fulcher of Chartres, I.32, p. 128; Orderic Vitalis, X.12, 5, p. 276.
39. Anna Komnene, XI.7, p. 316; XII.1, pp. 332–3; Orderic Vitalis, X.23, 5, p. 350; X.24, p. 354.
40. *Gesta Francorum*, I, p. 5.
41. Ibid., p. 6; II, p. 10.
42. *Gesta Francorum*, II, p. 11.
43. Ibid., p. 17.
44. Raymond of Aguilers, I, pp. 18– 19; II, p. 22.
45. Ibid., p. 23.
46. Raymond of Aguilers, II, pp. 26–7.
47. *Gesta Francorum*, II, p. 12.
48. Robert the Monk, VII.20, p. 176.
49. Barber and Bate, *Letters*, p. 20.
50. Ibid., pp. 22–5.
51. Matthew of Edessa, II.114, p. 167. 關於黑山，見*Regulations of Nikon of the Black Mountain*, in J. Thomas and A. Constantinides Hero (eds.), *Byzantine Monastic Foundation Documents*, 5 vols. (Washington, DC, 2000), pp. 377–424. Also see *Typikon of Nikon of the Black Mountain for the Monastery and Hospice of the Mother of God tou Roidiou* in ibid., pp. 425–39。
52. Ralph of Caen, 54, p. 80.
53. Raymond of Aguilers, XI, p. 88.
54. Hagenmeyer, *Epistulae*, p. 153.
55. Barber and Bate, *Letters*, p. 21.
56. *Gesta Francorum*, X, p. 72; Fulcher of Chartres, I.23.viii, p. 107; cf. Albert of Aachen, V.3, pp. 340–2.
57. Barber and Bate, *Letters*, pp. 30–3.

58. Ibid., p. 33.
59. Fulcher of Chartres, I.24.i–xiv, pp. 107–12.
60. Raymond of Aguilers, II, p. 23.
61. Ibid., pp. 22–3.
62. *Gesta Francorum*, X, p. 75.
63. Raymond of Aguilers, X, pp. 74–5.
64. Robert the Monk, VII.20, p. 176; William of Tyre, IX.13, 1, p. 437.
65. Robert the Monk, VI.16, p. 160.
66. Guibert of Nogent, I.5, p. 104.
67. William of Malmesbury, *History of the English Kings*, ed. R. Thomson, R. Mynors and M. Winterbottom (Oxford, 1999), III.262, pp. 482–4.
68. Roger of Hoveden, *Rerum Anglicarum Scriptores post Bedam* (repr. Farnborough, 1970), p. 710.
69. William of Malmesbury, II.225, p. 412.
70. William of Tyre, X.12, 1, p. 467.
71. Edward Gibbon, *Decline and Fall of the Roman Empire*, ed. J. Bury, 7 vols. (London, 1909–14) 6, p. 335.
72. Anna Komnene, XIV.2, p. 401.
73. Albert of Aachen, IX.43, p. 696.
74. A. Wharton Epstein, 'The date and significance of the Cathedral of Canosa in Apulia, Southern Italy', *Dumbarton Oaks Papers* 37 (1983), pp. 85–6.
75. M. Ogle and D. Schullian (eds.) *Rodulfi Tortarii Carmina* (Rome, 1933), pp. 298–316.
76. See N. Paul, 'A warlord's wisdom: Literacy and propaganda at the time of the First Crusade', *Speculum* 85 (2010), pp. 534–66. 此時期的另一來源亦指出在博希蒙德與皇帝之間，是前者而非後者占了上風。*Narratio Floriacensis*, pp. 356–62.
77. Barber and Bate, *Letters*, pp. 30–3.

78. *Gesta Francorum*, I, pp. 1–2.
79. Erdmann, *Die Briefe Heinrichs IV*, pp. 38–9.
80. Ekkehard of Aura, pp. 182–4; *Annales Hildesheimensis, MGH, SS*, 3, pp. 50–1.
81. Erdmann, *Die Briefe Heinrichs IV*, pp. 39–40.
82. *Patrologia Latina*, 163, cols. 108a–c.
83. Erdmann, *Die Briefe Heinrichs IV*, pp. 39–40.
84. 關於條約內容，見Anna Komnene, IX.3, p. 244，以及第九章注釋❶標記段落。關於阿列克修斯與基利傑．阿爾斯蘭之間穩定而看似正面的關係，可見Albert of Aachen, IX.34, pp. 680–2。
85. 關於弗爾切對拜占庭帝國的和緩態度，見L. Ní Chléirigh, 'The impact of the First Crusade on Western opinion towards the Byzantine Empire: The *Dei Gesta per Francos* of Guibert of Nogent and the *Historia Hierosolymitana* of Fulcher of Chartres', in C. Kostick (ed.), *The Crusades and the Near East: Cultural Histories* (Abingdon, 2011), pp. 161–88。
86. 其他作者雖然沒有尖酸刻薄，但獲得的結論大不相同，見M. Carrier, 'L'image d'Alexis Ier Comnène selon le chroniqleur Albert d'Aix', *Byzantion* 78 (2008), pp. 34–65。
87. Anna Komnene, XI.8, p. 320.
88. Anna Komnene, XIV.2, pp. 402–3; Albert of Aachen, XI.4, p. 776.
89. P. Maas, 'Die Musen des Kaisers Alexios I', *Byzantinische Zeitschrift* 22 (1913), ll. 312–51.
90. H. Hoffmann (ed.), *Die Chronik von Montecassino* (Hanover, 1980), IV.46, p. 514.
91. Lilie, *Byzantium and the Crusader States*, p. 162.
92. Anna Komnene, XIV.4, p. 411.
93. Anna Komnene, X.2, p. 262.

彼德·梵科潘作品集4

十字軍首役：以聖戰為名的權力遊戲，形塑歐洲文明的重要之戰

2022年4月初版　　定價：新臺幣450元


| | |
|---|---|
| 著者 | Peter Frankopan |
| 譯者 | 胡宗香 |
| 叢書主編 | 王盈婷 |
| 校對 | 馬文穎 |
| 內文排版 | 林婕瀅 |
| 封面設計 | 許晉維 |

| | |
|---|---|
| 出版者 | 聯經出版事業股份有限公司 |
| 地址 | 新北市汐止區大同路一段369號1樓 |
| 叢書主編電話 | (02)86925588轉5316 |
| 台北聯經書房 | 台北市新生南路三段94號 |
| 電話 | (02)23620308 |
| 台中分公司 | 台中市北區崇德路一段198號 |
| 暨門市電話 | (04)22312023 |
| 台中電子信箱 | e-mail：linking2@ms42.hinet.net |
| 郵政劃撥帳戶 | 第0100559-3號 |
| 郵撥電話 | (02)23620308 |
| 印刷者 | 文聯彩色製版印刷有限公司 |
| 總經銷 | 聯合發行股份有限公司 |
| 發行所 | 新北市新店區寶橋路235巷6弄6號2樓 |
| 電話 | (02)29178022 |

| | |
|---|---|
| 副總編輯 | 陳逸華 |
| 總編輯 | 涂豐恩 |
| 總經理 | 陳芝宇 |
| 社長 | 羅國俊 |
| 發行人 | 林載爵 |

行政院新聞局出版事業登記證局版臺業字第0130號

本書如有缺頁，破損，倒裝請寄回台北聯經書房更換。　ISBN 978-957-08-6244-7 (平裝)
聯經網址：www.linkingbooks.com.tw
電子信箱：linking@udngroup.com



國家圖書館出版品預行編目資料

十字軍首役：以聖戰為名的權力遊戲，形塑歐洲文明的重要之戰/
Peter Frankopan著．胡宗香譯．初版．新北市．聯經．2022年4月．384面．
14.8×21公分（彼德·梵科潘作品集4）
譯自：The First Crusade: the call from the East
ISBN 978-957-08-6244-7（平裝）

1.CST：阿列克修斯一世（Alexius I, Comnenus, Emperor of the East, 1048-1118.）
2.CST：十字軍東征　3. CST：戰史

740.236　　111003109